“十三五”国家重点出版物出版规划项目

国家出版基金项目
NATIONAL PUBLICATION FOUNDATION

国别商务环境研究系列丛书

总主编　杨言洪

墨西哥商务环境

主编　赵雪梅

编者　林　华　芦思姮

王　飞　谌园庭

对外经济贸易大学出版社

中国·北京

图书在版编目（CIP）数据

墨西哥商务环境 / 赵雪梅主编. —北京：对外经济贸易大学出版社，2019.11
（国别商务环境研究系列丛书）
ISBN 978-7-5663-2116-9

Ⅰ. ①墨… Ⅱ. ①赵… Ⅲ. ①国际商务–经济环境–研究–墨西哥 Ⅳ. ①F737.31

中国版本图书馆 CIP 数据核字（2019）第 247153 号

墨西哥商务环境

赵雪梅 主编
责任编辑：谭利彬

对外经济贸易大学出版社
北京市朝阳区惠新东街 10 号 邮政编码：100029
邮购电话：010－64492338 发行部电话：010－64492342
网址：http://www.uibep.com E-mail：uibep@126.com

三河市少明印务有限公司印装 新华书店经销
成品尺寸：170mm×230mm 14.5 印张 268 千字
2019 年 11 月北京第 1 版 2019 年 11 月第 1 次印刷

ISBN 978-7-5663-2116-9
印数：0 001－2 000 册 定价：58.00 元

国别商务环境研究系列丛书
编委会名单

序　言

改革开放以来，中国经济持续快速发展，如今已成为世界第二大经济体。随着开放型经济建设水平和质量的不断提升，中国参与世界经济活动的广度与深度与日俱增。仅以国际贸易为例，世界贸易组织公布的贸易统计数据显示，2018 年中国货物进出口总额约 4.623 万亿美元，居世界第一。其中，出口额 2.487 万亿美元，占全球出口总量的 12.8%，居世界第一；进口额 2.136 万亿美元，占全球进口总量的 10.8%，居世界第二。

在经济全球化深入发展的新形势下，党的十九大报告中提出，“要主动参与和推动经济全球化进程，发展更高层次的开放型经济，不断壮大我国经济实力和综合国力。”

开放型经济是一种全方位、宽领域、深层次开放的经济形态，一种内外联动、互利共赢、安全高效的经济体系。随着中国建设“开放型经济”战略的不断深化，相信未来将有更多的中国企业走出国门投资建厂或从事工程承包等业务。因此，我们比以往任何时候都更加需要对世界各地区和国家的了解。

在这个多元的世界上，各个地区、各个国家、各个民族历史经历不同，文化背景迥异，经济和社会发展程度存在差异，政治体制、社会结构、法律法规千差万别。这就需要我们对经济合作与贸易往来对象国的商务环境进行认真研究，为中国企业“走出去”投资经商、工程承包提供智力支撑。

1999 年 12 月底成立的 20 国集团，又称 G20，由原来的八国集团（美国、日本、德国、法国、英国、意大利、加拿大、俄罗斯）和中国、阿根廷、澳大利亚、巴西、印度、印度尼西亚、墨西哥、沙特阿拉伯、南非、韩国和土耳其等 11 个新兴工业国家以及欧盟组成，其 GDP 总量约占世界的 85%，人口约为 40 亿，占世界总人口的将近 2/3。

由对外经济贸易大学区域与国别研究院支持编写的“国别商务环境研究系列丛书”（第一批和第二批）聚焦 G20 成员国的商务环境，并相继得到国家出版基金项目支持。相信这些图书的出版，对于服务国家建设开放型经济发展战略，创新对外投资方式，促进国际产能合作，增强中国企业国际化经营能力和竞争力将会大有裨益。

杨言洪

2019 年 7 月

目　　录

第1章 墨西哥地理与资源

1.1 墨西哥地理环境

墨西哥合众国（简称墨西哥），位于北美洲南部，地处北纬 14° 32′～32° 43′、西经 86° 42′～118° 27′之间。北部与美国相邻，东南部与伯利兹、危地马拉接壤，东濒墨西哥湾和加勒比海，西部和南部临太平洋。墨西哥领土面积为 196.4 万平方千米，居拉美和加勒比地区第三位，世界第十三位。墨西哥边境线总长 4 301 千米，其中与美国接壤 3 152 千米。墨西哥海岸线长达 11 122 千米，其中太平洋海岸线 7 828 千米。①

墨西哥地形崎岖，大部分是高原和山地，沿海地区分布着狭长的平原。全国东、西、南三面被马德雷山脉所环绕，中间是地势较为平坦的墨西哥高原。墨西哥约一半的州平均海拔在 1 500 米以上，其中墨西哥州的平均海拔达到 2 680 米。从纬度上划分，墨西哥地处亚热带和热带，但由于地形对气候的影响较大，全国可划分为温带、热带湿润、热带干旱、干旱和半干旱 5 种气候类型。其中干旱和半干旱地区约占全国总面积的 64.4%。②不同地区之间在气温、降水方面差异较大。

按照自然地理条件，墨西哥全国划分为以下 15 个区域。

第一区是下加利福尼亚半岛，位于墨西哥西北部，被太平洋和加利福尼亚湾所环绕，地形狭长，长度约 1 430 多千米，宽度从 45 至 250 千米不等，平均海拔

---

① 本段数据全部来自 INEGI，“Cuadro 1.2”，*Anuario estadístico y geográfico de los Estados Unidos Mexicanos 2017*.

② INEGI，“Cuadro 1.13”，*Anuario estadístico y geográfico de los Estados Unidos Mexicanos 2017*.

为 1 000 米。加利福尼亚湾沿岸多悬崖峭壁，太平洋沿岸多为平原，中部多条山脉将半岛分割开来，山脉两侧均分布着沙漠。由于地形变化较大，半岛内缺少河流，中部和南部有绿洲。半岛周围分布着 35 个岛屿，多数位于加利福尼亚湾一侧。

第二区是索诺拉平原，位于索诺拉州的西部，以生长着低矮灌木的荒原为主，间有山脉和火山，基本走势为西北－东南方向。平原西北部有沙漠，气候干旱少雨，但山区分布着一些河流。灌溉农业主要集中在山间谷地。

第三区是西马德雷山脉，位于墨西哥西部，绵延 1 500 千米向北进入美国境内，面积约 28.9 万平方千米，约占墨西哥领土的 1/6。山体以火成岩为主，平均海拔为 2 250 米。气候变化比较大，山顶气候寒冷，而山间谷地气候温暖，甚至炎热。山区分布着大量矿产资源，植被茂密，物种丰富。

第四区是北部山脉和平原，位于西马德雷山脉和东马德雷山脉之间，海拔 1 000～1 300 米，以沙漠和半沙漠为主，气候温暖。

第五区是东马德雷山脉，位于墨西哥中东部，从布拉沃河谷地一直向东南方向延伸，走向大致与墨西哥湾海岸平行。山体以沉积岩为主，山形狭窄崎岖，多山谷、峡谷。最高处海拔约 3 700 米。动植物资源十分丰富，包括一些特有物种。

第六区是北美大平原，位于墨西哥东北部，贯穿整个北美洲中部大平原的最南端，气候干旱少雨。地势有起伏，间有丘陵。

第七区是太平洋沿岸平原，位于西马德雷山脉西侧、加利福尼亚湾东岸的狭长地带，是地势平坦的冲积平原。这一区域气候温暖，多湖泊和沼泽。主要经济活动包括农牧业和渔业，旅游业资源也较为丰富。

第八区是北部湾沿岸平原，位于东马德雷山脉以东、布拉沃河河口以南，东濒墨西哥湾。这里河流湖泊众多，气候炎热。主要经济活动包括农牧业和石油开采业。

第九区是中央高原，位于墨西哥中部，被西马德雷山脉、东马德雷山脉和新生火山带所环绕。中央高原被一条“横断山系”拦腰截断，地势北低南高，平均海拔 1 700～2 300 米，最高处超过 2 500 米。北部地势较平坦，干旱少雨；南部地势较高，山间谷地气候温和，降水适中，土地肥沃，是墨西哥的主要经济区。

第十区是新生火山带，位于西马德雷山脉、中央高原、东马德雷山脉以南。沿北纬 19 度线从太平洋沿岸自西向东绵延 880 千米，直到墨西哥湾。这一区域土地肥沃，山谷、河流、湿地、湖泊众多，是墨西哥淡水资源最丰富的地区。由于海拔较高，虽地处热带，植被却以温带树种为主，而且山顶常年积雪。墨西哥的很多重要山峰都位于这一火山带，如海拔 5 610 米的全国最高峰奥里萨巴火山、海拔 5 500 米的波波卡特贝特火山等。

第十一区是尤卡坦半岛，位于墨西哥湾和加勒比海之间，面积12.5万平方千米。除南部和海岸一带以外，半岛其他地区都是石灰岩地表，河流和山脉不多。这一区域地势低平，平均海拔不足50米，只有中南部达到350米。大部分地区气候炎热，夏季多雨。种植龙舌兰是主要的农业活动，旅游业发达。

第十二区是南马德雷山脉，位于新生火山带以南，与太平洋海岸线平行，由西北向东南方向延伸，全长1 200千米。海拔约2 000米。气候炎热，多河流、峡谷。金、银、铁、铝等矿产资源丰富。

第十三区是南部湾沿岸平原。位于墨西哥湾南岸，尤卡坦半岛以西。气候炎热，降水较多。

第十四区是恰帕斯和危地马拉山区。从南部湾沿岸平原东南方向一直延伸到危地马拉边境。南部的塔卡那火山海拔4 026米，是墨西哥与危地马拉的边界。山体以石灰岩为主。

第十五区是中美洲山脉。位于墨西哥最南端，临太平洋。山体以火成岩为主。气候炎热。

墨西哥境内河网较为密集，但大部分河流流经山区，蜿蜒曲折，水流湍急，流程短。可以通航的河流较少，主要集中在东南部。由于气候干旱，多数河流蒸发量很大，难以汇集成大河流入海洋，而且旱季会出现断流现象。外流水系大多发源于马德雷山脉，分别注入太平洋和墨西哥湾。在太平洋水系中比较重要的河流包括莱尔马–圣地亚哥和巴尔萨斯两条河。莱尔马–圣地亚哥河，分为两段，前段莱尔马河发源于中部的墨西哥州，向西北方向流入恰巴拉湖，全长708千米，流域面积4.7万平方千米；后段圣地亚哥河从中部地区的重要城市奥斯特兰附近流出，在恰巴拉湖附近与莱尔马河相汇，继续向西北方向延伸，最后流入太平洋，全长562千米，流域面积7.6万平方千米。[①]巴尔萨斯河，发源于南部山区，自东向西流入太平洋，全长770千米，流域面积11.7万平方千米。该条河上修有两座大坝，用于灌溉和水力发电。

大西洋水系的重要河流包括：格里哈尔瓦河和乌苏马辛塔河，位于墨西哥东南部，均发源于危地马拉境内的库丘马塔纳斯山脉，两河在下游汇合，流入墨西哥湾。两河全长1 521千米，流域面积8.4万平方千米，是全国水流量最大的河流，集中了诸多水力发电设施。布拉沃河，在美国称“格兰德河”，位于墨西哥北部，源自美国落基山脉，在得克萨斯州成为美国和墨西哥的界河，最后注入墨西

① 本文中关于河流长度和流域面积的数据均来自INEGI，“Cuadro 1.10”，*Anuario estadístico y geográfico de los Estados Unidos Mexicanos 2017*.

哥湾。布拉沃河全长 3 034 千米，作为界河的部分长约 2 000 千米。在墨西哥境内的流域面积为 22.5 万平方千米。

在内陆河中，最长的河流是纳萨斯－阿瓜那瓦尔河，位于墨西哥中部，发源于东马德雷山，流经中央高原，全长 1 081 千米，流域面积 8.9 万平方千米。

墨西哥湖泊数量较多，但面积较小。最大的湖是位于西部的恰巴拉湖，面积 1 116 平方千米。第二大湖古伊塞奥湖位于西南部，面积 306 平方千米。

墨西哥虽然海岸线较长，但港口数量有限，而且多为海港，河口港较少。墨西哥东海岸的最大港口是韦拉克鲁斯（Veracruz）港，位于东南沿海的西南岸，濒大西洋，素有墨西哥“东方门户”之美称。墨西哥太平洋沿岸最大的港口是曼萨尼约港（Manzanillo），位于墨西哥西南沿海曼萨尼约湾的东南岸，墨西哥科利马州的西南海岸，港口区域水深均为 14 米。

墨西哥海滩

墨西哥北部的女人岛

墨西哥东部海岸

墨西哥加勒比海岸

1.2 墨西哥自然资源

墨西哥自然资源和物产十分丰富，矿产和油气资源储量和开采量都很大，水力和农业资源得到了较好的利用。

由于复杂的地质条件，墨西哥蕴藏着丰富的矿产资源，70%的领土具有矿产开发的潜力。金属矿产资源品种多、储量高，铜和锌的储量均居世界第四位，铅储量居世界第五位，银储量居世界第六位。下加利福尼亚半岛南北两端分布着铜–金矿带，中部是磷矿带。大陆地区的北部和中部从西向东排列着4条西北–东南走向的重要矿床，南部地区从北向南排列着3条东西走向的重要矿床。西部的索诺拉平原和太平洋沿岸平原是铜–钼–金矿带，西马德雷山脉是金–银–铜矿带，北部山脉和平原、中央高原以及新生火山带部分地区是金–银–铅–锌矿带，东马德雷山是锌–银–铅矿带。新生火山带部分地区和南马德雷山脉北部地区是铜–锌–铅–金–银矿带，南马德雷山脉中部是金–银矿带，南马德雷山脉南部是铁矿带。如表1–1所示，墨西哥是世界重要的白银生产国，其储量和开采量分别占世界的6.5%和20.7%。

表1–1　墨西哥部分金属矿的储量和开采量

金属矿品种	储量	储量占世界总储量的比重	2016年开采量	占世界总开采量的比重
锑	1.8万吨	1.2%	—	—
铋	1万吨	2.7%	700吨	6.9%
铜	4 600万吨	6.4%	62万吨	3.2%
金	1 400吨	2.5%	125吨	4%
铅	560万吨	6.4%	25万吨	5.2%
锰	500万吨	0.7%	22万吨	1.4%
钼	13万吨	0.9%	1.23万吨	5.4%
银	3.7万吨	6.5%	5 600吨	20.7%
锶	—	—	7.7万吨	22%
锌	1 700万吨	7.7%	71万吨	6%

资料来源：作者根据美国地质调查局统计年鉴整理。*USGS，Mineral Commodity Summaries 2017*。

墨西哥的非金属矿在全国均有分布。萤石的储量仅次于中国和南非，居世界第三位，占世界总储量的 12.3%，主要分布在东北部和中部地区。其他品种还包括天青石、钙硅石、硫磺、硅藻土、石膏、重晶石、叶蜡石等。表 1–2 显示了墨西哥部分非金属矿的开采量。

表 1 – 2　　墨西哥部分非金属矿的开采量

非金属矿品种	2016 年开采量	占世界总开采量的比重
萤石	100 万吨	15.6%
石墨	2.2 万吨	1.8%
重晶石	25 万吨	3.5%
石膏	540 万吨	2.1%
磷酸盐岩	170 万吨	0.7%
盐	1 050 万吨	4.1%
硫磺	140 万吨	2%
滑石和叶蜡石	75 万吨	8.9%
钙硅石	6.7 万吨	9.6%
硅藻土	8 万吨	3%

资料来源：作者根据美国地质调查局统计年鉴整理。*USGS，Mineral Commodity Summaries 2017.*

墨西哥的能源矿产资源也十分丰富。截至 2016 年底，石油储量为 11 亿吨，占世界总储量的 0.5%，品种以重质原油为主；2016 年石油产量为 1.2 亿吨，占世界总产量的 2.8%。天然气储量为 2 000 亿立方米，占世界总储量的 0.1%；2016 年产量为 472 亿立方米，占世界总产量的 1.3%。油气资源主要集中在墨西哥湾地区，其中南部的坎佩切海上油气区是全国最重要的油气生产区。由于缺少资金进行油气勘探工作，近年来墨西哥油气资源的储备严重下降，2016 年石油和天然气的储产比已经分别降至 8.9 倍和 5.2 倍。墨西哥的煤炭储量为 12.1 亿吨，占世界总储量的 0.1%，[①]主要分布在东北部地区。另外，墨西哥是拉美地区少数拥有铀矿的国家之一，已探明的铀储量为 3 400 吨。[②]南部的韦拉克鲁斯州建有一座核电

① 英国石油公司. BP 世界能源统计年鉴，2017.

② 世界能源委员会官方网站数据库，检索时间：2018 年 5 月 10 日。https://www.worldenergy.org/data/resources/country/mexico/nuclear/

站，总装机容量为 1 400 兆瓦。[①]

墨西哥的水力资源主要集中在南部地区，据估算全国约有 27 000 兆瓦的可开发水电潜力，2016 年水电装机容量为 12 028 兆瓦。[②]墨西哥作为多火山国家，地热资源十分丰富。目前地热被广泛用于发电，2016 年地热发电的总装机容量达到 1 069 兆瓦。[③]

墨西哥土地肥沃，物产丰饶。由于山地植被茂密，全国约三分之一的地区被森林所覆盖。2015 年，全国森林面积达到 6 604 万公顷，森林覆盖率为 33.6%。[④]墨西哥树种繁多，高山地区以温带和寒带树种，如松树、栎树等为主，热带平原地区则多见棕榈、榕树等。墨西哥的可耕地面积从 20 世纪 80 年代开始逐渐增加，90 年代以后基本稳定。2015 年，墨西哥的可耕地面积为 2 291 万公顷，农作物面积为 270 万公顷，草场和牧场为 8 110 万公顷。[⑤]由于大部分地区降水量有限，农业生产主要依靠机械灌溉。2014 年灌溉面积约占全部耕地的 86.1%。[⑥]墨西哥盛产热带和亚热带经济作物及水果。玉米是主要的粮食作物，但粮食产量不足以满足国内需求，需要大量进口。由于海岸线长，墨西哥渔业资源丰富，鱼类多达几十个品种，盛产虾类、金枪鱼、沙丁鱼等水产。

墨西哥盛产仙人掌

墨西哥城恰布尔特佩克公园（**Chapultepec**）

① 世界能源委员会官方网站数据库，检索时间：2018 年 5 月 10 日。https://www.worldenergy.org/data/resources/country/mexico/nuclear/

② 世界能源委员会官方网站数据库，检索时间：2018 年 5 月 10 日。https://www.worldenergy.org/data/resources/country/mexico/hydropower/

③ 世界能源委员会官方网站数据库，检索时间：2018 年 5 月 10 日。https://www.worldenergy.org/data/resources/country/mexico/geothermal/

④ 联合国粮农组织数据库，检索时间：2018 年 5 月 10 日。http://www.fao.org/faostat/en/#country/138

⑤ 联合国粮农组织数据库，检索时间：2018 年 5 月 10 日。http://www.fao.org/faostat/en/#country/138

⑥ 联合国粮农组织数据库，检索时间：2018 年 5 月 10 日。http://faostat.fao.org/static/syb/syb_138.pdf

墨西哥的热带植被

1.3 墨西哥人口规模与结构

从历史上看，墨西哥是人口增长速度较快的国家之一。根据每十年进行一次的人口普查的数据，1900 年全国总人口只有 1 360 万，到 2010 年已经达到 1.123 亿，增长了约 8.3 倍。[①]20 世纪 40 年代以前，由于人口出生率和死亡率均很高，人口增速比较缓慢。40～80 年代，由于出生率提高，而死亡率明显下降，墨西哥人口迅速增长。90 年代以后，人口增速再次放缓。

2016 年，墨西哥总人口约为 1.275 4 亿，在拉美和加勒比地区排名第二位，居世界第十位。[②]墨西哥人口密度为每平方千米 65.6 人，在拉美国家中属于中高水平。据预测，2015～2020 年，墨西哥的人口出生率为 18.4‰，自然增长率为 13‰，育龄妇女平均生育子女数量为 2.2 个。与 20 世纪 70～80 年代相比，以上指标均明显下降，但仍略高于拉美和加勒比地区平均水平。2015 年人口预期寿命为 77.3 岁，比拉美和加勒比国家平均水平高 1.4 岁。[③]

从人口结构上看，墨西哥有如下特点。一是从年龄上看，人口的主体比较年轻。2015 年，24 岁及以下的人口比重为 45%，全国的中位年龄为 27 岁。[④]二是按照国际标准，墨西哥属于刚刚步入老龄化社会的国家。据统计，2017 年 65 岁

① Jaime Sobrino，“La urbanización en el México contemporáneo”，*Nota de Población*，No. 94，CEPAL，2012，p. 95.

② 世界银行数据库，检索时间：2018 年 5 月 12 日。http://databank.worldbank.org/data/download/POP.xls

③ CEPAL，*Anuario estadístico de América Latina y el Caribe 2017*.

④ 墨西哥国家统计和地理学会数据库，检索时间：2018 年 5 月 12 日。http://www.beta.inegi.org.mx/temas/estructura/

以上人口所占比重为7.2%。[1]2015年人口抚养比为51.9%，高于拉美地区50.3%的平均水平。[2]三是男女性别比失衡。2015年，全国男女人口之比为94.4:100，男性人口明显少于女性。四是较大部分人口收入水平低，贫困人口比重高。2016年，墨西哥的贫困人口达到5 340万，占总人口的43.6%（见表1–2）；其中赤贫人口940万，占总人口的7.6%。另外，可能会因缺乏社会服务和收入不足而陷入贫困的人口比重分别达到26.8%和7%。非贫困也没有致贫风险的人仅占22.6%。[3]与其他拉美国家相比，近年来墨西哥的减贫成效较低，贫困发生率下降缓慢。

表1–2　　墨西哥人口的收入结构（%）

	2008年	2010年	2012年	2014年	2016年
贫困人口比重	44.5	46.1	45.5	46.2	43.6
赤贫人口比重	10.6	11.3	9.8	9.5	7.6
脆弱人口比重（因社会服务不足）	33.0	28.1	28.6	26.3	26.8
脆弱人口比重（因收入不足）	4.5	5.9	6.2	7.1	7.0
既非贫困又非脆弱人口比重	18.0	19.9	19.8	20.5	22.6

资料来源：INEGI，“Cuadro 2.19”，*Anuario estadístico y geográfico de los Estados Unidos Mexicanos 2017.*

墨西哥的人口在地理分布上不均匀，各州的人口数量差异较大。北部地区人口稀少，中部地区人口密集。人口最多的州是位于中部的墨西哥州，人口达到1 618.8万（2015）；人口最少的两个州分别是位于西南部的科利马州和位于下加利福尼亚半岛的南下加利福尼亚州，人口分别只有71.1万（2015）和71.2万（2015）。[4]

墨西哥是拉美地区城市化进程起步稍晚的国家，但从20世纪40年代开始城市化进程明显加快，特别是70年代随着城市的扩展，城市人口也迅猛增加。2015年墨西哥的城市人口比重为77.3%，比拉美地区平均城市化率低近3个百分点。墨西哥有多个百万人口以上的大城市。全国第一大城市是首都墨西哥城，人口891.9万（2015）。如果将周围卫星城也都计算在内，人口则超过2 100万，因此首都联邦区及其周边城市群是墨西哥人口最为稠密的地区。截至2015年，其他人

① 资料来源：INEGI，“Cuadro 2.1”，*Anuario estadístico y geográfico de los Estados Unidos Mexicanos 2017.*

② CEPAL，*Anuario estadístico de América Latina y el Caribe 2017.*

③ INEGI，“Cuadro2.19”，*Anuario estadístico y geográfico de los Estados Unidos Mexicanos 2017.*

④ 墨西哥国家统计和地理学会数据库，检索时间：2018年5月12日。http://www.beta.inegi.org.mx/app/areasgeograficas/#

口超过百万的城市还有：下加利福尼亚州的蒂华纳，人口 164.2 万；瓜纳华托州的莱昂，人口 157.9 万；普埃布拉州州府普埃布拉，人口 157.6 万；哈利斯科州州府瓜达拉哈拉，人口 146 万；奇瓦瓦州的华雷斯，人口 139.1 万；新莱昂州州府蒙特雷，人口 110.9 万。①

墨西哥是移民净输出国。由于地理位置和历史等原因，美国是墨西哥最主要的移民目的地。2015 年，美国的墨西哥移民达到 1 156.6 万人，占美国移民总量的 26.8%。②另外，在美国 5 650 万拉丁裔人口中，墨西哥裔占 63.3%，达到 3 575.8 万。③墨西哥向美国移民的主要目的是寻找工作，其次是家庭团聚和留学。由于对外移民数量巨大，墨西哥是拉美国家接收侨汇收入最多的国家。2017 年，墨西哥侨汇收入达到 305 亿美元，④位于印度（690 亿美元）、中国（640 亿美元）、菲律宾（330 亿美元）之后，位居世界第四位。

作为人口大国，墨西哥劳动力充足。2017 年，15 岁以上的经济自立人口达到 5 406.9 万，劳动参与率为 59.3%（见表 1–3）；就业人口主要集中在第三产业，占就业者总数的 61%。墨西哥就业机会较多，失业率远低于拉美国家平均水平，2017 年为 3.5%。但就业质量不高，非正规就业群体十分庞大。2016 年，只有 35.6%的就业者被社会保障体系所覆盖。⑤

表 1–3　墨西哥就业指标

	2013 年	2014 年	2015 年	2016 年	2017 年
经济自立人口（万）	5 189.6	5 183.7	5 262.4	5 354.0	5 406.9
劳动参与率（%）	60.5	59.9	59.7	59.6	59.3
失业率（%）	5.0	4.9	4.3	3.9	3.5

资料来源：INEGI，“Cuadro 10.1，10.4，10.5，10.17”，*Anuario estadístico y geográfico de los Estados Unidos Mexicanos 2017.*

---

① 墨西哥国家统计和地理学会数据库，检索时间：2018 年 5 月 12 日。http://www.beta.inegi.org.mx/app/areasgeograficas/? ag = 14#

② Gustavo López and Jynnah Radfor，“Facts on U.S. Immigrants，2015”，Pew Research Center，3 May 2017. 检索时间：2018 年 5 月 12 日。http://www.pewhispanic.org/2017/05/03/facts-on-u-s-immigrants-current-data/

③ Antonio Flores，“Facts on U.S. Latinos，2015”，Pew Research Center，Septiember 18，2017. 检索时间：2018 年 5 月 12 日。http://www.pewhispanic.org/2017/09/18/facts-on-u-s-latinos/

④ World Bank Group，*Migration and Remittances: Recent Developments and Outlook. Special Topic: Return Migration*，October 2017，p. 24.

⑤ 本段数据来自 INEGI，“Cuadro 10.1，10.4，10.5，10.17，10.22”，*Anuario estadístico y geográfico de los Estados Unidos Mexicanos 2017.*

墨西哥国立自治大学

墨西哥城郊区金字塔周边的小商贩

穆赫雷斯岛上的民族服装店

墨西哥加油站

1.4 墨西哥行政区域划分

墨西哥是联邦制国家，全国划分为 32 个州（首都墨西哥城已由联邦区改为州）。州以下设市，墨西哥城以下设区。

首都墨西哥城，位于墨西哥中部的新生火山带的盆地地区，海拔 2 240 千米，面积约占全国的 0.08%①，年平均气温 16 摄氏度，年降水量 600 毫米。墨西哥城东、西、北三面被墨西哥州所环绕，南面与莫雷洛斯州相邻。墨西哥城共有 16 个区。墨西哥城是全国的政治、经济、文化中心。墨西哥城人口 885.1 万，GDP 占全国的 16.8%，②主要的经济活动是服务业。

---

① 本部分中各州平均海拔的数据全部来自 INEGI，“Cuadro 1.3”，*Anuario estadístico y geográfico de los Estados Unidos Mexicanos 2017*.

② INEGI，“Conociendo la Ciudad de México”，2017.

阿瓜斯卡连特斯州（Aguascalientes），位于墨西哥中央高原，面积占全国的0.3%。属于半干旱气候，年平均气温 18 摄氏度，年降水量 500 毫米。全州总人口 131.3 万（2015），[①]共有 11 个市。阿瓜斯卡连特斯市是州府，也是该州最大的城市，海拔 1 870 米。该州经济较发达。2015 年，GDP 占全国的 1.2%，其中约47%来自工业，汽车制造业是最重要的经济部门。[②]

下加利福尼亚州（Baja California），位于西北部的下加利福尼亚半岛的北部，面积占全国的 3.6%。气候炎热干燥，年平均气温 22 摄氏度，年降水量 100～200 毫米。全州总人口 331.6 万，共有 5 个市。墨西卡利是该州的州府，蒂华纳是全州人口最多的城市。2015 年，下加利福尼亚州的 GDP 占墨西哥全国的 3%[③]。该州农业以种植亚热带经济作物为主，农产品加工业较为发达。由于与美国接壤，该州出口加工业发展迅速，加工产品包括汽车、电器、服装、玩具等。近十几年来，该州成为墨西哥全国航空工业发展最强劲的地区。目前，该州拥有约 100 家航空工业企业，年产值近 20 亿美元，其中 70%出口到美国，其他出口欧洲和加拿大。波音、空客、美国国防部和墨西哥国防部都是下加州航空企业的采购商。

南下加利福尼亚州（Baja California Sur），位于下加利福尼亚半岛南部，面积占全国的 3.8%。气候炎热干燥，年平均气温 24 摄氏度，年降水量 200 毫米。全州总人口 331.6 万，共有 5 个市。州府是拉巴斯。该州经济较落后，2015 年，GDP 仅占全国的 0.8%。旅游业是该州较为重要的经济部门。

坎佩切州（Campeche），位于东南部墨西哥湾沿岸，尤卡坦半岛西部，面积占全国的 2.9%，林业资源较为丰富。大部分地区属于炎热多雨的热带半湿润气候，年平均气温 26～27 摄氏度，年降水量 800～1 200 毫米。全州总人口 90 万，共有 11 个市。州府是坎佩切市。2014 年，GDP 占全国的 4.6%。[④]石油和天然气开采是该州的支柱产业，制造业以食品加工为主。矿产资源和林业资源较为丰富。2015 年，矿业产值占全国的 5%。[⑤]

恰帕斯州（Chiapas），位于最南部的太平洋沿岸，东邻危地马拉，面积占全国的 3.7%。恰帕斯州属于热带湿润气候，年平均气温 24 摄氏度，年降水量 1 000

---

① 本部分中各州人口的数据全部来自墨西哥国家统计和地理学会数据库，检索时间：2018 年 5 月 16 日。http://www.beta.inegi. org.mx/ app/areasgeograficas/？ag = 02#

② INEGI，*Conociendo Aguacalientes*，2017.

③ INEGI，*Conociendo Baja California*，2017.

④ INEGI，*Conociendo Campeche*，2016.

⑤ Secretaría de Economía de México，*Manual del Inversionista en el Sector Minero Mexicano*，p. 8. 检索时间：2018 年 5 月 15 日。https://www.gob.mx/cms/uploads/attachment/file/310930/MANUAL_DEL_INVERSIONISTA. pdf

毫米。全州总人口 521.8 万，共有 118 个市。州府是图斯特拉－古铁雷斯市，海拔 640 米。该州水力资源十分丰富，集中了全国重要的水利枢纽，水电发电量占到全国发电量的 60%左右。该州是墨西哥自然资源十分丰富的地区，特别是石油和天然气。但该州经济较为落后，2015 年，GDP 仅占全国的 1.7%。化学工业是最重要的经济部门。

齐瓦瓦州（Chihuahua），位于北部，以布拉沃河为界与美国相邻，面积占全国的 12.6%，是面积最大的州。西部是西马德雷山脉，东部是北美大平原。齐瓦瓦州属于干旱和半干旱气候，年平均气温 18 摄氏度，年降水量 800 毫米。全州人口 335.7 万，共有 67 个市。州府是齐瓦瓦市，海拔 1 561 米。2015 年，GDP 占全国的 2.9%。[①]该州拥有丰富的矿产资源，铅、锌、银的储量和产量都很高，2015 年矿业产值占全国的 6%。[②]在制造业中，汽车零部件加工是最重要的部门。

科阿韦拉州（Coahuila de Zaragoza），位于东北部，以布拉沃河为界与美国相邻，面积占全国的 7.7%。地处东马德雷山脉。科阿韦拉州属于干旱气候，年平均气温 18 摄氏度，年降水量 400 毫米。全州人口 295.5 万，共有 38 个市。州府是萨尔蒂约市，海拔 1 700 米。2015 年，GDP 占全国的 3.4%。[③]该州矿产资源丰富，有全国最大的煤矿，天然气储量也较为可观，同时也是全国最主要的萤石开采基地。汽车零部件加工是制造业的重要部门。工业占生产总值的比重在 40%以上。

科利马州（Colima），位于西南部的太平洋沿岸，面积占全国的 0.3%。科利马州属于炎热的半湿润气候，年平均气温 25 摄氏度，年降水量 900 毫米。该州总人口 71.1 万，共有 10 个市。州府是科利马市，海拔 500 米。2015 年，GDP 占全国的 0.6%。经济活动以农业和采矿业为主，工业不发达。墨西哥太平洋沿岸最大的港口曼萨尼略港（Puerto de Manzanillo）是科利马州的海上出入门户。

杜兰戈州（Durango）位于中西部，占全国总面积的 6.3%。地跨西马德雷山脉和中央高原。杜兰戈州属于半干旱气候，年平均气温 16 摄氏度，年降水量 500 毫米。总人口约 163 万，共有 39 个市。州府是杜兰戈市，海拔 1 860 米。该州经济发展水平较落后，2015 年，GDP 占全国的 1.2%。[④]经济活动以农业、采矿业为

---

① INEGI，*Conociendo Chihuahua*，2017.

② Secretaría de Economía de México，*Manual del Inversionista en el Sector Minero Mexicano*，p. 8. 检索时间：2018 年 5 月 15 日。https://www.gob.mx/cms/uploads/attachment/file/310930/MANUAL_DEL_INVERSIONISTA.pdf

③ INEGI，*Conociendo Chihuahua de Zaragoza*，2017.

④ INEGI，*Conociendo Durango*，2017.

主，是全国的主要牧区之一。2015 年矿业产值占全国的 6.4%[①]，黄金和铁矿石的开采量较大。工业以食品加工业为主要部门。

瓜纳华托州（Guanajuato），位于中部地区，占全国总面积的 1.6%。北部是中央高原，南部是新生火山带。该州多河流湖泊，水力资源丰富，大部分地区气候温和多雨，年平均气温 18 摄氏度，年降水量 800 毫米。总人口 585.4 万，共有 46 个市。州府是瓜纳华托市，海拔 2 000 米。该州经济较为发达，农业、制造业、采矿业都取得了较快的发展。2015 年，GDP 占全国的 4.3%。[②]由于土地肥沃，该州盛产玉米、马铃薯等农作物。2015 年矿业产值占全国的 5.5%。石化是重要的工业部门。

格雷罗州（Guerrero），位于西南部的太平洋沿岸，面积占全国的 3.2%。地处南马德雷山脉，沿海有狭窄的平原。西南地区的重要河流巴尔萨斯河流经该州。格雷罗州属于炎热多雨的气候，年平均气温 22 摄氏度，年降水量 1 000 毫米。总人口 353.3 万，共有 81 个市。州府是奇尔潘辛戈市，海拔 1 250 米。该州农业和采矿业较为发达，盛产玉米、甘蔗、棉花等作物，沿海地区盛产热带经济作物。2015 年，GDP 占全国的 1.4%。[③]

伊达尔戈州（Hidalgo），位于中部地区，面积占全国的 1.1%。地处东马德雷山脉。气候温和干燥，年平均气温 14 摄氏度，年降水量 500 毫米。人口 285.8 万，共有 84 个市。州府是帕丘卡市，海拔 2 000 米。该州经济较发达，2015 年 GDP 占全国的 1.6%。[④]该州盛产大麦、玉米、咖啡等作物，以及肉类和奶制品。石化工业是全州的支柱产业。

哈利斯科州（Jalisco），位于西部的太平洋沿岸，面积占全国的 4%。该州地形复杂，北部是西马德雷山脉，东部是新生火山带，南部是南马德雷山脉。该州气候温和湿润，年平均气温 18 摄氏度，年降水量 800 毫米。总人口 784.5 万，共有 125 个市[⑤]。州府是瓜达拉哈拉市，海拔 1 550 米。该州经济较为发达，且呈多样化特点。农牧业、采矿业和制造业均有较快的发展，工业技术水平居全国领先地位，2015 年矿业产值占全国的 6.4%[⑥]，GDP 占全国的 6.5%。

---

① Secretaría de Economía de México，*Manual del Inversionista en el Sector Minero Mexicano*. 检索时间：2018 年 5 月 15 日。https://www.gob.mx/cms/uploads/attachment/file/310930/MANUAL_DEL_ INVERSIONISTA.pdf

② INEGI，*Conociendo Guanajuato*，2017.

③ INEGI，*Conociendo Guerrero*，2017.

④ INEGI，*Conociendo Hidalgoo*，2017.

⑤ INEGI，*Conociendo Jalisco*，2017.

⑥ Secretaría de Economía de México，*Manual del Inversionista en el Sector Minero Mexicano*. 检索时间：2018 年 5 月 15 日。https://www.gob.mx/cms/uploads/attachment/file/310930/MANUAL_DEL_INVERSIONISTA.pdf

墨西哥州（Estado de México），位于中部地区，面积占全国的 1.1%。地处新生火山带。由于海拔较高，年平均气温 8～12 摄氏度，年降水量 400～800 毫米。总人口 1 618.8 万，约占全国的 12%，是全国人口最多和人口密度最大的州。共有 125 个市。州府是托卢卡市，海拔 2 680 米。该州经济发达，农牧业和工业均发展较快。汽车制造业是重要产业。2015 年，GDP 占全国的 9%。[①]

米却肯州（Michoacán de Ocampo），位于西部的太平洋沿岸，面积占全国的 3%。地处南马德雷山脉。山区气候温和湿润，沿海平原气候炎热干旱，年平均气温 16 摄氏度，年降水量 800 毫米。总人口 458.4 万，共有 113 个市。州府是莫雷利亚市，海拔 1 920 米。经济以农牧业为主，钢铁制造业是最重要的工业部门。2015 年，GDP 占全国的 2.3%。[②]

莫雷洛斯州（Morelos），位于中部地区，面积占全国的 0.25%。地处新生火山带。大部分地区属于半湿润的亚热带气候，年平均气温 21.5 摄氏度，年降水量 900 毫米。人口 190.4 万，共有 33 个市。州府是库埃尔纳瓦卡市，海拔 1 510 米。2014 年，GDP 占全国的 1.2%。[③]经济活动以农业、制造业为主。盛产玉米、高粱、甘蔗、水果等，汽车制造及零部件生产、化工是主要的工业部门。

纳亚里特州（Nayarit），位于西部的太平洋沿岸，面积占全国的 1.4%。该州地跨 3 个自然地理区域，东部是西马德雷山脉，南部是新生火山带，西部是太平洋沿岸平原。纳亚里特州属于炎热多雨的亚热带气候，年平均气温 23 摄氏度，年降水量 1 140 毫米。总人口 118.1 万，共有 20 个市。州府是特皮克市，海拔 920 米。该州经济较为落后，主要依靠农业和农产品加工业。2014 年，GDP 占全国的 0.7%。[④]

新莱昂州（Nuevo León），位于东北部地区，面积占全国的 3.3%。西南部属于东马德雷山脉，其余部分处于北美大平原。该州大部分地区属于干旱气候，平原地区降水较多，年平均气温 20 摄氏度，年降水量 650 毫米。该州林业资源丰富，58.1%的地区被森林覆盖。人口 511.9 万，共有 51 个市。州府是蒙特雷市，海拔 530 米。该州经济较发达，2014 年，GDP 占全国的 7.5%。[⑤]经济活动以采矿业和制造业为主。汽车制造、钢铁和炼油是主要的工业部门。

瓦哈卡州（Oaxaca），位于南部太平洋沿岸，面积占全国的 4.8%。地处南马

---

① INEGI，*Conociendo el Estado de México*，2017.

② INEGI，*Conociendo Michoacán de Ocampo*，2017.

③ INEGI，*Conociendo Morelos*，2016.

④ INEGI，*Conociendo Nayarit*，2016.

⑤ INEGI，*Conociendo Nuevo León*，2016.

德雷山脉，大部分地区气候湿润，沿海和北部较炎热，山区较温和。年平均气温22摄氏度，年降水量1 550毫米。总人口396.8万，其中65.7%为印第安人，共有570个市。州府是瓦哈卡，海拔1 560米。主要经济部门是农业和制造业，主要农产品包括咖啡、菜豆和玉米。炼油和食品加工是主要的工业部门。2014年GDP占全国的1.6%。①

普埃布拉州（Puebla），位于中南部地区，面积占全国的1.8%。大部分地区处于新生火山带，全国最高峰奥里萨巴火山位于该州。该州气候差异较大，中部和东南部气候温和湿润，北部炎热，南部和中西部属干旱或半干旱气候。年平均气温17.5摄氏度，年降水量1 270毫米。总人口616.9万，共有217个市。州府是普埃布拉市，海拔2 135米。该州经济较发达，2014年GDP占全国的3.2%。②该州盛产咖啡、豆类、水果等，其中咖啡产量居全国第二位（2014）。制造业主要有汽车制造、装配、零部件生产等。

克雷塔罗州（Querétaro），位于中部地区，面积占全国的0.8%。北部是东马德雷山脉，中部是中央高原，南部是新生火山带。该州大部分地区气候较温和，但降水分布不均。总人口203.8万，共有18个市。州府是克雷塔罗市，海拔1 820米。该州经济较发达，2014年GDP占全国的2.2%。③农牧业是传统的经济部门，近年来新兴制造业发展较快，如汽车工业、家用电器生产、化工等，是全国最重要的汽车零部件生产基地。制造业占生产总值的比重在40%以上。

金塔纳罗奥州（Quintana Roo），位于尤卡坦半岛东部，临加勒比海，地势低平，面积占全国的2.3%。金塔纳罗奥州属于炎热多雨的气候，年平均气温26摄氏度，年降水量1 300毫米。总人口150.2万，其中印第安人口占44.4%，共有11个市。州府是切图马尔市。该州经济主要依靠农业和旅游业，盛产甘蔗、豆类等；工业不发达，食品加工是主要的生产部门。2014年，GDP占全国的1.6%。④

圣路易斯波多西州（San Luis Potosí），位于中部地区，面积占全国的3.1%。地处中央高原，气候温和干燥。森林分布广泛，该州55.4%的土地被森林所覆盖，总人口271.8万，共有58个市。州府是圣路易斯波多西市。该州盛产甘蔗、柑橘、玉米等作物；矿产资源丰富，2015年矿业产值占全国的3%；制造业主要依靠汽车制造、电子设备、钢铁等。2014年GDP占全国的1.9%。⑤

① INEGI，*Conociendo Oaxaca*，2016.

② INEGI，*Conociendo Puebla*，2016.

③ INEGI，*Conociendo Querétaro*，2016.

④ INEGI，*Conociendo Quintana Roo*，2016.

⑤ INEGI，*Conociendo San Luis Potosí*，2016.

锡纳罗亚州（Sinaloa），位于西北部的太平洋沿岸，面积占全国的 2.9%。全境处于太平洋沿岸平原，多湖泊沼泽。大部分地区气候炎热，但降水量分布不均。年平均气温 25 摄氏度，年降水量 790 毫米。该州森林覆盖率为 45.1%。[①]总人口 296.6 万，共有 18 个市。州府是库里亚坎市，海拔 60 米。该州经济主要依靠农牧业和渔业。2014 年，玉米和西红柿产量居全国第一位。制造业以食品加工为主，其中肉类加工是支柱产业。2014 年 GDP 占全国的 2.1%。[②]

索诺拉州（Sonora），位于西北部的加利福尼亚湾沿岸，与美国相邻，面积占全国的 9.2%，是第二大州。西部是索诺拉平原，东部是西马德雷山脉。平原地带的植被以低矮灌木为主，森林主要分布在山区。全州绝大部分地区属于炎热干旱的气候，年平均气温 22 摄氏度，年降水量 450 毫米。总人口 285 万，共有 72 个市。州府是埃尔莫西约市，海拔 210 米。该州经济以第一产业为主，2014 年，小麦产量居全国之首，肉类产量名列前茅；矿产资源丰富，是铜产量最高的州，2015 年矿业产值占全国的 18.3%；[③]制造业以汽车工业、铜加工、肉类加工为主。2014 年，GDP 占全国的 2.9%。[④]

塔巴斯科州（Tabasco），位于东南部墨西哥湾沿岸，面积占全国的 1.3%。地处南部湾沿岸平原，地势低平。属于炎热多雨的气候，年平均气温 27 摄氏度，年降水量 2 550 毫米。总人口 239.5 万，共有 17 个市。州府是比亚埃尔莫萨，海拔 210 米。该州是墨西哥主要的产油区，经济主要依靠油气开采和加工。香蕉和可可产量居全国之首（2014 年）。2014 年 GDP 占全国的 3.2%。[⑤]

塔毛利帕斯州（Tamaulipas），位于东北部墨西哥湾沿岸，北部与美国接壤，面积占全国的 4%。地处北部湾沿岸平原，气候炎热，北部、中部和西南部较干旱，其他地区降水较多。年平均气温 23.5 摄氏度；北部、中部和西南部较干旱，其他地区降水较多，年降水量 730 毫米。总人口 344.2 万，共有 43 个市。州府是维多利亚城，海拔 320 米。经济主要依靠炼油、石化和油气开采。该州盛产高粱、柑橘、玉米等。2014 年 GDP 占全国的 3.1%。[⑥]

---

① INEGI，*Conociendo Sinaloa*，2016.

② INEGI，*Conociendo Sinaloa*，2016.

③ Secretaría de Economía de México，*Manual del Inversionista en el Sector Minero Mexicano*. 检索时间：2018 年 5 月 15 日。https://www.gob.mx/cms/uploads/attachment/file/310930/MANUAL_DEL_INVERSIONISTA.pdf

④ INEGI，*Conociendo Sonora*，2016.

⑤ INEGI，*Conociendo Tabasco*，2016.

⑥ INEGI，*Conociendo Tamaulipas*，2016.

特拉斯卡拉州（Tlaxcala），位于中部地区，面积占全国的 0.2%，是最小的州。地处新生火山带，气候温和湿润，年平均气温 14 摄氏度，年降水量 720 毫米。总人口 127.3 万，共有 60 个市。州府是特拉斯卡拉市，海拔 2 240 米。纺织业是传统工业部门，钢铁制造是支柱产业。2014 年，GDP 占全国的 0.5%。[①]

韦拉克鲁斯州（Veracruz），位于东南部的墨西哥湾沿岸，面积占全国的 3.7%。中部地处新生火山带和东马德雷山脉的交汇处，北部和南部是平原，河流众多。大部分地区气候炎热多雨，年平均气温 23 摄氏度，年降水量 1 500 毫米。总人口 811.3 万，共有 212 个市。州府是哈拉帕市，海拔 1 420 米。该州经济发达，油气开采和加工是支柱产业，是全国最重要的产油区，建有多个大型油田。南部地区盛产硫磺。农业发达，甘蔗、柑橘、咖啡、柠檬等热带作物产量居全国前列。2014 年，GDP 占全国的 5%。[②]

尤卡坦州（Yucatán），位于东南部的尤卡坦半岛北部，临墨西哥湾，面积占全国的 0.2%。地势低平，河流少。大部分地区气候炎热湿润，年平均气温 26 摄氏度，年降水量 902 毫米。该州是玛雅文明的发祥地，有多处玛雅文明遗址。总人口 209.7 万，其中 65.4%为印第安人，共有 106 个市。州府是梅里达市。经济主要依靠渔业、旅游业。制造业以食品加工业为主要部门。2014 年 GDP 占全国的 1.5%。[③]

萨卡特卡斯州（Zacatecas），位于中北部，面积占全国的 3.8%。西部是西马德雷山脉，东部是中央高原。气候温和干燥，年平均气温 17 摄氏度，年降水量 510 毫米。总人口 157.9 万，共有 58 个市。州府是萨卡特卡斯，海拔 2 440 米。该州经济主要依靠矿业，是全国最重要的矿区，2015 年矿业产值占全国的 19%。[④]食品和烟草加工是主要的制造业部门。农作物包括玉米、豆类等。2014 年，GDP 占全国的 0.9%。[⑤]

---

① INEGI，*Conociendo Tlaxcala*，2016.

② INEGI，*Conociendo Veracruz de Ignacio de la Llave*，2016.

③ INEGI，*Conociendo Yucatán*，2016.

④ Secretaría de Economía de México，*Manual del Inversionista en el Sector Minero Mexicano*. 检索时间：2018 年 5 月 15 日。https://www.gob.mx/cms/uploads/attachment/file/310930/MANUAL_DEL_INVERSIONISTA.pdf

⑤ INEGI，*Conociendo Zacatecas*，2016.

鸟瞰墨西哥城

尤卡坦半岛北部的乌斯马尔古城

位于西北部加利福尼亚湾的
索诺拉（**Sonora**）州

第 2 章
墨西哥政治经济概况

2.1 墨西哥发展历史

2.1.1 古代印第安文明

墨西哥是美洲文明古国，曾创造奥尔梅克、特奥蒂瓦坎、玛雅、阿兹特克等印第安文化。

奥尔梅克文化是已知的最古老的美洲文明，亦被称作墨西哥古代文化的始祖。奥尔梅克文化繁荣于公元前 1200 年至公元前 500 年。由于生活的地区土壤肥沃，雨量极其充沛，奥尔梅克人已开始放弃以采集和狩猎为主的生活方式，过渡到耕种作物以之作为食物主要来源的阶段。种植的作物有玉米、马铃薯等，其中玉米是其主要种植作物。奥尔梅克人还创造了美洲大陆最古老的历法并会用零进行运算。奥尔梅克文明的许多特征，如金字塔和宫殿建造，玉器雕琢，美洲虎和羽蛇神崇拜是后来中美洲各文明的共同元素。

公元前 2 世纪至公元 7 世纪中叶，居住在墨西哥州和普埃布拉州谷地的特奥蒂瓦坎人的文化获得高度发展，逐步形成了以特奥蒂瓦坎和乔卢拉为中心的都市社会。其都城特奥蒂瓦坎面积 20 平方千米，全盛时期人口多达 20 万，是当时世界上最大的城市之一。其主要经济活动是手工业，陶器已经利用模子大批生产，使用浮雕、直接上色和彩釉等不同的制作方法。农业也有相当水平，能修筑梯田、挖渠灌溉，种植玉米、番茄、南瓜、可可、棉花和烟草等作物。由于城市经常举行宗教仪式，朝圣者从四面八方涌来，商业也随之发展起来。特奥蒂瓦坎人对几何、建筑、天文和艺术都有精深的了解。

玛雅文化是世界重要的古文化之一，更是美洲古代印第安文明的杰出代表。它主要分布在墨西哥南部、危地马拉、伯利兹以及洪都拉斯和萨尔瓦多西部地区。玛雅文化约形成于公元前2500年，公元前400年左右建立早期奴隶制国家，公元3～9世纪为繁盛期，15世纪衰落，最后为西班牙殖民者摧毁。玛雅文明基本上属新石器时代和铜石并用时代，农业技术简单，耕作粗放，不施肥，亦无家畜，后期有水利灌溉。手工制品有各种陶器、棉纺织品等。不同村落和地区间有贸易交换关系。玛雅人的建筑工程达到古代世界的高水平，能对坚硬的石料进行雕镂加工。建筑以布局严谨、结构宏伟著称，其金字塔式台庙内以废弃物和土堆成，外铺石板或土坯，设有石砌梯道通往塔顶。其雕刻、彩陶、壁画等皆有很高的艺术价值。玛雅文明的天文、数学取得了很高的成就。通过长期观测天象，已掌握日食周期和日、月、金星等的运行规律，创制出太阳历和圣年历两种历法，其精确度超过同时代希腊、罗马所用历法。数学方面，玛雅人使用"0"的概念比欧洲人早800余年，计数使用二十进位制。玛雅文明的另一独特创造是象形文字体系。玛雅人笃信宗教，文化生活均富于宗教色彩。他们崇拜太阳神、雨神、五谷神、死神、战神、风神、玉米神等神。太阳神居于诸神之上，被尊为上帝的化身。

阿兹特克人于公元11～12世纪间，从北部迁入墨西哥中央谷地。于1325年在特斯科科湖中的两个岛上开始建立特诺奇蒂特兰城（今墨西哥城）。从1440年起，其首领莫克特苏马一世及其后裔不断对外扩张，几乎控制了整个墨西哥谷地，而且进抵太平洋和墨西哥湾沿岸，建立了幅员辽阔的阿兹特克帝国。阿兹特克人实行集权统治，最高首领国王和贵族高居于民众之上，并拥有强大的军队，明显表现出阿兹特克社会已向阶级社会过渡。1519年，西班牙殖民者侵入特诺奇蒂特兰，阿兹特克文明的发展从此中断。

墨西哥城的三文化广场

墨西哥城特奥蒂华坎（**Teotihuacan**）太阳金字塔

墨西哥尤卡坦奇琴伊察（Chichén Itzá）
羽蛇神金字塔

阿兹特克人（Aztec）的
太阳历石

2.1.2 殖民统治

公元 1492 年，意大利航海家克里斯托弗·哥伦布到达美洲以后，西班牙人掀起了去美洲大陆的热潮。西班牙驻古巴都督贝拉斯克斯于 1519 年派遣埃尔南·科尔特斯率远征队向墨西哥一带进发。1519 年 11 月，科尔特斯率领 15 万人的大军直逼墨西哥特诺奇蒂特兰。阿兹特克当时的皇帝莫克特苏马二世，不仅没有率军抵抗，反而举行盛大仪式，将科尔特斯迎入首都。1520 年 5 月，西班牙驻古巴都督贝拉斯克斯以科尔特斯“犯上作乱”为名，命令亲信纳瓦埃斯率军征讨科尔特斯。科尔特斯留下一半人马交由阿尔瓦拉多指挥，镇守首都；自己带领另一半人马，迎击纳瓦埃斯。但科尔特斯离开后，阿尔瓦拉多趁阿兹特克人举行盛大宗教仪式之机，屠杀了数以千计手无寸铁的阿兹特克人。市民群众怒不可遏，揭竿反抗，把西班牙军重重包围起来。科尔特斯回首都后设法营救，终无结果。之后，科尔特斯派人与阿兹特克人讲和，但愤怒的群众没有接受，科尔特斯只能率部下进行突围。由于突围被阿兹特克哨兵发现，西班牙官兵陷入困境，有的被杀，有的被淹死在特斯科科湖中，生还者仅 400 余人。这被称为西班牙殖民史上“悲哀之夜”。但科尔特斯不甘罢休，继续以韦拉克鲁斯为据点，招兵买马，重整旗鼓，准备东山再起。1520 年底，科尔特斯卷土重来，用近 5 个月的时间征服了特斯科科湖沿岸，完成了对特诺奇蒂特兰的包围。次年 5 月，西班牙军开始攻城。阿兹特克人在莫克特苏马外甥夸乌特莫克率领下进行了顽强的抵抗，英勇地保卫首都。但由于城内粮食断绝，饮水短缺，天花流行，伤病员日益增加，处境十分困难。8 月 13 日，科尔特斯强攻，冲入城内，放火焚烧特诺奇蒂特兰城。阿兹特克人奋勇巷战，且战且退，最后他们的首领被俘，逐渐丧失抵抗能力。壮丽富饶的特诺奇蒂特兰被侵略者夷为平地。科尔特斯攻占特诺奇蒂特兰后，强迫阿兹特克人重建城池，并改名为墨西哥城。同时，科尔特斯继续兴师征服墨西哥城附近的阿兹特克人，巩固自己的统治。到1524年，整个阿兹特克帝国都已经在西班牙人的控制之下，而且其势力范围延伸到了危地马拉。他们把这里命名为“新西班牙”。

1535年，西班牙国王下令在墨西哥设立新西班牙总督辖区，统治墨西哥等地区。首府为墨西哥城。新西班牙总督辖区的行政制度仿效宗主国的封建官僚行政体系，由西班牙国王直接任命的总督握有殖民地的最高权力。在总督之下，设置省长、郡长、市长等地方官。印第安人的村庄则由选举或世袭的酋长——卡西克（cacique）来管理。卡西克受郡长管辖。新西班牙总督辖区的经济活动完全服从于宗主国的利益。宗主国对墨西哥的工商业实行严格的专制垄断，所有可能同宗主国竞争的殖民地工业均被禁止或受到限制，墨西哥不得同其他欧洲国家直接通商，殖民地之间的贸易亦受到严密控制。同时，西班牙殖民者把墨西哥当作供给宗主国黄金、白银的来源，开采黄金、白银也成为墨西哥经济的主要部门。如从1545年发现萨卡特卡斯等银矿起到17世纪初这段时间是采矿工业的繁盛时期，墨西哥生产的白银占到全世界总量的三分之一。此外，墨西哥的纺织、制革和农产品加工工业，在殖民统治时期也有一定程度的发展。

2.1.3 独立战争

19世纪初，欧洲政局的变化引发了西班牙的政治危机。1808年，拿破仑征服西班牙，俘虏了西班牙国王费尔南多七世，为墨西哥带来了独立的机遇。随着宗主国形势的日趋复杂，新西班牙殖民地要求独立的呼声不断高涨。当时在墨西哥流传着一首诗说，“墨西哥人，睁开你的眼睛，把握这个机遇”“命运已经把自由，放在你的手上，再不打碎西班牙人的枷锁，你们将永远沉沦。”

独立运动的主要领导人经秘密策划，原定于1810年12月8日举行起义，因起义计划泄露，有些成员遭到缉捕。阿连德和伊达尔戈在多洛雷斯得知消息后，决定提前举行起义。1810年9月15日夜间11点钟，作为墨西哥民族光荣的时刻载入史册。伊达尔戈于这一时刻赶到小镇多洛雷斯教堂，敲响了钟声。9月16日凌晨，他们放出狱中囚犯，敲响警钟召集士兵和民众在教堂集合。伊达尔戈发表了感人肺腑的讲话，他对几千印第安人高声问道：“孩子们，你们要成为自由人吗？三百年前，可恶的西班牙人从我们祖先的手中夺走了土地，你们愿意夺回来吗？……解放的时刻来到了，自由的时钟敲响了，你们有勇气的话，就和我们一起干吧！”顿时，人们群情激愤，台下响起一片惊天动地的口号声：“墨西哥人万岁！”“墨西哥万岁！”“独立万岁！”“打倒坏政府！”一支起义的队伍很快就聚集起来了。这就是历史上有名的“多洛雷斯呼声”，它标志着墨西哥独立运动的开始。当时，伊达尔戈是以“替天行道”的名义进行独立革命的。他高举“瓜达卢佩圣母”的旗帜，号召人民群众参加独立战争。

1813年9月13日，起义军在奇尔潘辛戈召开了墨西哥历史上第一次国民代表大会。大会推举莫雷洛斯为最高统帅，兼任行政长官。1813年11月6日，大会根据“民族意识”的精神通过了《独立文告》，还成立了议会作为常设机构。1815年，莫雷洛斯被捕牺牲，墨西哥独立运动遭到了暂时挫折。1820年12月，殖民军和独立军开始和谈，于1821年2月24日在伊瓜拉达成协议。9月28日成立临时政府，发表《独立宣言》，组成了以伊图尔维德为首的5人市政会。从此，墨西哥成为独立的国家。

1822年5月，伊图尔维德策划首都驻军兵变，建立帝制，自封为“奥古斯丁一世”。其倒行逆施激起了民众的反对，登基不到10个月就被拉下了皇帝宝座。伊图尔维德于1823年3月宣布退位，并逃往欧洲。同年11月，墨西哥召开制宪会议，1824年10月4日颁布宪法，正式成立联邦共和国。瓜达卢佩·维多利亚当选为共和国第一届总统。

墨西哥独立战争，推翻了持续三百年之久的西班牙殖民统治，建立了共和政体，胜利完成了民族独立的任务，在墨西哥历史上揭开了新的一页。

墨西哥独立纪念碑

墨西哥抗法小英雄

墨西哥第一位土著人
总统华雷斯纪念碑

墨西哥城恰布尔特佩克公园
抗美英雄少年雕像

2.1.4 墨西哥革命和护宪运动

独立初期的墨西哥，频繁经历考迪罗混战和军事政变，也遭到英国、美国、法国等列强的入侵。1846—1848 年的墨美战争以墨西哥失败结束，美国强迫墨西哥政府签订了屈辱的《瓜达卢佩–伊达尔戈条约》，强占了当时墨西哥一半以上的土地，包括今天美国的新墨西哥州、加利福尼亚州和亚利桑那州以及其他几个州的一部分，总面积约 230 万平方千米。

1854 年华雷斯开始推动"革新运动"，通过了新宪法，规定总统由普选产生，宗教界人士不得当选总统和国会议员，禁止奴隶制度，禁止宗教和世俗团体占有不动产，宣布私有财产神圣不可侵犯，规定言论、出版、集会和通信自由。1861 年 7 月，墨西哥决定停止偿付外债两年。法国、英国、西班牙以此为借口，签订了共同武装干涉墨西哥的协定，结成了反对墨西哥改革的新"神圣同盟"。华雷斯政府通过谈判，与英国和西班牙达成协议，只有法国执意武装干涉。经过 5 年艰苦卓绝的抗战，墨西哥人于 1867 年击败了法国侵略军，最终取得了反对外国侵略者的伟大胜利，保卫了革新运动的成果。墨西哥的反法战争被称为墨西哥的"第二次独立战争"。1867 年和 1871 年，华雷斯又连续两次当选总统，直至 1872 年逝世。华雷斯领导的改革运动，为墨西哥经济与社会的发展奠定了政治与法律基础。

从 1876 年至 1911 年，迪亚斯独裁统治墨西哥长达 34 年之久。他上台后主持了修改宪法，先是允许总统连任两届，然后又取消了所有限制。迪亚斯在任期间，实施了"经济自由主义和政治独裁主义相结合"的政治模式。1910 年大选期间，迪亚斯使用非法手段操纵选举，宣布自己再度"当选"墨西哥总统，引起民众强烈不满。

提出保护民族工业、反对独裁、建立宪政国家主张的佛朗西斯科·马德罗（Francisco Madero），提出“有效选举，不得连任”的口号参加竞选，但被迪亚斯当局投入监狱。马德罗越狱后，发表圣路易斯波托西计划，宣布此次总统选举无效，并号召举行全国起义。马德罗的号召得到了墨西哥南部由萨帕塔领导的和北部由比利亚领导的两支农民武装的支持。1911 年 5 月，在南北两支农民军的夹击和首都人民反对浪潮的压力下，迪亚斯被迫下台，逃往欧洲大陆。1916 年 12 月，墨西哥召开全国立宪会议。1917 年 2 月，经过激烈的斗争，制宪会议通过新宪法，宣布国名为墨西哥合众国，规定国家是土地、河流、矿藏的根本所有者等条款。该宪法于同年 5 月 1 日生效。这部宪法是 1910—1917 年墨西哥资产阶级民主革命的产物，它在一定程度上反映了劳动人民的要求，是当时世界上资产阶级宪法中最民主、最进步的法典之一。

墨西哥革命后，围绕着反教权主义的护宪运动，发展为国内战争。在各种力量的配合下，墨西哥政府于 1929 年 4 月最后扑灭了叛乱。卡德纳斯就任期间（1934—1940 年），采取了一系列比较激进的民主改革措施，进行了土地改革、国有化运动和教育改革，全面而深入地实行了 1917 年宪法，完成了墨西哥护宪运动的任务。

1940 年，阿维拉·卡马乔继任墨西哥总统。他是 1910 年墨西哥革命以来第一个宣布“革命时代”结束、“经济发展时代”开始的总统。他的上台，标志着墨西哥历史发生了重要转变，从“革命和改革时期”转变到“稳定与发展时期”。卡马乔是墨西哥最后一个军人总统。随着墨西哥军队政治职能的缩小，墨西哥最终走上了文官政府制度的道路。从 1929 年起至 2000 年，墨西哥革命制度党连续执政 71 年，使墨西哥的政治模式显现出执政党长期一党执政的总统制特点，也有人称之为“六年一度、横向世袭、独断专行的君主制”。①

2000 年 7 月，由国家行动党和绿色生态党组成的墨西哥变革联盟推选的候选人福克斯赢得大选，使福克斯当选为墨西哥现代史上第一位反对党总统，从而结束了革命制度党长达 71 年的统治。2000—2012 年，国家行动党连续执政 12 年。2012 年大选，革命制度党再次赢得总统宝座。

---

① Daniel Cosio Villegas, El sisterma politico mexicano, las posibilidades de cambio, p.22, Institute of Latin American Studies, The University de Texas at Austin, 1972, 转引自：徐世澄. 墨西哥政治经济改革及模式转换［M］. 北京：世界知识出版社，2004.

图片为墨西哥城恰布尔特佩克城堡（**Castillo de Chapultepec**）。该城堡为西班牙总督贝尔那多（**Bernardo de Gálvezy Madrid**）于 **1788** 年所建，曾是墨西哥第二帝国的马西米连诺一世皇帝及其配偶卡洛塔皇后的住所。几经改朝换代，几经废弃。**1944** 年开始，成为墨西哥国家历史博物馆。

2.2 墨西哥政治概况

2.2.1 政治体制

2.2.1.1 宪法

1824 年 10 月 4 日，墨西哥颁布了独立后的第一部宪法，正式成立联邦共和国。1857 年时任墨西哥最高法院院长的华雷斯，领导制定了 1857 年自由派的宪法。这部宪法规定，取消从殖民时代延续下来的贵族、教会与封建军阀的特权；用法律形式确定国家与教会分离。这部宪法使墨西哥成为当时世界上最早的世俗国家，比欧洲国家实行政教分离还要早许多年。①1917 年 2 月 5 日，墨西哥颁布强化国家与政府权力的《墨西哥合众国宪法》，后经多次修改，一直执行至今。该宪法是墨西哥人民长期斗争的结果，反映了墨西哥资产阶级民主革命的明确方向，体现了资产阶级民主原则，为墨西哥现代资本主义的进一步发展奠定了基础。

1917 年宪法第 130 条宣布宗教信仰自由，禁止教会拥有不动产，教堂、修道院等建筑物均归国有，教会不得享有法律上的特权，禁止教会干涉世俗事务等。

1917 年宪法对共和国政府体制作了规定，实行立法、行政和司法三权分立制度。各州制定本州宪法，但地方权力受国家根本法约束。该宪法规定，墨西哥总统为国家元首、政府首脑和墨西哥军队总司令，有权宣布“紧急状态”和“战争状态”，决定兵力调动、国防开支和将级以上将领的任命等。总统由直接普选产生，任期 6 年，终生不得连任。不设副总统职位。墨西哥总统选举只进行一轮投票，获得简单多数的候选人直接成为选举的获胜者。墨西哥现任总统洛佩斯・奥夫拉多尔（Lopez Obrador），2018 年 7 月以国家复兴运动党候选人的身份获得全国超过半数的选票而赢得大选，并于同年 12 月 1 日就职，任期至 2024 年 12 月 1 日。前任总统培尼亚・涅托（Peña Nieto）于同一天卸任，结束其六年的总统任期。

2.2.1.2 议会

墨西哥 1917 年宪法规定，国会由两院组成，每州选举两名参议员组成参议院，参议员任期 4 年。众议员按人口比例直接选出，任期两年。凡年满 21 岁、有合法职业的男子，均有选举权。

① 郭伟成. Hola，México［M］. 北京：世界知识出版社，2003：41.

墨西哥联邦议会行使立法权，分为参、众两院，两院最高领导机构是大委员会，由主席（即议长）、秘书（相当于副议长）和若干委员组成。两院议员不得连选连任，但可隔届竞选。

墨西哥参议院有 128 名议员，由 32 个州各选 4 名组成，任期 6 年。本届参议院于 2018 年 9 月选举产生，国家复兴运动党 59 席，国家行动党 24 席，革命制度党 14 席，公民运动党 20 席，其他党派 11 席。现任参议长为国家复兴运动党的马蒂•巴特雷斯•瓜达拉马（Martí Batres Guadarrama），2018 年 9 月 1 日就职，任期至 2019 年 8 月 31 日。众议院 500 名议员，其中 300 席通过多数票选举产生，200 席按政党比例代表制产生，任期 3 年。本届众议院于 2018 年 9 月产生，国家复兴运动党 255 席，国家行动党 79 席，革命制度党 47 席，社会共识党 30 席，劳动党 28 席，公民运动 28 席，其他党派 33 席。现任众议长为国家复兴运动党的波菲里奥•穆尼奥斯•莱多（Porfilio Muñoz Ledo），2018 年 9 月 1 日就职，任期至 2019 年 8 月 31 日。

2.2.1.3 政府

墨西哥实行总统制，总统是国家元首和政府首脑。墨西哥现任总统安德烈斯•曼努埃尔•洛佩斯•奥夫拉多尔，于 2018 年 12 月 1 日正式就任，成为墨西哥 70 年来首位左翼党派当选的总统。

洛佩斯•奥夫拉多尔政府的主要内阁成员有：内政部长奥尔加•桑切斯•科尔德罗（Olga Sánchez Cordero）、外交部长马塞洛•埃布拉德•卡绍冯（Marcelo Ebrard Casaubón）、国防部长路易斯•克雷森西奥•桑多瓦尔（Luis Cresencio Sandoval）、海军部长何塞•拉斐尔•奥赫达•杜兰（José Rafael Ojeda Durán）、公共安全部长阿方索•杜拉索•蒙塔尼奥（Alfonso Durazo Montaño）、财政和公共信贷部长卡洛斯•乌尔苏亚•马西亚斯（Carlos Urzúa Macías）、福利部长玛利亚•路易莎•阿尔沃雷斯•冈萨雷斯（María Luisa Albores González）、环境和自然资源部长何塞法•冈萨雷斯•布兰科·奥尔蒂斯•梅纳（Josefa González Blanco Ortíz Mena）、能源部长诺尔玛•罗西奥•纳莱•加西亚（Norma Rocío Nahle García）、经济部长格拉谢拉•马尔克斯•科林（Graciela Márquez Colín）、农业和农村发展部长维克多•比利亚洛沃斯•阿兰布拉（Víctor Villalobos Arámbula）、交通通信部长哈维尔•希门尼斯•埃斯普里乌（Javier Jiménez Espriú）、公共职能部长伊尔玛•埃伦迪拉•桑多瓦尔•巴列斯特罗斯（Irma Eréndira Sandoval Ballesteros）、公共教育部长埃斯特万•莫克特苏马•罗尔丹（Esteban Moctezuma Barragán）、卫生部长豪尔赫•阿尔科塞尔•巴雷拉（Jorge Carlos Alcocer Varela）、劳动和社会保障部长路易莎·玛利亚·阿尔卡德·卢汉（Luisa María Alcalde Luján）、农村、国土和城市发展部长罗曼·吉列尔莫·梅耶尔·法尔孔（Román Guillermo Meyer Falcón）、文化部长亚力杭德拉·弗劳斯托·格雷罗（Alejandra Frausto Guerrero）、旅游部长米格尔·托鲁科·马尔克斯（Miguel Torruco Márquez）等。①

墨西哥新总统在就职演讲中不断强调，他不会让墨西哥普通民众失望，承诺解决国内暴力、贫困、贪腐等问题，推动墨西哥的“第四次转型”，即指继墨西哥独立、改革期、墨西哥革命当代史上三大变革之后的“第四次转型”。洛佩斯·奥夫拉多尔总统在就职演说中，强烈地谴责了新自由主义经济模式在过去的三十多年中给墨西哥带来的灾难。同时他表示将拒绝私有化并承诺恢复教育改革。

2.2.1.4 司法

墨西哥司法分为全国最高法院、大区法庭和地区审判庭 3 级。各州和联邦区还分别设高级法院。全国最高法院由 11 名大法官组成，任期 15 年。大法官由总统提名，参议院任命。现任最高法院院长为路易斯·玛利亚·阿吉拉尔（Luis María Aguilar）。大区法庭和地区审判庭法官由最高法院指派，任期 4 年。联邦政府设有共和国总检察院和联邦区司法总检察院。总检察长由总统任命。现任联邦总检察长空缺。此外，还设有联邦劳动保护检察院、联邦消费者检察院、保护儿童和家庭检察院、高级土地法庭等。

2.2.2 主要政党

墨西哥实行多党制，主要政党有国家复兴运动党、革命制度党、国家行动党、民主革命党、绿色生态党、劳动党、公民运动党、新联盟党、全国汇合党等。

国家复兴运动党（Movimiento Regeneración Nacional）：执政党，左翼政党。2014 年 7 月 9 日成立。现任党主席是耶德科尔·波列文斯基（Yeidckol Polevnsky）。2018 年 7 月，该党推出的总统候选人安德烈斯·曼努埃尔·洛佩斯·奥夫拉多尔（Andrés Manuel López Obrador）与墨西哥劳动党和全国汇合党共同组成竞选联盟“我们一起创造历史”，并赢得大选。洛佩斯·奥夫拉多尔于同年 12 月 1 日就任总统。该党在 2018 年 7 月的众参两院中均占有多数，参议院获得 59 席，众议院获得 255 席。现任众议长波菲里奥·穆尼奥斯·莱多（Porfilio Muñoz Ledo）和参议长马蒂·巴特雷斯·瓜达拉马（Martí Batres Guadarrama）均为国家复兴运动党成员。

---

① 资料来源：墨西哥国家概况，中国外交部，检索时间：2019 年 2 月 2 日。https://www.fmprc.gov.cn/web/gjhdq_676201/gj_676203/ bmz_679954/1206_680604/1206x0_680606/

革命制度党（PRI）是墨西哥第一大党，现为反对党，中左政党。该党 1929 年 3 月成立之后至 2000 年 12 月 1 日，曾连续执政长达 71 年。革命制度党的长期执政，曾使墨西哥创造了两个奇迹：一是政治奇迹。当拉美大多数国家政局动荡，出现军人独裁统治时，墨西哥一直保持政局稳定，每 6 年更换一次文人政府，形成墨西哥特有的官方党长期执政的政治模式。自 1929 年墨西哥革命制度党执政之后，墨西哥从未发生过军事政变。二是经济奇迹。墨西哥在第二次世界大战后的一段较长的时期内，政局稳定，经济发展。20 世纪 50 年代初期至 70 年代末期，墨西哥经济一直保持较高速增长，被经济界成为“墨西哥奇迹”。从某种意义上说，墨西哥革命制度党的历史就是墨西哥的现代史。①

2000 年选举中，革命制度党自成立之后首次被国家行动党击败，这成为墨西哥政治模式的转折点。2012—2018 年革命制度党以微弱多数重新执政，但 2018 年又被国家复兴运动党击败，再次失去执政党地位。革命制度党宣称奉行革命民族主义和宪政，主张对外维护国家独立与主权，对内发展经济和改善人民生活。长期以来，绝大多数工会、农会及其他职业者组织均属该党。该党在 20 世纪 80 年代初，党员人数曾高达 1 300 万，系社会党国际成员。党主席恩里克·奥乔亚·雷萨（Enrique Ochoa Reza），总书记克劳迪娅·鲁伊斯·马谢乌·萨利纳斯（Claudia Ruiz Massieu Salinas）。

国家行动党（PAN），反对党，右翼政党。该党 1939 年 9 月成立，代表中上层工商金融界利益，主张保护私人企业，推行新自由主义改革和市场经济。该党 2000—2012 年连续执政 12 年，系国际民主联盟、美洲基督教民主组织成员。党主席达米安·塞佩达·比达莱斯（Damián Zepeda Vidales），总书记马塞洛·托雷斯·科菲尼奥（Marcelo Torres Cofiño）。

民主革命党（PRD），反对党，左翼政党。该党 1987 年 7 月成立，党员 300 万人，前身是全国民主阵线，1989 年 5 月墨西哥社会党（原墨共）加入后改为现名。党的基本路线是反对新自由主义经济结构调整，实现政治制度的民主化。民主革命党系社会党国际成员。党主席亚历杭德拉·巴拉莱斯（Alejandra Barrales），总书记贝亚特里斯·莫西卡·莫尔加（Beatriz Mojica Morga）。

2.2.3 政局现状

2018 年 7 月，墨西哥举行了历史上最大的一次选举，包括选出新的总统、联邦参议员、众议员、多个州的州长以及各级地方政府职位等，选举职位高达 3 416

---

① 徐世澄. 墨西哥革命制度党［M］. 北京：世界知识出版社，2009：30.

个。同年7月选举落下帷幕，由国家复兴运动党、墨西哥劳动党和全国汇合党组成的竞选联盟“我们一起创造历史”推出的国家复兴运动党候选人安德烈斯·曼努埃尔·洛佩斯·奥夫拉多尔赢得过半的选票而当选总统，打破了墨西哥政坛长期以来由革命制度党和国家行动党两党主导的局面。墨西哥此次选举充满暴力，参选的候选人中有48名遭到杀害，在墨西哥32个州中有22个州发生了政界人士遭暗杀事件。

此次选举中，国家复兴运动党不仅赢得大选，而且在新一届议会选举中，在参众两院都成为第一大政治力量。该党凭借“我们一起创造历史”联盟获得两院席位的简单多数，有利于左翼执政纲领的实施。有舆论认为，该党的胜出标志着墨西哥政治权力发生重大转变，国家复兴运动党是墨西哥现代政治史上首个真正意义上的左翼执政党。墨西哥政局的转变首先是墨西哥官场腐败、面对黑势力传统政治领导人无所作为和无能为力的产物；其次是十几年来该国严重政治动荡和民心丧失的产物。人们期望，新的非传统政府能为该国带来新的内外政策的变化。

由于墨西哥前一任总统培尼亚破纪录的超低支持率和疲弱的经济增长，使新任政府处于双重压力之下，即对美关系的不确定性和政治经济的波动性。

12月1日，新任总统洛佩斯·奥夫拉多尔在长达近2小时就职演讲中，强调新政府反腐决心，阐述了经济变革计划的部分设想，例如不增加居民税收、不增加现有国家债务占比、尊重央行自主权、提高最低工资待遇、增加养老金和奖学金、减少总统和公务员的特权等。从总的趋势看，墨西哥虽左翼政府上台，但其四十多年来已接近固化和习惯化的中右政策框架难以改变。[①]基于洛佩斯之前的执政履历，从理念来看，他更是一位务实主义政治家。

新总统上台伊始，公布了多项经济措施，包括：签署了北部边境地区的财政激励法令，其中包括在北部边境沿线建立一个25千米的自贸区；自2019年1月1日起，北部边境地区的增值税从16%降至8%，所得税从30%降至20%；调整汽油价格；提高最低工资，将北部边境自贸区每个工作日的最低工资标准提高至176.72比索，其他地区的最低工资提高至102.68比索。

在对外关系上，尽管新任总统洛佩斯·奥夫拉多尔强调改变对美关系，主张在尊重和捍卫墨西哥在美移民工作和生活利益的基础上，发展与美国的合作关系，但是从墨西哥对外贸易结构及侨汇收入看，仍难以改变与美国的紧密关系。

---

① 杨建民，左翼上台后墨西哥政局的变与不变，澎湃新闻，检索时间：2018年12月4日。http://www.china.com.cn/opinion/think/2018-07/17/content_57525964.htm

2.3 墨西哥经济概况

2.3.1 经济发展历程

墨西哥是经济比较发达的新兴经济体之一，经济发展水平在拉丁美洲地区居领先地位。1821 年独立后，墨西哥经济经历了外向型初级产品出口发展模式、出口飞地模式、民族工业的发展、进口替代工业化时期、新自由主义改革下的出口导向模式等几个阶段的发展。

在独立后的头 50 年里，墨西哥实行外向型初级产品出口发展模式，主要以出口矿产品和农产品为主。矿产品主要有金、银等贵金属和工业化国家所需要的铜、锌、石墨、铅和锑等。农产品以咖啡、蔗糖、棉花、水果、龙舌兰纤维、木材和畜牧等为主。

迪亚斯独裁统治时期（1876—1911 年），将传统的外向型初级产品出口模式发展成为出口飞地模式。在此期间，靠刺激和吸引外资，出口工业原材料，经济有了长足的发展。同时也付出了高昂的代价：外资控制了国家经济的命脉。包括采矿、石油、电力、铁路和出口农业等主要经济部门都由外资掌控。

墨西哥革命后，政府进行了土地改革，实行了石油国有化，保护和鼓励民族工业发展，以中小民族资本为主的制造业蓬勃发展，为实行进口替代工业化内向发展模式奠定了基础。

20 世纪 40 年代至 80 年代中期，历届政府都大力推行进口替代工业化发展战略。国家对宏观经济实行强有力的干预，国有经济在整个国民经济中占有主导地位。国家通过对石油、铁路、电力等外国企业实行国有化，将国家经济命脉掌握在手中。第一阶段（20 世纪 40 年代—70 年代中期）是以发展制造业为主的进口替代工业化时期。这一时期，工业化已经初具规模，全国建立起了比较齐全的工业部门，重工业部门也具有了一定的基础。第二阶段（20 世纪 70 年代中期—1982 年债务危机）是以大力发展石油和石油化工为主的，有选择的进口替代工业化时期。这一时期，墨西哥从以生产农业和初级产品为主的农业国变成一个拥有较完整工业生产体系的新兴工业化国家。由于经济发展过分依赖石油，政府为了开发石油资源和实现庞大的工业发展计划，大量进口机器设备和原材料，导致对外贸易赤字和外债大幅攀升，最终在 1982 年爆发了债务危机。

债务危机后，墨西哥政府开始了新自由主义经济改革。第一代改革主要体现在四个方面：一是大幅度降低贸易壁垒，实施贸易自由化；二是进一步放松对外国资本的限制，除石油和少数基础设施部门以外，外资可拥有 100%的股权；三是签署《北美自由贸易协定》，加入北美一体化进程；四是减少国家干预，大规模推行私有化。但经济改革存在一些政策上的失误，导致 1994 年底爆发金融危机。第二代改革重新界定了国家在经济生活中的作用，使国家的调控作用更为合理和适度；更加关注社会发展问题，建立和完善社会保障制度以解决社会问题；建立了以中央银行为核心的现代金融管理体制，增强了防范和抵御经济危机的能力。2000 年以后，无论是国家行动党执政，还是革命制度党重新执政，都实行新自由主义的经济模式，只是在一些具体政策上存在差别。

2.3.2 经济发展现状

2012 年 12 月以来，培尼亚·涅托总统将工作重心放在了国内结构性改革方面，致力于推动包括能源、教育、通信、财税、金融和选举等六大领域的变革，在能源、电信等领域的改革取得积极成果。当前，墨西哥经济政策的主要目标是确保宏观经济的稳定。

根据联合国拉美经委会的统计，2017 年，墨西哥经济增长率为 2.2%，低于 2016 年 2.9%的增速；对外部门较好的看涨势头被投资尤其是公共投资下降和自然灾害影响所抵消；通胀率由 2016 年的 3.4%上升至 6.4%；失业率为 3.4%，较 2016 年下降 0.4 个百分点。经常项目赤字占 GDP 的比重由 2016 年的 2.7%降至 2017 年的 2.0%。[①]

2017 年墨西哥财政收支状况趋于好转，实现创纪录的盈余，占到 GDP 的 0.4%；而 2016 年同期财政赤字占 GDP 的 1.2%。2017 年财政收入同比增长 1.2%，主要是来自非石油收入 3.2%的增速（占全部收入的 83.7%）。其中，非税收收入实际增长 10.5%，税收收入增长 0.7%。而石油收入则下降了 8.2%。同期，公共部门支出同比下降 6.3%。部分原因在于，随着汽车燃料价格上涨以及 2017 年底价格放开后，政府减少了补贴支出。实际预算支出减少 10.6%，这主要是由于实物投资减少了 24.6%（主要影响道路、港口和旅游基础设施等）。这是自 1995 年金融危机以来的最大降幅，反映出政府为改善债务和财政状况而进行预算削减的成效。

截至 2017 年 10 月，墨西哥公共部门债务占 GDP 的比重为 43.7%，比 2016

---

① CEPAL，*Balance Preliminar de las Economías de América Latina y el Caribe 2017*，Santiago de Chile，Diciembre de 2017。

年末下降了4.5个百分点。部分原因是基期年变化引起的国内生产总值估计值增加。若剔除上述因素，债务上升至48%。据估计，2017年全年，债务相当于GDP的46.7%。

在货币政策上，2017年2月，墨西哥政府出台了“外汇对冲计划”（Programme of Foreign-Exchange Hedges），旨在为企业支付的汇率提供一定程度保证，并促进外汇市场更有序地运行。截至11月，共计拍卖45亿美元。隔夜利率继2月上升50个基点，并在3月、5月和6月分别上升25个基点后达到7%，而2016年底则为5.75%。此调整与美国加息、NAFTA重谈不确定性等密切相关，意在抑制通胀预期。实际上，较高利率起到了减少汇率的波动、稳定物价的作用。2017年10月，通货膨胀率为6.4%，尽管2018年12月通货膨胀率有所减缓，降至4.83%，但仍高于央行确定的3%～4%的目标区间。这主要是由于汇率贬值的连锁反应、能源价格上涨、食品价格上升以及公共产品和服务价格上涨所致。此外，值得关注的是，根据墨西哥国家统计局（INEGI）数据，洛佩斯新政府上台第一个月（2019年1月）的通货膨胀率明显高于2006年和2012年同期（分别是4.05%和3.57%）。

2017年1月，由于美国政府保护主义立场引发的不确定性，导致了近年来比索兑美元的一次最大名义贬值，汇率达到1美元兑21.9比索。尽管此后数月中，不确定性逐渐缓解，截至11月，与2016年年底相比，比索兑美元名义贬值10.1%（实际贬值15.6%）。这得益于墨西哥原油出口价格等得到改善、央行采取的货币和汇率政策，以及国际金融市场波动减小。但是，随着2017年结束，诸如NAFTA重谈引发的不确定性导致汇率波动。从外汇储备看，截至2018年6月底，墨西哥外汇储备为1 669.18亿美元，比年初的1 684.44亿美元减少了15亿美元，降幅为0.9%。①

2017年，墨西哥对外贸易止跌回升。2017年墨西哥货物贸易出口额4 094.01亿美元，同比增长9.5%。②其中，石油出口占总出口的5.7%，非石油出口占94.3%。得益于国际石油价格的上涨，石油出口增幅25.9%，非石油出口增长8.6%。在非石油出口中，对美出口约占出口总额的81%，同比增长7.4%，这主要源于工业部门的良好表现；对世界其他地区出口额增长14.7%。与此同时，进口额增长8.6%。其中，石油进口增速达33.1%，而非石油进口额增长5.7%。消费品、中间产品和资本产品的进口额分别增长8.2%、8.5%和2.0%。2017年，墨西哥对外贸易赤字

---

① 数字来源：CEIC数据库，检索时间：2018年12月5日。https://www.ceicdata.com/zh-hans/indicator/mexico/foreign-exchange-reserves

② 本自然段数字来源：墨西哥国家统计局。http://www.beta.inegi.org.mx/temas/balanza/

为 109.68 亿美元，较 2016 年同期下降 19.6%。经常项目赤字为 230.86 亿美元，相当于 GDP 的 2.0%。吸收外国直接投资（FDI）为 197.73 亿美元，同比下降 23%。

2017 年墨西哥能源改革成效渐显。同年 6 月，墨西哥国家油气委员会（CNH）将位于墨西哥湾浅海石油勘探和开采的 67%的气田区块在 2.1 轮中拍出。2017 年 7 月，其他区块在第 2.2 和第 2.3 轮中成功拍出。预计，在未来 35～50 年时间里，墨西哥将从能源改革进程获得超过 2 190 亿美元的收入。

就业持续好转。统计显示，2018 年第三季度，墨西哥经济自立人口的平均失业率为 3.3%，同比下降了 0.3 个百分点。为提升国内市场、防止家庭购买力下降，2017 年 1 月，名义最低工资达到每天 80.04 比索，涨幅 9.6%（实际上涨 3.3%）；同年 12 月份，最低工资又上调至每天 88.36 比索；自 2019 年 1 月 1 日起，最低工资又大幅上调至 102.68 比索，名义工资增长 16%，实际工资增长 12%，北部边境自贸区最低工资达到每天 176.72 比索，比其他地区最低工资高出 72%。

随着全球贸易增长、石油部门收入增加以及自然灾害过后重建需求等，预计 2018 年墨西哥经济增速将达到 2.4%。墨西哥国家统计局（INEGI）最新数据显示，2018 年前三个季度，墨西哥 GDP（2013 年价格统计）同比增长 2.6%，其中第一产业增长 2.3%，第二产业增长 2.6%，第三产业增长 1.2%。[①]但随着外部市场利率进一步上升、国际金融环境变化、美国税收改革对进入墨西哥资本所产生的负面影响以及美墨经济关系的不确定性等，墨西哥经济也面临诸多风险。

2.3.3 产业结构特征

第二次世界大战后至 20 世纪 80 年代债务危机爆发之前，墨西哥经济发展经历了进口替代工业化时期，汽车、机械制造、化学、钢铁、电力、石油与石化等部门成为这一时期的投资重点，从而建立起了较为完整的工业体系。工业的扩张改变了墨西哥经济的产业结构。农业占国内生产总值的比重不断下降，而工业和服务业的占比不断提高。

1982 年债务危机之后，墨西哥实施了经济开放与改革。在产业结构的调整中，第一产业（农、牧、林、渔）产值占国内生产总值的比重继续呈下降趋势，从 20 世纪 80 年代的 7%下降至 2017 年的 3.6%。墨西哥拥有比较完整且多样化的工业体系，不仅拥有食品、纺织、制革、服装、造纸等轻工业，而且有钢铁、化工、汽车、机器制造等重工业，能源工业比较发达，石油工业和采矿业也具有悠久的

---

① 数字来源：墨西哥国家统计局，检索时间：2019 年 1 月 10 日。http://www.beta.inegi.org.mx/temas/pib/

历史。2017 年，墨西哥第二产业（制造业、建筑、矿业）占国内生产总值的比重为 36.6%。服务业不仅是墨西哥产值最高的部门，也是创造就业机会最多的产业。服务业部门主要包括商业、金融业、电讯产业、不动产、旅游、保险、广告、传媒等。2017 年，服务业产值占国内生产总值的 59.8%。

2.3.3.1 农业

农业在墨西哥国民经济中曾占据十分重要的地位。1945—1965 年期间，墨西哥农业经历了快速发展，年均增长率为 6.5%。60 年代中期之后，墨西哥陷入“农业危机”，1967—1980 年农业增长率仅为 2.6%，低于同期 3.5%的人口自然增长率。墨西哥农业产值占其国内生产总值的比重由 60 年代的 15%下降至 1995 年的 7.7%[①]和 2017 年 2.17%（2013 年价格计算）。[②]

加入北美自由贸易协定后，墨西哥农业种植结构按照比较优势理论重新调整和定位，具体表现为基本作物[③]种植面积不断减少，经济作物的种植面积不断增加。美国农业的高额补贴对墨西哥的玉米、小麦等农产品的生产冲击较大，墨西哥的高附加值的农业加工业发展缓慢，粮食供应长期不能自给，国内食品消费的对外依赖程度越来越重，目前已达 28.9%。进入 21 世纪以来，墨西哥政府加大了对农产品加工的扶持力度，旨在推动墨西哥农业的增长。2001 年，墨西哥政府出台了“农村可持续发展法（Ley de Desarrollo Rural Sustentable)”，对该国农业的可持续发展起到了促进作用。2012 年，为建立农牧业的普查信息系统，墨西哥国家统计局首次发布《2012 年全国农牧业调查报告》（Encuesta Nacional Agropecuaria，ENA）。2014 和 2017 年，墨西哥国家统计局又连续发布了两份全国农牧业调查报告，对该国农牧业各个方面进行了综合的调查和分析。近几年，随着墨西哥政府多项有利于农业政策的出台，农业产值不断增加。2014 年墨西哥农业产值的增长率达到 3.8%，2015 年增长 2.1%，2016 年增长 3.8%，2017 年增长 3.3%，2018 年前三季度同比增长 2.3%。[④]此外，农产品对外出口增势喜人，2017 年出口高达 370 亿美元，成为第一大创汇产业。

墨西哥是拉美谷物种植大国，主要包括种植玉米、小麦和高粱。墨西哥的玉米产地集中在中央高原和太平洋沿岸。20 世纪 90 年代中期以来，墨西哥谷物种

---

① 数据来源：联合国粮农组织，转引自：赵雪梅. 拉丁美洲经济概论［M］. 北京：对外经济贸易大学出版社，2010：73.

② 数据来源：http://dev.ricyt.org/ui/v3/bycountry.html?country=MX&subfamily=CTI_CTX

③ 按照墨西哥国家统计局的定义，主要农作物分为六大类，即：粮食、油料、工业原料、饲料、水果和蔬菜。前两类为基本作物，后四类为经济作物。

④ EIU，*Country Report Mexico*，April，2018.

植面积呈下降趋势，从 1996—2000 年期间的年均 1 064 万公顷降至 2001—2007 年的 1 022 万公顷。[①]进入 21 世纪的第二个十年，墨西哥谷物种植越来越受到重视。依据墨西哥《2017 年全国农牧业普查报告》数据，2017 年墨西哥农业种植面积 3 240.6 万公顷，比 2014 年普查报告的 2 749.6 万公顷，增长了 17.86%。[②]

表 2－1　　墨西哥谷物类农作物的产量和播种面积

（2012、2014 和 2017 普查年）

	产量（吨）			播种面积（公顷）		
	2012 年	2014 年	2017 年	2012 年	2014 年	2017 年
稻米	133 125	139 354	134 524	22 900	22 869	22 610
豆类	1 288 152	1 434 668	1 308 282	1 919 453	1 878 933	1 912 609
黄玉米	—	—	8 071 840	—	—	1 502 326
白玉米	—	21 087 445	23 142 203	—	6 715 157	6 947 000
高粱	6 074 303	7 196 030	—	1 658 563	2 199 230	2 175 099
小麦	3 175 169	3 494 575	3 214 047	571 323	695 290	640 580
共计						13 200 224

资料来源：墨西哥国家统计局，Encuesta Nacional Agropecuaria 2017，第 30 页。http://www.beta.inegi.org.mx/programas/ena/2017/#

根据表 2－1 数据，2017 年墨西哥谷物类农作物的播种面积为 1 320.02 万公顷，占当年农业种植总面积的 40.73%。在谷物类农作物中，玉米（包括黄玉米和白玉米）的播种面积占比最高，为 63.98，产量共计 3 212.4 万吨。美国农业部海外农业局发布的参赞报告显示，预计 2018/2019 年度墨西哥玉米产量为 2 600 万吨，比 2017/2018 年度的产量减少 60 多万吨，因此 2018 年墨西哥的玉米进口需求将会增加。

---

① 数据来源：联合国粮农组织，转引自：赵雪梅. 拉丁美洲经济概论［M］. 北京：对外经济贸易大学出版社，2010：75.

② 数据来源：墨西哥国家统计局，Encuesta Nacional Agropecuaria 2017，第 13 页。检索时间：2019 年 1 月 23 日。

表 2－2　墨西哥水果产量和种植面积
（2012、2014 和 2017 普查年）

	产量（吨）			种植面积（公顷）		
	2012 年	2014 年	2017 年	2012 年	2014 年	2017 年
鳄梨	—	—	—	123 558	126 807	128 844
草莓	—	—	256 072	—	—	11 387
柠檬	1 981 128	2 090 281	1 110 840	153 522	165 368	160 836
芒果	1 491 273	1 542 445	1 689 839	210 733	220 936	233 362
苹果	304 275	530 821	377 251	49 081	49 508	37 412
甜瓜	1 565 647	594 049	—	57 661	21 103	13 084
西瓜		1 025 263	—		42 000	27 776
柑橘	3 275 066	2 986 862	2 869 798	335 558	336 544	395 849
香蕉	1 936 468	2 098 087	2 220 400	81 981	89 033	103 106
葡萄	—	304 801	317 643	—	30 002	28 985
共计						1 140 641

资料来源：墨西哥国家统计局，Encuesta Nacional Agropecuaria 2017，第 31 页。
http://www.beta.inegi.org.mx/programas/ena/2017/#

表 2－2 数据显示，2017 年墨西哥水果的种植面积共计 114.06 万公顷，主要种植柑橘、芒果、柠檬、鳄梨、香蕉等。其中柑橘的种植面积位居第一，39.58 万公顷，占 34.70%，比 2014 普查年增长 17.62%；其次为芒果，种植面积 23.34 万公顷，占 20.46%；第三为柠檬，种植面积 16.08 万公顷，占 14.10%。从产量看，2017 年墨西哥柑橘产量 286.98 万吨、香蕉产量 222.04 万吨、芒果产量 168.98 万吨、柠檬产量 111.08 万吨。综合种植面积与产量，芒果和香蕉是种植面积和产量均呈现增长的两种水果。近年来，由于墨西哥芒果行业已经有 3 200 公顷的种植园获得了全球良好农业操作认证（Global-Gap），这就保证了他们可以将芒果出口到全球对品质要求最严格的市场。目前，墨西哥是世界上最大的新鲜芒果出口国。2017 年墨西哥对美国鲜芒果出口总额为 2.78 亿美元，比上年同期增长 6.1%。同时，脱水芒果的出口额达 5 600 万美元，同比增加 30.1%。[①]

① Zing，2017 年墨西哥新鲜和脱水芒果出口美国创纪录，检索时间：2019 年 1 月 30 日。http://spzx.foods1.com/show_ 2725514.htm

表 2-3 墨西哥蔬菜、油料和饲料作物的产量和播种面积

（2012、2014和2017普查年）

	产量（吨）			播种面积（公顷）		
	2012年	2014年	2017年	2012年	2014年	2017年
南瓜	868 722	615 441	740 011	131 332	131 505	75 551
洋葱头	1 135 967	1 018 509	1 051 023	39 505	40 112	35 801
辣椒	2 236 991	2 221 594	1 985 222	133 708	143 708	125 123
红西红柿	2 579 381	2 517 286	3 008 036	52 990	48 638	41 045
大豆	—	114 954	261 248	—	71 664	147 675
苜蓿	—	—	—	320 652	332 320	382 196
饲料用玉米、高粱	—	—	—	—	—	2 093 629
共计						2 901 020

资料来源：墨西哥国家统计局，Encuesta Nacional Agropecuaria 2017，第33页。
http://www.beta.inegi.org.mx/programas/ena/2017/#

表2-3数据显示，2017年蔬菜、油料和饲料用作物的种植面积290.10万公顷，主要种植饲料用玉米和高粱、苜蓿、大豆、辣椒等。根据联合国粮食和农业组织（FAO）数据，墨西哥是世界上最大的辣椒消费国之一，同时也是全球第二大青辣椒生产国，主要产区是奇瓦瓦州、锡那罗州和萨卡特卡斯州。2017年墨西哥辣椒种植面积12.5万公顷，产量198.5万吨，是世界辣椒主产国之一。

表 2-4 墨西哥畜牧业存栏数和畜产品产量

（2012、2014和2017普查年）

	2012年	2014年	2017年
	存栏头数		
牛存栏量	26 923 314	28 415 337	31 948 274
生猪存栏量	12 664 795	14 153 863	14 133 596
家禽存栏量	319 487 126	399 885 841	341 377 117
畜产品	每天平均产量		
牛奶（单位：升）	—	31 456 356	37 611 879
鸡蛋（单位：吨）	7 616	7 632	8 101

资料来源：墨西哥国家统计局，Encuesta Nacional Agropecuaria 2017，第34页。
http://www.beta.inegi.org.mx/programas/ena/2017/#

表2－4是墨西哥2017年农牧业普查报告中的畜牧业存栏数和畜产品产量。墨西哥是全球十大牛存栏量国家之一，位列印度、巴西、中国、阿根廷、澳大利亚、俄罗斯等国之后。依据表中数据，2017年墨西哥牛存栏量为3 194.83万头，同比增长12.43%。在畜产品中，墨西哥是全球鸡蛋主产国之一，位居中国、美国、印度和日本等国家之后，约占全球鸡蛋产量的3.7%。2017年墨西哥每天生产鸡蛋8 101吨，同比增长6.15%。

除传统农业部门外，近十年来，墨西哥有机农业得到较大发展，种植面积不断扩大，目前已经成为世界七大有机农产品生产国之一。根据墨西哥农业食品和渔业服务信息（SIAP）的数据，墨西哥是全球第四大有机食品生产国，种植面积超过100万公顷。从地域分布看，墨西哥的瓦哈卡州、恰帕斯州、米却肯州、奇瓦瓦州和新莱昂州是墨西哥有机食品生产最重要的五个州，其中瓦哈卡州、恰帕斯州和米却肯州的种植面积占到50%。目前，墨西哥种植的有机食物多达45种，主要有咖啡、红花、牛油果、玉米、龙舌兰等。

2.3.3.2 工业

墨西哥工业门类比较齐全，石化、电力、矿业、冶金和制造业较发达。

从地域分布看，墨西哥工业主要分布在中部的墨西哥城、墨西哥州、克雷塔罗州、阿瓜斯卡连特斯州、瓜纳华托州；北部的科阿韦拉州；西部太平洋沿岸的哈利斯科州和东北部地区的新莱昂州等。位于中部地区的克雷塔罗州，近年来新兴制造业发展较快，如汽车、家用电器、石油化工等。目前，该州是墨西哥最重要的汽车零部件生产基地，制造业占该州生产总值的40%以上。位于东北部的新莱昂州，是墨西哥东北部传统工业基地，其首府蒙特雷市为墨西哥全国第三大城市和北部地区最大城市，被誉为墨西哥的工业首都。汽车制造、钢铁和炼油是新莱昂州的主要工业部门。在汽车制造业，新莱昂州聚集着起亚、戴姆勒、卡特彼勒等汽车行业巨头，在其500千米范围内更是有15家汽车整车厂以及400多家汽配企业，州府蒙特雷市是墨西哥的汽车制造业中心之一；在家电和电子行业，新莱昂州的家电产能占到墨西哥的近一半，是世界级的家电制造中心，家电配套产业十分完善。位于西部太平洋沿岸的哈利斯科州，工业技术水平居墨西哥全国领先地位，2015年矿业产值占全国的6.4%，国内生产产值占全国的6.5%。该州首府瓜达拉哈拉市是墨西哥西部工商业和金融业中心。瓜达拉哈拉市的工业门类较为齐全，以棉纺、食品、酿酒、建筑材料、化肥、化工、金属加工、皮革等部门为主。近二十年来，电子和信息产业快速发展，被称为墨西哥的“硅谷”，电子和计算机设备的出口约占墨西哥全国电子产品出口的四分之一。

汽车工业是墨西哥制造业部门发展的主要动力之一，在墨西哥制造业中所占比重达 18%，产值占墨西哥 GDP 的 5%以上，每年提供约 100 万个就业机会。墨西哥是全球汽车制造业十大强国之一。自 1994 年加入北美自由贸易区和开放市场以来，墨西哥已成为世界重要的汽车生产大国。此外，墨西哥利用劳动力成本优势，大力发展汽车零配件产业。2000 年墨西哥汽车产量为 194 万辆，2006 年，突破 200 万辆，其中轿车 110 万辆，约占总量的 54%，其他为轻型商用车和重型卡车。据墨西哥汽车工业协会数据，2017 年墨西哥汽车产量为 406.8 万辆，同比增长 13%，其中轿车 190 万辆，占总量的 46.7%，小型商用车与轻型货车 200 万辆，占比 49.2%，重型卡车 16.8，占比 4.1%。2017 年，墨西哥出口汽车 310 万辆，同比增长 12.1%，创历史新高。其中尼桑、通用汽车和菲亚特克莱斯勒产量最高，分别为 83 万、81 万和 64 万辆。墨西哥汽车出口的主要市场是美国和加拿大等北美国家，约占其汽车出口的 75%；其次是中南美国家和欧洲国家，分别约占 12%和 10%，销往亚洲国家汽车的约占 2%。2017 年，墨西哥的汽车零部件产值为 942.5 亿美元，全球汽车零部件百强供给商企业已有 89 家厂商落户墨西哥，且多数厂商有扩展增产计划。从落户墨西哥的汽车跨国企业地域分布看，除了与美国边境毗邻的北部边界的各州之外，墨西哥中北部地区，主要包括瓜纳华托州、阿瓜斯卡连特斯州、萨卡特卡斯州和克雷塔罗州等，相继设有汽车大型工厂或组装厂。在汽车工业带动下，近年来该地区工业园增加。该地区主要以汽车组装、汽车零部件、航空工业为发展动力，仅瓜纳华托州就拥有五个汽车品牌组装厂，分别是通用、马自达、丰田、本田和日野。

矿业是墨西哥最古老的工业部门，是该国第四大支柱产业，占国内生产总值的 4%，占墨西哥工业生产总值的 9.1%。受大宗商品价格低迷的影响，近几年墨西哥矿业处于持续低迷状态。根据墨西哥国家统计局统计，2017 年，墨西哥矿业生产萎缩 0.8%，其中硫产量萎缩 18.3%，非焦煤萎缩 11.8%，萤石萎缩 6.6%，焦煤和黄金分别萎缩 5.3%，铜萎缩 0.5%。此外，锌产量增长 8.4%，石膏增长 6.0%，铅增长 4.4%，银增长 2.8%。铁矿球增长 0.1%。2017 年，墨西哥成为全球第一大产银国，铜、金、铅、锌和钼产量位居世界前十位。2016 年，矿业部门吸引外国直接投资 37.52 亿美元，同比下降 18.9%。

食品加工业是墨西哥重要的工业部门之一。2017 年第二季度，墨西哥食品业（食品、饮料和烟草）产值 6 488.99 亿比索，约占国内生产总值的 4.6%。[①]墨西哥

① 资料来源：墨西哥国家统计局，检索时间：2019 年 1 月 12 日。http://www.inegi.org.mx/sistemas/bie/default.aspx

官方统计通常将食品工业分成两类，第一类是家庭式的小微企业，一般雇佣工人在 5 人以下；第二类是雇佣 5 人以上的中小或中大企业，其中中小企业占绝大多数。第二次世界大战后，墨西哥食品工业是发展较快的工业部门之一。1970 年墨西哥食品加工业产值为 3 599 000 万比索，1975 年上升至 7 867 000 万比索，增长幅度约为 120%。进入 21 世纪，墨西哥食品加工业保持增长势头。由于墨西哥拥有丰富的食品加工原料和良好的地理位置，以及该国的食品加工行业生产效率和劳动力专业水平较高，因此该行业成为吸引外国直接投资的重点行业之一。据墨西哥农业部统计，2016 年该国农产品食品加工业产值增长 3.5%，远超预期 2.3%。从食品工业的地域分布看，60%的大型食品加工企业位于首都墨西哥城或近郊区，其余的 20%位于下加利福尼亚、哈利斯科州，以及瓜纳华多和克雷塔罗等农牧业地区。①

墨西哥的出口加工业是其工业的重要组成部分。加工贸易的快速发展为扭转该国过分依赖石油的单一出口结构，扩大制成品出口，增加外汇收入，提高偿债能力做出了重要贡献。为推进产业有序发展和为增加税收提供便利，1999 年墨西哥政府制定了工业园标准法，之后又对该法令进行了三次修订。截至 2015 年底，墨西哥全国已经建立有 213 个工业园，主要分布在下加利福尼亚州（36 个）、奇瓦瓦州（28 个）、新莱昂州（25 个）、墨西哥州（20 个）、塔毛利帕斯州（17 个）等。近年来在汽车工业带动下，墨西哥中北部埃尔巴休（EL BAJIO）地区工业园的数量和面积增加。2015 年，瓜纳华托工业园的面积已经达到 4.82 万平方米，成为埃尔巴休地区拥有工业园面积最大的州。②

墨西哥加工业经历了三代不同的产业演进和升级历程。从传统的纺织服装升级到电子和汽配加工，在技术、设计和研发水平上都有了较大幅度的提升。2006 年墨西哥政府将 1998 年制定的客户工业出口推动计划和临时进口计划整合为出口制造加工和服务计划（IMMEX），其宗旨是进一步促进和鼓励企业将产品再出口，规范出口加工业的管理。该计划的最大特点是受益面广，覆盖了该国约 85% 的出口加工企业。近十几年来，墨西哥出口加工业又有新的发展，制造业企业数量从 2004 年的 2 811 家增加至 2018 年 10 月的 5 120 家，创造就业近 272 万人，主要从事运输设备（1 011 家，占比 19.75%）；塑料橡胶（553 家，占比 10.80%）；冶金（520 家，占比 10.16%）；计算机、通信设备等（371 家，占比 7.25%）；制衣（327 家，占比 6.39）；电子设备、配件、发电设备等（281 家，占比 5.49%）；食品（264 家，占比 5.16%）；机械设备（242 家，占比 4.73%）；化工（225 家，

① 韩琦. 跨国公司与墨西哥的经济发展［M］. 北京：人民出版社，2011：292-293.

② 资料来源：中国商务部驻墨西哥使馆经商参处，检索时间：2019 年 1 月 30 日。http://mx.mofcom.gov.cn/article/ddfg/tzzhch/201602/20160201256399.shtml

占比 4.39%）。从就业贡献看，创造就业最多的运输设备生产企业，为 96.20 万人提供了就业机会；其次是计算机、通信设备等企业，就业人数 32.47 万；再次是塑料橡胶企业，就业人数 17.06 万。①

近十多年来，墨西哥航空工业有了长足的发展，成为备受全球航空业国际直接投资青睐的目的国之一。墨西哥航空工业的发展起源于 20 世纪 70 年代中期，当时主要是与跨国公司的低层级供应商合作，进行零部件的生产及装配。从 2004 年开始，墨西哥航空工业开始腾飞。墨西哥官方数据显示，进驻该国的航空企业的数量从 2006 年的 109 家增长至 2016 年的 330 家，其中 79%是制造企业，11%是维修企业，10%是研发和工程技术企业。这些企业主要分布在奇瓦瓦州、索诺拉州、墨西哥城、下加利福尼亚州、克雷塔罗、科阿韦拉州、墨西哥锡那罗亚州等，十年内吸收外商直接投资金额积累达 18 亿美元。2013 年墨西哥航空工业出口额为 55 亿美元，计划在 2021 年达到 122.67 亿美元。美国和加拿大的大部分航空企业都在墨西哥落户。墨西哥航空工业之所以能快速发展的优势，主要是加入《北美自由贸易协定》后，为包括航空制造产业在内的诸多产业落地提供了良好的条件。此外，墨西哥政府的各项优惠政策和人力资源的优势，吸引了大量世界顶级航空制造商在墨西哥建厂，以期利用墨西哥的地理及成本优势，以及相对稳定的贸易政策与经济环境，提高产品竞争力。

2.3.3.3 服务业

自 20 世纪末期以来，服务业对墨西哥经济增长的贡献率越来越大。墨西哥服务业产值占国内生产总值的比重从 2012 年的 62.10%提高至 2017 年的 65.9%。其中，贸易、旅游、运输等部门，均呈现出较快的增长速度。近三年来，墨西哥服务业平稳增长，2015 年增长 4.3%，2016 年增长 3.9%，2017 年增长 3%，增速均高于经济的整体增长率。

根据拉美加勒比经委会数据，2017 年墨西哥服务业创造产值最多的是贸易、修理、旅馆、餐饮等行业，其产值共计 2 442.77 亿美元，占墨西哥当年生产总值的 22.3%；金融中介、不动产、企业服务、租赁等行业，其产值共计 2 281.58 亿美元，占墨西哥生产总值的 20.8%；运输、仓储和通信等行业，产值共计 891.09 亿美元，占该国生产总值的 8.1%；水、电、气等基础设施服务，产值共计 230.11 亿美元，占产值的 2.1%。此外，公共管理服务，包括国防、社保、教育、社会服

① 资料来源：墨西哥国家统计局，检索时间：2019 年 1 月 12 日。http://www.inegi.org.mx/sistemas/bie/default.aspx

务和医疗服务、社区服务等，产值共计 1 398.57 亿美元，占当年产值的 12.7%。[①]

近年来，墨西哥旅游业快速发展，已经成为墨西哥经济的第三大支柱产业，占国内生产总值的 8.5%。墨西哥目前是全球第六大旅游目的国，2016 年，墨西哥的外国游客增长了 9%，比全球旅游业 3.9%的增长率高出两倍多，游客人数达到了 3 500 万人次。2017 年，虽然受地震和热带风暴等自然灾害的影响，墨西哥旅游业仍创历史纪录，外国游客人数超过 3 900 万人次，比 2016 年多 400 万人次。墨西哥旅游局数据显示，目前，有超过 900 万墨西哥人从事旅游业和酒店服务业。

墨西哥电子商务市场潜力巨大。截至 2017 年，墨西哥有 3 730 万电子商务用户，约 20%的网上购物是通过智能手机或移动设备完成。近 80%的互联网用户在 3 个月内进行过网购。近年来，墨西哥商对客电子商务模式（B2C）保持高速增长。欧睿信息咨询有限公司（Euromonitor International）的数据显示，作为拉丁美洲第二大经济体，墨西哥的在线市场预计 2018 年的价值约为 70 亿美元，该公司预测到 2022 年墨西哥的这一市场价值将达到 140 亿美元。

1400 年前的乌斯马尔玛雅城遗址

穆赫雷斯岛餐饮

历史名城普埃布拉市

位于墨西哥城中心的美术馆

① 数据来源：联合国拉美加勒比经委会，检索时间：2018 年 12 月 2 日。http://estadisticas.cepal.org/cepalstat/Portada.html

第3章 墨西哥对外贸易

墨西哥是全球最开放的经济体之一，对外贸易在墨西哥经济中具有重要作用。1982年债务危机之后，墨西哥逐步推行对外贸易开放政策，1986年加入“关税与贸易总协定”（GATT）。此后，墨西哥致力于使出口部门与吸引外国直接投资一起，成为推动经济发展的关键动力。其贸易政策的目标是加强和恢复出口平台，以确保海外市场和产品的多元化，提高生产部门的竞争力，并加速融入全球生产链中，以履行其倡导绿色全球市场的承诺，并为消费者提供更广泛和更好的选择。为了实现这个目标，墨西哥政府推行了五项战略议程：加强多边贸易体系、优化现有的贸易协议网络、进行新的自由贸易协定谈判、协调贸易规则，以及墨西哥贸易利益的法律保护。①

3.1 墨西哥进出口贸易概况

2012年墨西哥政府推出了《2013—2018年国家发展计划》，强调墨西哥在加强包括世贸组织在内的区域和多边论坛和机构中的重要性，重申对自由贸易的承诺，并制定了两项战略：一是进一步深化贸易自由化政策；二是通过建立和深化经济战略伙伴关系来促进墨西哥的地区一体化。此外，墨西哥还通过简化海关程序、建立对外贸易单一窗口、使用新技术检测货物等措施来提升和改善贸

---

① Trade Policy Review，27 February 2013. http://www.sice.oas.org/ctyindex/MEX/WTO/ENGLISH/WTO_Gov_13_e.pdf

易环境。[①]根据世界银行《2018 年全球营商环境报告》，在参与排名的 190 个经济体中，墨西哥位列第 49 位。

目前，墨西哥与 200 多个国家和地区有贸易关系，与 46 个国家签订了 13 个自由贸易协定。它也是发展中国家中惟一与世界上两个最大贸易集团——北美自由贸易区和欧盟——签订自由贸易协定的国家。在美洲地区，墨西哥除签署了《北美自由贸易协定》（NAFTA）[②]之外，还与哥伦比亚、智利、乌拉圭、玻利维亚、秘鲁、中美洲（哥斯达黎加、洪都拉斯、萨尔瓦多、危地马拉和尼加拉瓜）、太平洋联盟、巴拿马签订了自由贸易协定，并与厄瓜多尔、巴拉圭、巴西、阿根廷、南方共同市场签署了特惠贸易协定。

3.1.1 对外贸易总体特点

首先，从贸易规模看，贸易总额不断增长。2008 年墨西哥进出口贸易总额已经达到 6 015.1 亿美元。[③]在国际金融危机的冲击下，2009 年墨西哥进出口贸易总额大幅下跌至 4 640.1 亿美元，但 2010 年重新回升至 5 997.1 亿美元。此后，尽管也曾遭受国际石油价格下跌等因素的影响，但贸易总额在曲折中上升，至 2017 年，贸易总额达到 8 298.5 亿美元。

其次，从国际市场看，出口市场仍高度集中，但进口市场逐渐形成多元化格局。美国是墨西哥最重要的进出口市场。2008 年，墨西哥对美出口占其出口总额的 80.1%，自美进口占其进口总额的 49%。近十年来，墨西哥对美出口的依赖没有变化，但自美进口的趋势逐年下降。2013—2017 年的 5 年间，墨西哥对美出口占其出口总额的比重分别为 78.8%、80.2%、81.1%、80.9%和 79.9%；对美进口占其进口总额的比重则下降了近 3 个百分点，分别为 49.1%、48.8%、47.3%、48.8%、46.3%。

与此同时，墨西哥逐步加强同其他国家和地区的贸易往来。2017 年，墨西哥从中国和欧盟的进口占其进口总额的比重分别为 17.6%和 11.6%，而在 2008 年，这一比重分别为 11.3%和 12.7%。

第三，从货物贸易的进出口商品结构看，产品集中度高的状况没有明显改善。矿产品、机电产品和运输设备是墨西哥进出口的前三大类商品。从出口看，国际

---

① Trade Policy Review，15 February 2017. http://www sice.oas.org/ctyindex/MEX/WTO/ENGLISH/TPR_s352_e.pdf

② 2018 年 11 月 30 日，美国总统特朗普、加拿大总理特鲁多、墨西哥总统培尼亚·涅托在阿根廷参加 G20 峰会期间签署新的《美国-墨西哥-加拿大协定》（USMCA），以取代 1994 年的《北美自由贸易协定》。

③ 本节贸易数据来自墨西哥经济部。

金融危机爆发前，这三类商品占墨西哥出口总额的70.8%，到2017年，这三类商品占墨西哥出口总额的比重仍达到68.7%。从进口看，国际金融危机爆发前，这三类商品占墨西哥进口总额的54.9%，到2017年，这三类商品占墨西哥进口总额的比重上升到56.3%。

随着国际国内政治经济环境的变化，墨西哥对外贸易的发展面临以下挑战：一是美国因素带来不确定性。由于高度依赖对美贸易和侨汇，特朗普的贸易和移民政策将极大影响墨西哥未来数年的经济和对外贸易轨迹。新签署的“美墨加协定”的效应有待检验、美元加息、美国减税等，是对墨西哥对外贸易有较大负面影响的三大因素。二是国内政局变动带来不确定性。左翼的奥夫拉多尔（Andrés Manuel López Obrador）当选墨西哥新任总统，全国政治权力发生了重大转变。新政府的执政理念和政策，以及可能出现的立法僵局，都有可能对墨西哥经济及对外贸易产生重大影响。

3.1.2 近年来的进出口贸易走势

加入北美自由贸易区之后，墨西哥对外贸易保持快速增长，但多年来一直处于略有逆差的状态。受国际金融危机和甲型H1N1流感疫情的双重影响，2009年墨西哥对外贸易出现大幅下降，货物贸易同比下降22.9%。2010年，墨西哥外贸部门明显反弹，货物贸易同比增长29.2%。2011年至2014年，墨西哥贸易保持平稳增长，年均增长率为7.55%。由于2014年下半年国际石油价格暴跌，此后一直在低位徘徊，墨西哥对外贸易在2015年和2016年也随之出现负增长，分别下降2.7%和1.9%。2017年，随着美国经济的复苏，以及国际石油价格的逐步回升，墨西哥对外贸易再次成为推动经济增长的主要动力，同比增长9.2%。

从墨西哥进口和出口的各自走势看，2011年至2014年，墨西哥出口年均增长率为7.6%，进口年均增长率为7.4%。2015年，出口同比下降4.2%，进口同比下降1.2%。2016年，出口同比下降1.8%，进口同比下降2.1%。2017年，出口同比增长9.5%，进口同比增长8.6%。

在对外贸易形势好转的情况下，墨西哥对外贸易总体趋于平衡，贸易逆差规模不大。但国际石油价格暴跌对墨西哥贸易平衡造成打击，贸易逆差急剧上升。最近三年逆差有所收窄。2011年至2014年，墨西哥年平均逆差为12.15亿美元，2015年急剧上升至144.4亿美元。最近两年的逆差额逐年下降，分别为131.6亿美元和108.9亿美元。

3.1.3 经常项目收支状况

2012 年以来，墨西哥政府致力于推动结构性改革，对外注重提高墨西哥在国际上的竞争力，对内保持墨西哥宏观经济的稳定。最近 5 年，墨西哥经常项目赤字逐步下降，从 2013 年的 308.69 亿美元降至 2017 年的 188.31 亿美元。2017 年经常项目赤字占 GDP 的 1.6%。预计 2018 年经常项目赤字与 2017 年持平，占 GDP 的 1.6%左右。服务业和利润收支项目的赤字会加大，但国际石油价格的上涨将会实现一些冲抵，并改善经常项目收支状况。受特朗普政府政策的影响，墨西哥向美国出口的部分商品和服务受到不利影响，并有可能导致墨西哥侨汇收入的减少，未来经常项目赤字将有可能上升。

墨西哥服务贸易一直存在逆差，是造成其经常项目逆差的原因之一。但最近 5 年，服务贸易逆差有下降趋势，从 2013 年的 140.56 亿美元下降至 2017 年的 97.96 亿美元。其中，2016 年的逆差最少，为 89.52 亿美元。墨西哥服务贸易最活跃的部门是旅游业。旅游业是墨西哥重要的支柱产业之一，2016 年总值为 1 660 亿美元，占 GDP 的 16%，提供 17%的就业岗位。

3.1.4 主要贸易伙伴

墨西哥主要贸易伙伴有美国、中国、加拿大、日本、德国等。美国是墨西哥最大贸易伙伴，2017 年墨西哥对美国出口 3 269.6 亿美元，增长 8.0%，占墨西哥出口总额的 79.9%；自美国进口 1 945.4 亿美元，增长 8.3%，占墨西哥进口总额的 46.3%。

尽管依赖美国的贸易格局没有改变，但墨西哥在逐步加强同其他国家和地区的贸易联系。2017 年墨西哥从欧盟和中国的进口占其进口总额的比重为 11.6%和 17.6%。

墨西哥的贸易逆差主要来源于亚洲国家中国、日本、韩国和欧洲的德国，2017 年逆差额分别为 674.3 亿美元、141.4 亿美元、123.3 亿美元和 94.7 亿美元。贸易顺差主要来源于美洲国家美国、加拿大、哥伦比亚和秘鲁，2017 年顺差额分别为 1 324.2 亿美元、15.9 亿美元和 14.9 亿美元。

3.1.5 与中国的双边贸易关系

贸易合作是推进中墨关系发展的主要驱动力。1973 年两国签订贸易协定，成立了贸易混合委员会。2000 年，中墨双边贸易突破 18 亿美元。目前，中国是墨西哥第二大贸易伙伴，墨西哥是中国在拉美的第二大贸易伙伴。

得益于两国以制成品为主导的贸易结构，尽管面临双方经济结构性转型以及世界经济复苏乏力等不利形势，两国贸易总额直到 2015 年仍保持增加，2016 年才出现拐点。据中国海关总署统计，2016 年中墨贸易额达 426.6 亿美元，其中中方出口 323.6 亿美元，进口 103 亿美元，同比分别增长 –2.7%、–4.2%、2.4%，但 2017 年双方经贸关系明显回暖，双边贸易额达 477.75 亿美元，其中，中方出口 360.25 亿美元、进口 117.5 亿美元，同比分别增长 11.99%、11.3%、14.08%。①

中国向墨西哥出口的主要产品有计算机与通信技术产品、服装、电器及电子产品、机械设备、电视、收音机、无线电讯设备零附件、原油等；从墨西哥进口的主要产品有计算机与通信技术产品、电子技术产品、自动数据处理设备零附件、集成电路及微电子组件、汽车零配件等。

近年，中墨贸易合作中有两大领域取得突破性进展，一是墨西哥对华农产品出口大幅增长。从 2015 年起，中国共批准 11 种墨西哥农产品对华出口，包括猪肉、牛肉、奶制品、浆果、玉米等。中国成为墨西哥在亚洲地区第二大农产品贸易伙伴，年出口额超过 3 亿美元。墨对华出口产品主要包括啤酒、鳄梨、鱼粉，2016 年增加了猪肉，2017 年增加了冷冻牛肉。②二是能源合作实现历史性突破，中国海洋石油公司在墨西哥 2016 年 12 月举行的第一轮油气第四期招标中，中标两个区块，并获得大部分股份。

当前中墨两国在贸易领域一些结构性矛盾亟待改善。首先，中墨贸易存在不平衡，墨西哥一直处于逆差地位，并且逆差额增速很快。根据中国海关数据，2013—2017 年的 5 年间，墨与中国贸易逆差从 187.2 亿美元升至 242.75 亿美元（见表 3–1），中国已经成为墨第一大贸易逆差来源国。尽管两国统计口径不一，双方的贸易统计数据出入较大，在一定程度上影响各自对双边贸易形势的判断，但两国经贸关系存在的不平衡性一直在持续，并有加剧趋势。2017 年，墨方逆差再创历史新高。③据墨西哥经济部统计，中国是墨西哥第二大贸易伙伴，2017 年，墨方逆差高达 674.3 亿美元。而墨与其第一大贸易伙伴美国之间却有 900 多亿美元的顺差。与此同时，值得说明的是，尽管中国对墨贸易存在巨大顺差，但在贸易结构上，中国对墨出口的 60%以上都是中间产品，墨方经过加工和组装再向北美等地区出口，能获取更高的附加值，这对墨方是有利的。

---

① 数据来源：中国海关总署。

② 数据来源：中国商务部网站，检索时间：2018 年 6 月 15 日。http://mx.mofcom.gov.cn/article/ztdy/201708/20170802635243.shtml

③ 数据来源：中国海关总署。

表 3－1　　　　中国与墨西哥双边贸易统计　　　　（单位：亿美元，%）

年份	中国出口		中国进口		顺（逆）差
	出口额	增减率	进口额	增减率	
2013	289.70	5.30	102.50	11.90	187.20
2014	322.60	11.40	112.00	9.30	210.60
2015	337.95	4.77	100.55	－10.17	237.40
2016	323.60	－4.30	103.00	2.80	220.60
2017	360.25	11.30	117.50	14.08	242.75

资料来源：中国海关总署，http://gkml.customs.gov.cn/

其次，中墨双方在美国市场存在竞争。作为出口导向型经济体，墨的增长模式存在一定的脆弱性，主要表现为对美国市场和美国资本的高度依赖。美墨双边贸易占墨外贸总额的 70%，在顶峰时期，墨对美出口高达其出口总额的 88%，目前这一比重已经下降到 78%左右。墨主要经济部门（石油行业、制造业、出口加工业、纺织服装业等）均面向美国市场。中墨两国由于出口产业结构较为相似，产品竞争程度相对较高，墨产品在美国市场上经常遭遇中国产品的强有力竞争。这使墨国内“中国经济威胁论”不断升温，两国之间的贸易摩擦不断。由于与中国贸易存在竞争性和不平衡性等问题，墨西哥国内利益集团对发展对华关系意愿不足，从这一点看，中墨两国友好合作还有很长的路要走。

此外，墨西哥一直存在对华贸易保护主义倾向。墨西哥联邦政府，企业商会以及墨西哥议会形成了阵营，共同抵制所谓的来自中国的不正当进口行为。由墨西哥参议院和众议院组成的联合委员会已经通过给经济部下属的国际贸易惯例总局增加 45%的预算经费，以增加人员编制和所需的调查活动。另外，众议院经济委员会提交了关于新对外贸易法的提案，意在给予国际贸易惯例总局自主权。墨西哥至今依然没有承认中国的市场经济地位。墨是世界范围内对华发起反倾销调查数量排名前十位的国家之一，对中国的反倾销制裁存在着征收范围广、征税比例高的特点，并且，墨对华反倾销程序存在明显的歧视性，反倾销调查随意性强。

墨西哥尤卡坦半岛的图卢姆遗址

墨西哥城改革大道

3.2 墨西哥外贸管理机构

3.2.1 外贸相关的法规

墨西哥建立了较为完善的对外贸易法律制度，包括国内贸易法律体系和国际贸易法律体系。

国内贸易法律体系包括：《墨西哥联邦宪法》第73条和第131条，1993年7月颁布的《对外贸易法》和《对外贸易法实施细则》是指导墨西哥对外贸易的基本法规，此外，《应对不公平国际贸易活动规则》《进出口关税法》《海关法》《商业竞争法》《联邦计量和标准化法》《公共工程法》《工业产权法》等法律也是墨西哥贸易的法律渊源，这些法律共同规范墨西哥的对外贸易活动。

国际贸易法律体系包括：WTO法律法规和其他自由贸易协定。墨西哥是WTO的创始成员方。国际条约在墨西哥的法律地位仅次于宪法，高于联邦法和地方法。当国内贸易法律规则与WTO规则相冲突时，WTO规则优先适用。此外，《批准外国经济公约法》要求联邦政府机构必须向参议院提供贸易与经济条约谈判过程中的相关信息，并说明条约的签订在哪些方面符合墨西哥国家利益，并能促进经济发展。

3.2.2 主管外贸的政府机构

经济部：墨西哥对外贸易主管部门是经济部。该部会同外交部、财政部、海关等部门，负责对外贸易政策的具体制定，对贸易活动进行监管，负责海关制度和原产地规则的实行；对贸易保护进行调查和提供咨询、保护，负责国际贸易谈判，建立出口和吸引外资促进机制。

墨西哥投资贸易促进局：成立于2007年，隶属经济部，整合了各州的贸易促进机构，以及墨西哥外贸银行的贸易和投资促进职能，旨在促进墨西哥本国企业的出口贸易，推动墨西哥对外投资和吸引外国投资。目前，墨西哥投资贸易促进局在全球设有48个办事处，在墨西哥国内设有28个办事处，在中国设有北京、上海和香港3个办事处。

对外贸易委员会：是经济部下属的国内咨询机构，参与关税、非关税措施、出口限制的现有法规以及法规草案的审议，负责签署对于上述措施立法的非约束性意见和建议，并与利害关系人进行公开磋商。对于改变关税税率的政策，对外贸易委员会还必须向总统以及享有贸易控制权的联邦议会提交有关推荐意见。

外交部：主要协调处理与有关国家的双边经贸事务和经合组织的政策性工作，主要发挥外交在经贸事务中的协调作用。设有经济关系和国际合作副部长办公室，下设5个与经贸有关的司局单位，分别是国际经济谈判司、国际经济促进司、双边经济促进司、经济合作和发展组织司以及科技合作司，与经济部既有分工也有合作。

财政部：负责拟定联邦收入法案，征收联邦税，制定财政激励措施，指导海关、监察和财务警察的服务等。

除上述机构外，参与贸易政策制定、监管和实施的部门还包括农业、畜牧业、农村发展、渔业及食品部、卫生部等。

3.2.3 主要贸易法律法规的框架

墨西哥的对外贸易管理制度是综合性管理制度，除了第四章要介绍的海关监管制度和关税制度，以及进出口许可证制度外，还包括技术性贸易壁垒、动物和植物卫生检疫制度、原产地原则，以及贸易救济制度等方面。

3.2.3.1 技术性贸易壁垒

墨西哥产品标准体系的主要法律是1992年颁布的《联邦计量和标准化法》，以及1999年颁布的《计量和标准化法实施条例》。此外，WTO《技术性贸易壁垒协议》也是其法律渊源。

墨西哥国家标准委员会负责协调国内的标准政策和措施。墨西哥产品技术标准方面的条例分为三个层次：技术规范（NOMs）、国家标准（NMXs）和参考标准（NRs）。其中，技术规范具有强制性和约束力，其主要目的是为了保护人类、动物或植物的生命或健康、保护环境，或防止欺诈行为而对商品、服务或生产过程建立的。墨西哥技术规范所包含的领域有：废旧物品管理、计算机和通信设备、电子元件和附件、航空运输、农林业、渔业和医药卫生行业。一项技术规范生效后，每 5 年须进行一次修改。

国家标准是非强制的，主要用于指导消费者、生产者以及作为改善质量的工具。墨西哥标准体系由六家全国性私人单位和包括经济部、农业和农村发展部、交通通信部、能源部、环境和自然资源部、卫生部、劳动和社会保障部、旅游部和社会发展部九个政府部门等机构共同制订。国家标准与国际标准的相符率约为 65%。国家标准每项初步方案都要在《官方公报》上公布。公众在 60 天之内可以提出质疑，最终方案也应予以公布。

参考标准在联邦机构购买货物和服务没有国家标准，或任何国际标准时适用。

对于进口产品，墨西哥通常在通关时进行检验。需要经过技术规范合格性检验的产品，还须提供原产地证书和相应的技术规范证书。墨西哥能够检验产品是否符合技术标准的机构有：认证机构、检验或检测实验室，以及其他经批准认证的检验机构。墨西哥还与一些贸易伙伴签署了双边认证协议。

3.2.3.2 动物和植物卫生检疫制度

墨西哥动植物卫生检疫法律框架包括以下一些法律：WTO《动植物卫生检疫措施协议》《联邦计量和标准化法》《联邦植物卫生法》《产品服务卫生控制条例》《联邦动物卫生法》《可持续发展法》等。国家卫生、食品安全及农产品质量服务机构负责墨西哥的动植物卫生政策，其职责包括：管理和监测动植物及副产品卫生，管理不危害动植物健康的产品的进出口和运输。

另外，还有一些技术法规涉及用于防止疾病传入的措施。现在，墨西哥动植物检疫的措施基本符合 WTO 技术壁垒的有关规定。

3.2.3.3 原产地规则

由于签订了大量的自由贸易协定，墨西哥的国内立法只对进口产品的原产地规则做了原则性规定，具体的规定在不同的自由贸易协定中予以明确。墨西哥原产地规则分为优惠原产地规则和非优惠原产地规则。

优惠原产地规则是指墨西哥作为自由贸易协定的签订方时所适用的规则。根据《北美自由贸易协定》（NAFTA）及大多数墨西哥签订的自由贸易协定，凡是满足以下条件之一的，即被认定是来自原产地：一是产品完全在自由贸易协定区内国家生产或获得；二是产品完全使用原产地材料，且在自贸区内任一国家生产或获得；三是产品未使用原产地材料，但在自贸区内国家生产，且在关税分类时做了相关调整并符合其他要求；四是符合自贸区的本地生产百分比的要求。

在《北美自由贸易协定》的原产地规定中，如能满足下列三个条件之一，也可视为是原产地产品：（1）进口材料经过转变而导致产品的关税分类发生变化；（2）产品在自贸区内制造，虽然使用了区外的一种或数种材料，但成品并没有改变关税分类，且产品在区内的自制率按交易价格 FOB 计算达到 60%，或者按原料进口净成本计算达到 50%；（3）区外原材料成本低于成品价格的 7%。此外，汽车和纺织品执行特殊原产地和自制率规定。

适用优惠原产地规则的进口产品必须具备原产地证书。根据不同的贸易协议，原产地证书的要求不同。根据《北美自由贸易协定》，以及墨西哥与智利、玻利维亚、哥斯达黎加、以色列、尼加拉瓜等国的自贸协定，出口商可以提供由非政府机构出具的原产地证书。根据墨西哥与哥伦比亚、欧盟、乌拉圭、委内瑞拉等国签订的协议，出口商需要提供由相关政府机构出具的原产地证书。

非优惠性的原产地规则适用 1994 年颁布的《建立规则以确定进口货物原产地及其反补贴税证明的协议》，针对需要征收反倾销税和反补贴税的产品。根据不同的产品及其来源，要求提供不同的原产地证书。如进口纺织品、服装、玩具、鞋类产品等，墨西哥对其原产地证明有非常严格的规定，如无法提供，则将被征收从 52%至 1 105%不等的反倾销税。

3.2.3.4 贸易救济制度

墨西哥在 WTO 和 NAFTA 框架下，积极使用贸易救济措施维护本国利益，是发展中国家运用贸易救济措施比较娴熟的国家。墨西哥贸易保障和贸易救济的相关规定主要由下列法律和法规组成：墨西哥宪法第 131 条、《对外贸易法》及其实施细则、WTO 反倾销协议、反补贴协议与保障措施协议。此外，墨西哥签署的各种地区或双边协定中也有涉及反倾销反补贴措施的规定。

《对外贸易法》及其实施细则建立了一套贸易防御体制，以反对倾销性和补贴性进口，确保墨西哥生产商和境外出口商之间的公平竞争。为此，墨西哥政府制定了反倾销调查、反倾销制裁和抵消性措施的具体程序，也规定了产业损害调查的具体程序。

经济部国际贸易惯例司负责实施反倾销和产业安全调查，决定所需采取的保障措施。经济部在公布最终决定前，需征求对外贸易委员会的意见。对外贸易委员会由外交部、财政和公共信贷部、社会发展部、农业和农村发展部、经济部、卫生部、中央银行、联邦竞争委员会等部门的负责人组成，它可以基于公共利益的考虑对反倾销税提出修改的建议，财政部负责征收反倾销税。

因进口增长而遭受严重损害或严重威胁的企业，不论是自然人或法人都可以提出保障措施申请。申请者必须是合法组织起来的，其产品份额至少要占同类产品总量的25%。但在墨西哥与有关国家签署的自由贸易协议中，也有高于这个比例的规定。

保障措施可以由任何自然人或法人发起，但申请人必须可以代表国内行业，即其产品总份额至少要占到受调查产品的直接竞争产品或相似产品总产量的25%。实施保障措施的调查程序分为两种，一种是正常程序，另一种是特殊情况的调查程序。正常程序是：从接受申请之日算起的30天之内，经济部应当明确接受申请还是拒绝申请，并且要在墨西哥《官方公报》上公布相关决定。一旦明确接受调查，经济部应在公布之日起30天之内，通知有关方面提供证据，同时公布公共听证会的具体时间。从公布调查结果的第二天开始的260天之内，墨西哥总统将决定是否实施保障措施。特殊情况的调查程序是：因进口的同类产品对墨西哥企业造成了非常严重的损害，联邦政府可以在公布调查日期的第二天算起的20天之内，采取预防保障措施。

3.3 墨西哥外贸进出口管理制度

3.3.1 进口管理制度

3.3.1.1 进口管制

《对外贸易法》授权经济部和其他相关部门可以在特定情况下，对进口实施监管措施和非关税限制。它包括：调整国际收支平衡；废旧产品入境规范；应对他国对墨西哥发起的单边出口限制；阻止不公平贸易行为；基于国家安全、公共卫生、动植物健康或环境保护的需要。这些管制措施需征询对外贸易委员会的意见，并在联邦政府公报上发布相关产品的税号。

墨西哥对17个税则号的产品以及相关来源国的产品禁止进口，包括大麻（印度麻）及大麻制剂、吸食类药剂、硫酸铊、双乙酰吗啡、谷氨酸（味精）类产品等。基于国家安全、公共健康和国内产业保护的目的，墨西哥对以下产品采取进口限制：武器、石油化工产品、发动机、某些重要机械、汽车、旧轮胎、旧机器、旧衣服、旧办公用品等。关于旧汽车、旧机器的进口，墨西哥只有在没有国内产品替代的前提下，才签发进口许可证。

进口许可证必须标明产品数量、价值，并且是记名不可转让的。为了保证进口许可的透明度，涉及进口许可的产品关税税则号应在官方刊物上公告。如2013年4月11日，经济部在《联邦官方日报》上发布信息，对进出口许可证的授予做了一些新的规定和要求。

3.3.1.2 仓储

进口产品运抵墨西哥港口的仓库，10天之内免交一切存仓费用；从第11天到第25天，每天每吨货物支付约45美分的仓储费；从第25天到第55天之内，每天每吨需交约77美分的仓储费。若时间再延长，费用也随之增加。

进口产品运抵墨西哥城火车仓库后，3天之内免交仓储费，从第4天到第8天之内，每个集装箱每天交30美元的仓储费，从第9天开始，每个集装箱每天应交35美元的仓储费。

3.3.1.3 进口单证

除原产地证明之外，还需提供以下单据：

提单：根据海关惯例，必须注明所发货物的商标、数量；货物包装的种类；商品的重量；货物的总额；发货人的姓名、收货人的姓名和详细地址、目的港、产品说明书、承运清单的号码、承运人正式接货装船或装机的日期和签字。

商业发票：应由出口商签字并注明以下内容：开具发票的地点和日期，出口商和进口商的姓名和详细地址；与发货有关的一切费用，包括运费和保险费等。

中国出口商提供的中文原始发票必须附一份西班牙文翻译件。发票原件或每份复印件必须附有出口商发票所开列的货物价值和其他单证绝对真实可信的声明。

对于空运货物的出口商来说，应当将所需的发票交给承运人，在每张发票复印件上必须注明空运运单的号码。

装箱清单：中国出口商需向墨西哥关境的报关行或运输商提供一份装箱清单和至少两份复印件以及一份西班牙文的装箱说明书，上面必须详细说明出口所用的每种集装箱的材料、结构，封箱材料和容积。

品质检验书：墨西哥政府规定，陶瓷及玻璃产品、家用电器、电子产品、工业用仪器、影印器材、管件、泵和阀、收音机和电视机、橡胶产品等产品进口时必须提供品质检验书。

3.3.2 出口管理制度

3.3.2.1 出口管制

墨西哥需要出口许可证的商品包括活牲畜、石油化工产品、放射性产品、濒危动物的皮革和肉等。2011 年 11 月，墨西哥出台了限制铁矿石出口的政策，铁矿石出口企业必须在经济部出口商登记处进行登记，并到海关办理出口权审批手续，提交土地变更许可、矿权和环境评估报告，经税务管理服务局、环境和自然资源部、经济部矿业司联合审查，才能获得铁矿石出口资质证书。

3.3.2.1 出口促进

墨西哥大力促进出口，特别是鼓励非石油产品的出口，出口石油产品需经事先出口许可。墨西哥经济部通过税收减让、提供行政便利以及融资计划等方法促进出口。建立出口加工区是墨西哥政府鼓励出口的主要措施之一。墨西哥政府采取的出口加工区的鼓励政策有：出口加工装配企业在进口机械、设备、原料、零件等时，可享受临时进口待遇，免缴进口税，对产品进行加工装配。如其产品全部出口，可免征出口关税；如部分产品销往国内市场，则在进入国内市场时对与墨西哥合资或者独资兴办的出口加工装配企业的外国投资方，可免征产品增值税。

3.3.3 进出口自由贸易区

目前，墨西哥国内有 5 个自由贸易区，分别是加利福尼亚半岛自贸区、索诺拉州西北部自贸区、金塔纳罗奥自贸区、坎昆自由贸易区，瓦哈瞳市自贸区。

自贸区享有的优惠条件主要有：墨西哥本国不生产的进口产品在进口时可免除进口税，且只需交纳 6%的增值税；在区内设立的加工企业，临时进口并用于生产出口的原料、零部件、包装材料、机器设备、仪器模具、工具等商品可免税。

墨西哥印第安人服饰

布韦布拉市壁画：传统的编织

第4章 墨西哥海关

墨西哥海关是国家的进出境监督管理机关。从机构设置看，墨西哥海关隶属于税务管理服务局（El Servicio de Administración Tributaria，SAT）[①]，全名为海关总署（Administración General de Aduanas）。墨西哥海关总署在全国设立海关分关、监管点和北部边界的海关税收站，共计49家，[②]执行对进出境的运输工具、货物、物品的管理。

4.1 墨西哥海关监管制度

监管是海关最基本的任务，是指海关运用国家赋予的权力，通过一系列管理制度与管理程式，依法对进出境运输工具、货物、物品的进出境活动所实施的一种行政管理。从狭义上看，海关监管主要是对进出境的运输工具、货物、物品的管理。

① 墨西哥税务管理服务局是该国财政和公共信贷部下属的一个独立机构，负责国家税收的执行与监管。

② SAT：Operación de la Aduana，墨西哥海关总署网，检索时间：2018年5月25日。http://www.comercioyaduanas.com.mx/aduanas/ aduana/sat-operacion-de-la-aduana/

4.1.1 海关监管的法律依据

墨西哥海关监管的法律依据是 WTO 公约、京都公约以及墨西哥的《对外贸易法》及实施细则、《海关法》和《进出口总税法》等。《对外贸易法》和《海关法》，内容涉及墨西哥经济部及其他相关对外贸易部门的职能和职责范围、原产地界定、海关关税计征、国际贸易中不公正行为的界定、保障措施及实施程序、鼓励出口措施、贸易纠纷解决和制裁措施，等等。《对外贸易法实施细则》颁布于 1993 年，已多次修订与更新。《进出口总税法》颁布于 1995 年，对进出口产品的分类以及关税标准做了明确规定。

作为海关监管的执行机构，墨西哥海关总署通过其在全国设立的海关分关、监管点和北部边界的海关税收站等，对进出境运输工具、货物、物品的进出境活动执行管理。海关总署下设海关行动中心管理局（La Administración Central de Operación Aduanera），其主要职能是应对海关管理中出现的各类问题，包括进口商、出口商、海关代理以及海关自身拥有的通关问题。从横向关系上看，墨西哥海关总署需要在政策与方针层面，协调其与经济部、卫生部和农业部政策的一致性。

4.1.2 对进出境货物的监管

墨西哥海关总署将监管的货物分为六大类，即一般进出口货物、临时进出口货物、保税区货物、过境货物、在特定保税区加工或再出口货物以及战略性特定保税区货物。[①]其中，对一般进出口货物和临时进出口货物的监管是最重要的。

依据墨西哥海关的定义，一般进口货物是指无期限地停留在墨西哥国内的外国生产而需要办理进口手续的货物。进口商在办理进口报关手续时需提供以下符合要求的单据：商业发票、海运提单、符合非关税条例和限制的证明文件、原产地证明[②]、装箱单、质量证明、动植物检疫合格证书和卫生许可等。

墨西哥海关将一般出口货物定义为无期限地离开墨西哥而需要履行出口手续的货物。依据墨西哥海关法，出口含酒精的饮料、啤酒、功能性饮料、酒精、变性酒精、无结晶蜂蜜和栽培的烟草等，都必须在联邦纳税人登记处以及行业出口商登记处登记。

临时进口是指在一定的时间内以某种目的进入墨西哥的货物。分两种情况：

---

① Aduanas en México，墨西哥海关总署网，检索时间：2018 年 4 月 5 日。http://www.comercioyaduanas.com.mx/aduanas – mexico

② 原产地证书需由墨西哥驻外使领馆认证。

第一种是指未经任何形态变化复运出境的货物；[①] 第二种是指不适用于墨西哥出口加工计划的临时进口货物。临时进口货物无需缴纳关税，也不需要补偿性配额。墨西哥对临时进口货物依据其具体情况，许可期限一般为6个月、9个月、12个月不等，最长为2年。如有特殊许可，还可以延长。临时出口是指在一定的时间内以某种专门目的出境的货物。临时出口的货物无需缴纳外贸税，但是必须履行非关税管理和限制的义务，办理相关货物的海关手续。

墨西哥对部分进口产品实行进口许可证制度。涵盖的产品有：石油化工产品、发动机、大型运输汽车和小汽车、武器和某些重要机械设备。

根据《对外贸易法》第17–25条，进口许可证必须标明产品数量、价值，并且是记名不可转让的。对于旧汽车、旧机器的进口，经济部只有在没有国内产品替代的前提下，才签发进口许可证。2013年4月11日，墨西哥经济部在《联邦官方日报》上发布了《关于修改在墨西哥经济部、国家计量中心、墨西哥地质服务局、矿业开发信托基金和联邦消费者检察院办理有关手续所需递交表格审批格式的协议》，其中对进出口许可证的授予实施了一些新的规定和要求。根据《对外贸易法》的规定，为了保证进口许可的透明度，涉及进口许可的产品关税税则号应在官方刊物上发布公告。[②]

墨西哥出口许可证管理的商品有：活牲畜、石油化工产品、放射性产品、濒危动物的皮革和肉以及流通货币等。此外，有些产品也会在一定时期内受到政府出口许可证的管制。目前墨西哥政府对海参实行严格的出口许可证管理。

2011年11月，墨政府出台了限制铁矿石（包括赤铁矿和磁铁矿）出口的政策。依据这一政策，铁矿石出口企业必须到海关办理出口权审批手续后才可获得政府颁发的出口资质证明。为办理这一手续，出口企业需要提交土地变更许可、矿权和环境评估报告以及经济部颁发的出口许可证等材料。墨税务局、环保部、经济部矿业司等将对这些材料进行联合审查，以确保该企业铁矿石出口是建立在自有矿山的基础上，且生产经营过程中遵守当地法律法规，企业在纳税、环保等方面符合规定。

墨西哥《对外贸易法》第2章对进出口限制做了详细规定。基于国家安全、公共健康和国内产业保护之目的，墨西哥对武器、石油化工产品、发动机、某些重要机械、汽车、旧轮胎、旧机器、旧衣服、旧办公用品等产品采取限制进口的

① 它包括集装箱运输使用的拖车和其他运输工具；外交使团和国际机构代表处使用的车辆；展会、国际文化或体育大会的用具等。

② 中国商务部国际贸易经济合作研究院、中国驻墨西哥使馆经济商务参赞处、商务部对外投资和经济合作司《对外投资合作国别（地区）指南—墨西哥》，第46页。http://fec.mofcom.gov.cn/article/gbdqzn/

措施；对大麻（印度麻）及大麻制剂、吸食类药剂、硫酸铊、双乙酰吗啡、谷氨酸（味精）等17个税则号及相关来源国的产品采取禁止进口的措施。

在通关手续的办理上，目前墨西哥各州的海关均启用了“墨西哥对外贸易单一窗口”（Ventanilla Única de Comercio Exterior Mexicana，VUCEM）服务，采用资源整合、用户登录、联网共享的系统制度，得以减少文件递交种类，避免文件的重复递交，不仅为办理进出口通关手续提供了很大的方便，也降低了外贸手续成本。

4.1.3 对进出境运输工具的监管

海关对运输工具进出境实施监管是指所有进出境运输工具自进入墨西哥关境之日起至驶离该国关境之日止，均应接受海关监管。海关有权随时对进出境的运输工具及所载货物、物品及旅客进行检查，海关根据工作需要派人员随运输工具执行公务时，运输工具负责人应当向海关提供便利。

墨西哥对运输工具进出境实施监管的依据是该国《海关法》第7条和第20条。依据相关条款，各种进出境的运输工具及所载旅客及工作人员的信息应该提前告知墨西哥税务管理服务局（SAT)；运送爆炸物和军火货物的公司至少应该在运输工具抵达港口的24小时之前告知墨西哥海关当局；海关当局有权随时对进出境的运输工具、人员及所载货物、物品及旅客进行检查。

墨西哥空运管理的主要法律依据是《民用航空法》及实施条例、《航空港法》及实施条例、《航运法》及实施条例、《港口法》等。墨西哥通信与交通部是主管空运和海运行业的政府机构。

墨西哥相关法律规定，外国企业在港口一体化管理、运输服务、内河航运公司等业务中的投资占比不得超过49%；但外资在拖轮、驳轮和从事远洋运输的航运公司等的参股比例可以高于49%。外国航运公司和船只在对等的条件下可参与墨西哥国际海运活动；墨西哥内河，近海及沿海运输（除旅游和轮渡）均由国内航运公司承担。如果墨西哥没有此类航运公司，或者在公共利益有需求的情况下，可批准墨西哥航运公司临时租用外国航运公司的船舶从事内河及沿海运输；如果没有任何墨西哥航运公司有兴趣进行上述业务，可临时批准外国航运公司提供该项服务。被临时许可的外国船舶必须优先并按规定雇佣墨西哥籍船员。

4.1.4 保税制度

保税制度是指经海关批准的境内企业所进口的货物，在海关监督下在境内指定的场所储存、加工、装配，并暂缓缴纳各种进口税费的一种海关监管业务制度。

换句话说，海关允许对特定的进口货物在入关进境后在确定进口内销或复出口的最终去向之前暂缓征缴进口关税和其他国内税，由海关监管的一种海关制度。

墨西哥保税制度基本采取了出口加工区的加工生产的保税性质，而转口贸易货物的商业性质的保税和进口寄售商品的保税则比较少。具体来说，墨西哥的保税制度主要是通过保税出口加工区制度、出口加工临时进口计划、外贸公司计划等优惠政策来实现。墨西哥政府采取的出口加工区①的鼓励政策有：出口加工装配企业在进口机械、设备、原料、零件进行加工装配时，可享受临时进口待遇，免缴进口税。

2006年，墨西哥政府将客户工业出口推动计划和临时进口计划整合为出口制造加工和服务计划（IMMEX）。该计划是墨西哥政府20世纪80年代以来推进的出口加工政策的延续，为该国出口加工制造企业享受临时进口免征关税的优惠提供了法律上的保证，其宗旨是进一步促进和鼓励企业将加工产品再出口。该计划的最大特点是受益面广，覆盖了该国约85%的出口加工企业。

依据墨西哥政府的规定，IMMEX 项目下的企业在进口原材料、零部件等投入品时，可享受临时进口免征关税的优惠。根据相关规定，用于复出口的原材料、零部件、燃料油和润滑剂，包装器材、标签和宣传说明册等的进口原材料在墨西哥免税停留时间为18个月；集装箱等运输器材为2年；其他进口产品和出口服务名义下的进口产品分别为12个月和6个月。本计划适用于年出口额50万美元及以上或出口额超出其产品总销售额10%及以上的出口企业。但纺织和服装业例外，其临时进口以及进口机制必须事先得到墨西哥经济部和财政部批准。此外，享受上述优惠关税的企业必须向海关提供必要的文件，对库存进行自动化管理，接受财税部门的监督和检查。②

如果企业30%以上的产品用于出口，则其生产过程中使用的机械设备5年期间免缴进口税，期满后可再申请延期。产品全部面向出口的生产型企业或为出口企业提供服务的企业进口原材料、零部件和机械设备，享受免缴一般进口关税和增值税的优惠。

2013年12月，墨西哥经济部将出口制造加工和服务计划、关税退还（DRAW-BACK）、出口促进（PROSEC）和第八条（Regla Octava）③等4个计划

---

① 在墨西哥也称“客户工业”，即西班牙语 maquila。

② 中国驻墨西哥使馆经商参赞处，墨西哥部分税收优惠政策，检索时间：2018年4月30日。http://mx.mofcom.gov.cn/article/ddfg/ sshzhd/201408/20140800714457.shtml

③ 墨西哥《进出口税法》中第2条第2款（“补充规则”）中的第8段，作为墨西哥政府鼓励加工制造业生产和出口的优惠政策，简称为“第8条”。

整合为对外贸易计划。在出口制造加工和服务计划中，临时进口的货物，依据种类不同，分别享有 6 个月、9 个月、12 个月和 18 个月免缴关税滞留墨西哥的期限。该计划强调要简化出口加工企业的审批，提高出口加工管理的透明度，以使出口加工业保持可持续性的发展。在关税退还、出口促进和第八条等项目的政策中，也有与保税制度相关的具体措施。例如，关税退还计划中包括那些在墨西哥境内没有进行任何加工而复出口的进口货物。这些货物允许在墨西哥逗留 12 个月，自进口日开始计算。在出口促进计划中，允许以国外市场为目标的企业，申请临时或者以优惠的进口关税进口生产所需要的原料、设备等货物。在第八条计划下，从事生产和出口加工业的企业临时进口的货物免税期限为 2 年，期满后可申请延长 2 年。

4.2 墨西哥关税计征制度

墨西哥《进出口总税法》对进出口产品的分类以及关税标准作了明确规定。依据这部法规，所有的进出口货物都必须按照国家规定的税率缴纳进出口税。根据墨西哥《对外贸易法》，该国经济部和全国对外贸易委员会负责向总统提出关税调整动议及具体方案，墨西哥总统对进出口关税的调整具有最终决定权。墨西哥税率的变化通过总统法令的形式刊登在《官方公报》上。

4.2.1 平均关税水平及其变化情况

1986 年，墨西哥加入了关税与贸易总协定（GATT），开始实施贸易开放战略，曾经高达 100%和 75%的进口最高税率和平均关税，均呈现出逐步降低的趋势。

墨西哥现行的进口关税税率分为七个档次，即 0、5%、10%、15%、20%、35%和 45%。[①]总体来看，墨西哥工业制成品平均进口关税大大高于原材料的平均进口关税，纺织、服装、皮革、基础金属工业等行业的制成品进口关税较为突出；农产品的简单平均最惠国关税高于非农产品的简单平均最惠国关税。例如，2011 年墨西哥纺织品原料平均进口税率不到 10%，化学纤维长丝等原料甚至无须缴纳进口关税，但海关税则第 61 章（针织或钩编的服装及衣着附件）、第 62 章（非针织或非钩编的服装及衣着附件）和第 63 章（其他纺织品、成套物品、旧衣着及旧

① 中国商务部，墨西哥贸易管理规定简介，检索时间：2018 年 4 月 20 日。http://mx.mofcom.gov.cn/article/ddfg/waimao/201405/ 20140500569770.shtml

纺织品、碎织物）等纺织制品平均关税高达 35%。据 WTO 统计，2011 年，墨西哥农产品的简单平均关税税率为 21.4%，非农产品的简单平均关税税率为 6.3%。[①]

自 1986 年加入关贸总协定以来，墨西哥关税税率总体呈现下降趋势，但期间也出现过反弹，主要表现在 1995 年金融危机之后的一段时间里。分阶段看，至 1987 年底，墨西哥政府把最高关税大幅降至 20%，进口许可证的商品占海关税则号总数的比例降至 7%。1995 年金融危机爆发后，墨西哥政府又把最高关税升至 35%。2004 年之后，在经济出现好转的情况下，墨西哥政府先后多次将关税向下调整。2004 年底，该国政府对占税则号近 76%的商品进行减税，其中，进口原材料和机械产品降税 3%，消费品关税降幅在 5%～10%之间。2008 年，墨西哥简单平均关税降至 12.6%，非农业产品的简单平均关税为 11.1%，而农产品的简单平均关税为 22.9%。关税高的产品还包括动物产品（简单平均关税 41.2%）；奶制品（39.1%）；蔗糖和糖食（63.9%）和服装（35%）。2009 年 12 月，墨西哥发布调整关税的公告，降低了部分进口零部件和资本品的关税，涉及部分化学品、卡车轮圈、生产铅笔和剪刀用的小木制品等；调整了税则表中部分税号项下产品的描述，涉及化工、塑胶、陶器、电动机械、电子、木业和玩具等行业；调整了“产业促进计划”中生产电子、化工、汽车、家具、玩具、橡胶和塑料等行业最终产品所需要的材料和零部件的税号范围以及进口税率；降低了“北部边境带和边境地区进口税收法令”所涉部分产品的税率，涉及 87032102、87032202、87032302、87032402、87043105 等税号项下的产品。2010 年 1 月 1 日开始，铅笔、树篱剪、双手修枝剪及类似的双手操作剪刀的关税调整为 15%。2012 年以来，尽管墨西哥继续单方面削减关税，但墨西哥农产品的简单平均最惠国关税还是比非农产品高。动物产品的最惠国简单平均关税税率为 41.2%，奶制品为 34.8%，蔗糖和糖食为 59.3%，咖啡和茶为 36%，明显高于墨西哥 8.3%的平均关税水平。

除正常的关税外，墨西哥还对部分产品征收临时性的高关税。例如 2008 年，墨西哥曾对 50 多种农产品实行高于 100%的关税，具体包括：家禽脂肪、动植物油、脂及其分离品（254%）；其他鲜或冷藏的马铃薯（245%）；家禽的鲜、冷、冻肉及食用杂碎的关税（234%）；化学纯果糖、其他果糖及果糖浆（210%）；玉米（194%）；麦芽（194%）；咖啡浓缩精汁及以咖啡为基本成分的制品（140.4%）；脱荚干芸豆、粉状或粒状的乳及奶油（125.5%）；乳酪和凝乳（123%）；大麦（115.2%）；车辆及其零件、附件的关税高达 50%。

墨西哥对绝大部分进口产品使用从价税，对 10 类产品使用从量税，对 45 类

---

① 资料来源：中国商务部《国别贸易投资环境报告 2013》，第 199 页。

产品使用混合税和季节性关税。墨西哥适用从量税率的 10 类产品，包括糖类、含糖超过 90%的可可以及糖浆等；适用混合税和季节性税率的 45 类产品，包括浓缩牛奶、水果、精制食品和果汁产品等。

墨西哥《海关法》规定，进口商除了要缴纳进口税外，还需在完税金额的基础上再缴纳 15%的增值税和 0.8%海关附加税（亦称海关服务费）。

墨西哥对部分进出口商品实施关税配额制度①。墨西哥进出口关税配额由该国经济部负责发放。根据 1993 年《对外贸易法》及其相关条例，关税配额发放的主要途径是公开招标。②大多数的农产品配额是针对一些特定国家的。除农产品外的其他产品只要获得配额证书，就可适用最惠国关税税率。③墨西哥进口关税配额内和配额外的关税差别显著。例如，关税配额内的奶粉关税为零，配额外关税为 125.1%；配额内的干酪关税为 50%，配额外关税为 125%；配额内的肉及可食用内脏关税为 50%，配额外关税为 234%；配额内的动物脂肪和土豆关税为 50%，配额外关税为 254%；配额内的玉米关税为 50%，配额外关税为 194%；配额内的芸豆（种子除外）关税为 50%，配额外关税为 125.1%；配额内的小麦关税为 150%，配额外关税为 67%。

4.2.2 海关估价制度

国际贸易中一国海关以何种价格为依据对进口商品进行估价，各国都有不同的规定。海关估价制度就是指一国的海关根据国家的规定，在实施从价征收关税时所确定的进口商品的完税价格④，并以海关估定的完税价格作为计征关税的基础的一种制度。海关估价制度的重要性在于，对进口商品价格的估价直接会影响到进口商的税收负担。因此，这一制度如被滥用，则有可能人为地高估进口商品的价格和增加进口商的税收负担，并对商品进口形成障碍，成为非关税壁垒的重要形式。

海关估价制度的关键是估价准则。因为估价准则不同，估价方法就不同，价格制度也就不同。墨西哥自 1995 年开始适用 WTO 海关估价协议。墨西哥海关估

---

① 配额是指一国政府在一定时期内对某些敏感商品的进口或出口进行数量或金额上的控制，其目的旨在调整国际收支和保护国内工农业生产，是非关税壁垒措施之一。配额可分为进口配额和出口配额两大类。

② 除“公开招标”外，关税配额也可以由墨西哥签署的国际条约中规定的其他方式，或经济部设立的被证明为合理的程序发放。

③ 中国驻墨西哥使馆经商参赞处，墨西哥贸易管理规定简介，检索时间：2018 年 4 月 20 日。http://mx.mofcom.gov.cn/article/ddfg/ waimao/201405/20140500569770.shtml

④ 完税价格是进口商申报并且被海关承认的价格。

价的法律依据是《海关法》《对外贸易法》和《进出口总税法》。依据墨西哥海关法第 64 条，墨西哥海关在进口货物的海关价值之上计征进口关税。进口货物的海关价值包括进口商所支付的直接或间接的全部费用，即指进口商直接支付给出口商的成交价，以及进口产生的佣金、经纪费、包装费、运输、保险和其他相关的搬运、装卸费用等。[①]由此得知，墨西哥海关对进口商品是按照货物的 CIF（成本、保险和运费）为估价基础来审定完税价格。但是，在墨西哥签订的某些自由贸易协定下，货物的交易价格以 FOB 价格为准。由于以 CIF 为估价基础审定的完税价格大于以 FOB 为基础审定的完税价格，在同一商品税率相同的情况下，墨西哥海关对进口商品征收的关税税额要高于那些以 FOB 为估价基础来审定完税价格国家的海关税额。

根据墨西哥《海关法》第 67 条，适用成交价格估价的进口货物必须符合 4 个条件，即进口商对货物的处置或使用权不受任何限制；货物出口到本国市场进行销售的价格，不受卖方设定的某些条件的限制；买方不得将对货物的转售、出让或使用产生的部分收益直接或间接返回给卖方；买卖双方之间不得存在特殊关系。

依据墨西哥《海关法》第 71 条和《对外贸易法》第 31 条，在无法采用进口货物成交价格方法确定进口货物的完税价格时，墨西哥海关将依次采用相同货物成交价格、相似货物成交价格、单价销售价格和推算价格来确定完税价格。墨西哥《海关法》第 72、73、74 和第 75 条分别对相同货物成交价、相似货物成交价、单价销售价格和推算价格进行了界定。

针对一些价值被低估的货物，墨西哥还建有特别的估价机制。海关部门会定期发布适用特殊估价机制的货物的关税项目。墨西哥政府有权在 6 个月内决定是否开始正式的调查或免除担保。例如，2012 年 3 月，为解决中国鞋类产品出口墨西哥过程中产生的贸易问题，中国轻工工艺品进出口商会与墨西哥经济部签署了《墨西哥合众国经济部与中国轻工工艺品进出口商会关于中国鞋类产品的协议》，中国输墨西哥鞋类协议产品企业在墨西哥报关时必须递交经轻工商会认证和背书的相关文件。墨西哥海关基于进口港单价监管中国鞋类协议产品的进口价格。该协议已于 2014 年 12 月 31 日到期。

自 2000 年 10 月开始，墨西哥政府对制定了“最低标准价格”的产品实行保证金制度，如进口商向海关提交的申报价格低于参考进口价格，需要对差额部分

---

① Sección Primera Del impuesto general de importación，Capítulo III　Base gravable，Ley Aduanera de México. http://www.wipo.int/wipolex/zh/profile.jsp？code = MX

提供现金担保并说明原因。海关将以标准价格作为计征关税的基础。这一措施涉及纺织品、服装、皮革制品、鞋靴、部分钢铁产品、工具、玻璃产品、自行车等产品。

4.2.3 关税优惠

墨西哥的进口关税分为最惠国税率[①]和优惠税率两种。

最惠国税率是一国对来自最惠国的进口产品享受的关税税率，达成最惠国待遇协议的国家就享受给予的最惠国税率。目前，墨西哥对所有国家货物的进口都给予最惠国待遇，不论其是否是 WTO 成员。

墨西哥的关税优惠是通过该国与不同国家签订的自由贸易协定来实现的。在不同的贸易协定框架下，依据所达成的不同条款，墨西哥对自贸协定伙伴国的进口产品实行优惠关税，并按照关税减让计划最终实现商品的零关税准入，但列入敏感商品目录的商品例外。

墨西哥是世界上签订自由贸易协定最多的国家之一。截至 2017 年 12 月，墨西哥与 46 个国家签订了自由贸易协定。[②]墨西哥与美国和加拿大于 1992 年 12 月签订《北美自由贸易协定》（NAFTA）[③]、与哥伦比亚（1994 年 6 月）、与欧盟（1999 年 11 月）、与智利（1998 年 4 月）、与以色列（2000 年 4 月）、与欧洲自由贸易联盟（2000 年 11 月）、与乌拉圭（2003 年 11 月）、与日本（2004 年 9 月）、与秘鲁（2011 年 4 月）、与中美洲五国（2011 年 11 月）[④]、与智利、哥伦比亚和秘鲁（2012 年 6 月正式签署太平洋联盟自由贸易区的框架协议）、与巴拿马（2014 年 4 月）等国家和地区都签有自由贸易协定。

墨西哥也是发展中国家中最早与北美自由贸易区和欧盟这世界上两大贸易集团签署自由贸易协定（FTA）的国家。1994 年 1 月 1 日《北美自由贸易协定》生效后，墨西哥对美、加大部分农产品的关税立即取消，玉米、糖、某些水果和蔬菜的关税，在 15 年后全部取消；墨在 10 年内逐步取消了来自美国、加拿大汽车产品的关税及非关税壁垒，其中对轻型卡车在 5 年内取消了关税。《北美自由贸易协定》自 1994 年生效以来，墨西哥与美国的贸易快速增长，也促进了投资和北美地区竞争力的提高。

---

① 最惠国待遇原则，是指缔结经济贸易条约协定的一项法律原则，又称无歧视待遇原则，指缔约一方在贸易、航海、关税、公民的法律地位等方面给予缔约国第一方的优惠待遇。

② 资料来源：中国外交部，检索时间：2018 年 5 月 25 日。http://www.fmprc.gov.cn/web/gjhdq_676201/gj_676203/bmz_679954/1206_680604/1206x0_680606/

③ 2018 年 11 月 30 日美国、墨西哥和加拿大签署新的自贸协议，简称 USMCA，以取代原有的 NAFTA。

④ 5 个中美洲国家是指哥斯达黎加、尼加拉瓜、危地马拉、萨尔瓦多和洪都拉斯等。

墨西哥与欧盟1999年底签订自贸协定，对60%的欧盟工业产品立即开放本国市场，2003年对另外40%的欧盟工业产品开放市场，关税从20%下调到4%～5%，并从2007年开始对欧盟工业产品实行零关税。

4.2.4 关税减让

墨西哥的关税减让是指针对所有最惠国税率的进口货物给予的单方面降低关税。

2008年12月以来，墨西哥政府开始了新一轮的单方面减税。2008年12月1日墨西哥政府在《官方公报》上公布了减税计划，拟于2013年底完成对6 871种进口商品逐步实施减税目标。2010年墨西哥联邦政府对这一减税政策进行了调整，放缓实施对319种进口商品的减税。2012年墨西哥单方面减免了480种商品的进口税，其中包括165种工业产品和315种农产品。2013年1月，墨西哥新政府决定对165类纺织品、服装和鞋类产品中的94类产品降低进口税计划推迟一年执行，其他71类产品继续执行原减税计划，已于2013年1月1日开始执行，其进口税率已减至20%。此外，墨西哥经济部已经通过《官方公报》公布了推迟减税的产品，包括裙装、外套、毛衣、裤子、衬衣、内衣、婴儿装、袜子、泳装、正装、休闲和运动式皮制、革制、合成及布制鞋类产品、凉鞋等。值得注意的是，墨西哥关税减免清单中所列产品经常会有调整。

墨西哥对拉美区域内经济集团或组织成员国实行关税优惠制度，对从拉美一体化各成员国家进口的商品提供一定的减免税优惠；对从拉美一体化协会成员国进口墨西哥国内不能生产的商品免除关税。此外，墨西哥还与拉美的厄瓜多尔签有3个关税减让协议，双方根据协议对部分进口产品实行关税减让。[①]

4.3 海关扣留与没收

墨西哥海关依法对违法当事人的非法进出境的货物、物品以及未按规定申报进口的货物和物品给予扣留或没收。依据墨西哥相关规定，如下情况的货物将被该国海关扣留或者没收。

---

① 墨西哥和厄瓜多尔共签订过3个关税优惠措施协定。第一个是1987年生效的部分关税减让协定（AAP）。根据协定，墨西哥对385类厄瓜多尔产品实行关税优惠措施，同时，厄瓜多尔对206类墨西哥产品实行关税优惠措施。第二个是市场开放协定，根据协定，墨西哥单向对厄瓜多尔的390类产品实行优惠关税。第三个是地区关税优惠协定，通过该协定，墨西哥对从厄瓜多尔进口产品减税40%，厄瓜多尔对墨西哥产品减税8%。

① 货物报关的实际数量与发票上的数量不符，将受到墨西哥海关的没收和处罚。根据墨西哥《海关法》的相关规定，进口商运抵墨西哥的实际进口商品如果超过商业发票所注明的进口量的10%，或者属于商业发票未列的商品，海关可将这些商品作为违禁品予以没收，同时对进口商处以罚款。①

② 墨西哥海关可对以下物品及其运载工具采取限制措施，对携带人给予没收物品、罚款和法律制裁等处罚。这些物品包括：奶制品和乳酪；各种肉类和食品；种子、鳞茎和麦穗等；动物制品及动物标本；蔬菜制品；海产品；各类毒品；化学品，等等。携带野生动植物及其制品入境墨西哥需出示《濒危野生动植物种国际贸易公约》（CITES）证明或墨西哥环境和自然资源部（SEMARNAT）野生动植物种司（DGVS）出具的批准函。否则，所携动植物及其制品将被没收，携带人同时还要受到处罚。

③ 根据墨西哥《海关法》相关规定，如进口货物到港 90 天后无人认领，则货物可被海关当局没收并估值拍卖。

④ 根据墨西哥对外贸易法的修订条款，自 2012 年 8 月 29 日起，墨西哥海关对超出海关给予 6 个月临时进口期限仍未复出口的货物施以罚款。具体规定是：针对首次超期并及时复出口的货物，将处以 1 640 墨西哥比索（约合 100 欧元）的罚款；若同一持证人的货物再次超期未复出口，将处以 2 460 墨西哥比索（约合 136 欧元）的罚款。自海关给予的 6 个月暂时进口期限到期后的次日起，至货物从墨西哥关境复出口之日，罚金将每 15 日以同等金额递增。罚金总额不应高于货物总值。

4.4 特殊贸易措施

特殊贸易措施主要是指与特别关税和税率相关的措施。特别关税包括报复性关税、反倾销税与反补贴税、保障性关税等。

4.4.1 墨西哥反倾销和反补贴制度的法律依据

墨西哥对进口产品的特殊贸易措施比较集中在反倾销和反补贴调查和特别关税上。墨西哥的反倾销和反补贴的法律依据主要有：宪法第 131 条、《对外贸易法》及其相关条例、《财政法》《联邦民事程序法》《海关法》及其相关条例、《普通进

① 中国商务部，墨西哥贸易管理规定简介，检索时间：2018 年 5 月 25 日。http://mx.mofcom.gov.cn/article/ddfg/waimao/201405/ 20140500569770.shtml

口货物税收法》及其相关条例、《建立规则以确定进口货物原产地及其反补贴税证明的协议》《不公平贸易行为条例》等。此外，墨西哥根据 WTO《农业协定》中的特别保障措施条款，对 294 个 8 位数税则号下的产品做出了保留，墨西哥仍有权对这些产品征收附加关税。

墨西哥《对外贸易法》及其实施细则，针对倾销性和补贴性的进口货物而建立了一套贸易防御体制，以保证本国生产商拥有与境外出口商公平竞争的权利。自 1986 年以来，墨西哥政府制定了反倾销调查、反倾销制裁和抵消性措施的具体程序，也规定了产业损害调查的具体程序。

4.4.2 墨西哥反倾销的管理体制①

墨西哥反倾销管理体制健全，其具体的行政管理部门包括经济部、对外贸易委员会、税收法院和宪法法院等四个部门。经济部是墨西哥主管反倾销事务的主要机构，负责受理当事人提出的反倾销申诉，进行倾销与损害的调查和裁决。具体负责反倾销调查工作的是经济部下设的国际贸易惯例总局，下设法律技术司、倾销和补贴调查司、损害和保障司、会计和财务分析司和国际司法程序司等 5 个司，共同处理墨西哥反倾销事务。同时，根据墨西哥反倾销政策的规定，国际贸易惯例总局做出的决策在颁布前需提交给对外贸易委员会审查。对外贸易委员会由外交部、财政部、社会发展部、农业部、经济部、卫生部、中央银行、联邦竞争委员会等部门的人员组成，它可以基于公共利益的考虑对反倾销税提出修改的建议，财政部负责征收反倾销税。

根据墨西哥外贸法的规定，实施保障措施的调查程序分为两种，一种是正常程序，另一种是特殊情况的调查程序。正常程序是从接受申请之日算起的 30 天之内，经济部应当明确接受申请还是拒绝申请，并且要在墨西哥《官方公报》上公布相关决定。一旦明确接受调查，经济部应在公布之日起 30 天之内，通知有关方面提供证据，同时公布公共听证会的具体时间。从公布调查结果的第二天开始的 260 天之内，墨西哥总统将决定是否实施保障措施。特殊情况的调查程序是因进口的同类产品对墨西哥企业造成了非常严重的损害，联邦政府可以在公布调查日期的第二天起算的 20 天之内，采取预防保障措施。

就反倾销政策而言，墨西哥政府自在公报上发布开始反倾销调查的公告至少 45 天后，且所有程序都得到履行的情况下，可征收临时反倾销税；自公告发布后

① 本小节资料来源：墨西哥反倾销法律，检索时间：2018 年 5 月 28 日。http://www.maxlaw.cn/l/20141030/800793421806.shtml

130天内，由反倾销调查机构做出关于倾销和损害的初步裁决。根据反倾销调查结果，墨西哥国际贸易惯例总局做出继续征收临时反倾销税收并继续进行调查，或不采取临时反倾销措施而继续进行调查，或宣布终止反倾销调查等不同的决定。

4.4.3 墨西哥对中国产品的反倾销调查

自1991年墨西哥首次对中国的陶瓷进行反倾销以来，中国出口产品不断遭到墨西哥的反倾销调查。从1995至2005年的十年看，墨西哥在这一时期发起的85起反倾销调查和实施的76起反倾销措施中，中国遭受墨西哥的反倾销调查和反倾销措施案件数量分别达19起和12起，各占同期墨西哥全部反倾销调查案件总数和反倾销措施案件总数的22.35%和15.79%。在遭受墨西哥反倾销调查的24个目标国和遭受墨西哥反倾销措施的21个目标国中，中国均仅次于美国而名列第2位。

根据墨西哥经济部国际贸易惯例总局的统计，2001至2015年间墨西哥启动了102起反倾销调查，其中的45起是针对原产地为中国的产品，占到总数的44.1%。在针对中国产品的45起反倾销调查中，33起实施了反倾销措施，反倾销税平均高达73.3%。[①]2015年上半年，墨西哥对中国商品征收反倾销税占全部案件的46%，全部为反倾销案件。2015年12月22日，墨西哥《官方公报》发布了对原产自中国、德国和法国的热轧钢板产品实施反倾销调查的公告，对涉案的中国产品征收每吨平均高达345.26美元的反倾销税，大大高于对德国产品的每吨平均151.51美元和对法国产品的每吨71.57美元的反倾销税。

2016年，墨西哥政府对中国产的铝制炊具、自行车、陶瓷餐具、热轧钢带卷、冷轧钢带卷、钢钉和钢制连接件等12种产品进行了反倾销调查。墨西哥海关对中国产的钢丝、钢链条、钢钉、钢制连接件、不锈钢水槽、无缝钢管2－4、无缝钢管5－16、钢制把手、千斤顶、榨汁机、铅笔、镀锌板、餐具、蘑菇和床罩等22种产品以反倾销的名义征收惩罚性关税。[②]

自1986年出台反倾销政策以来，墨西哥政府似乎把反倾销政策看作是贸易自由化的安全阀，认为反倾销政策的存在可以从某种意义上避免或降低出现贸易自由化竞争对本国相关产业带来的冲击和损害，因而反倾销政策的保护主义效应在墨西哥被看作是为了享受全面自由贸易所带来的更大利益而产生的必然现象。[③]

---

① Diario Oficial de la Federación. http://www.dof.gob.mx/

② 资料来源：中国商务部，检索时间：2018年5月27日。http://www.mofcom.gov.cn/article/i/jshz/xm/201512/20151201217813.shtml

③ 墨西哥反倾销法律，检索时间：2018年6月5日。http://www.maxlaw.cn/l/20141030/800793421806.shtml

墨西哥库埃纳瓦卡市（Cuernavaca）的公交车

坐落于三文化广场的外交部大厦

穆赫雷斯岛的游船

第5章 墨西哥参加的自由贸易协定

20 世纪 90 年代以来，经济全球化和区域经济一体化成为世界经济发展的主导趋势。自 1986 年加入关贸总协定之后，墨西哥积极融入和推动多边、区域和双边等多层次的贸易自由化，加大其经济的开放步伐。

5.1 墨西哥参加的多边自由贸易协定

以多边自由贸易协定为核心的经贸机制安排运行的特征和原理反映各成员之间经济利益的相互依赖程度，进而对各成员参与这一进程的地缘政治经济权衡及相关的政府决策产生影响。全球范围内，西半球区域经济合作，尤其是拉美地区一体化发展经验，是区域经济一体化的重要组成部分和典型代表之一。这一进程启动时间之早、涉及规模之广，受到了国际社会的普遍关注。以墨西哥为例，在近半个世纪的历史发展中，该国以参与不同层次的经贸条约为媒介，寻求深度融入区域一体化发展方式，以共同应对全球化、区域集团化，以及国际贸易格局变迁引发的日益激烈的竞争和挑战。随着国内外环境的变化，这一进程经历过高潮与复兴，也遭受过低谷与徘徊。

应当看到，墨西哥是当今世界上与别国签订自由贸易协定较多的国家之一。与世界各国广泛签署自由贸易协定，是该国政府近年来为顺应经济全球化趋势所采取的重要对外政策举措。根据墨西哥促进局的官方数据，全球范围内，墨西哥已同 46 个国家签署了 12 项自由贸易协定，同 33 个国家签署了 32 项投资促进和保护协定，[①] 并积极参与涵盖不同范畴的多边经贸机制。总体而言，与墨西哥签署的多边自由贸易协定最为密切相关的域外多边经贸制度安排，主要包括全球性的世界贸易组织、亚太经合组织和跨太平洋伙伴关系协定。

5.1.1 世界贸易组织（WTO）

作为当代全球最具代表性的贸易制度安排之一，该组织拥有 164 个成员，其贸易额占全球总量的 98%。该机构于 1995 年 1 月 1 日正式运行，前身是 1947 年签订的关税与贸易总协定，墨西哥是 WTO 的创始会员之一[②]。该组织通过扩大货物和服务的生产、贸易，以及实质性削减关税等措施，以开放、平等、互惠为原则，逐步调降各成员关税与非关税的贸易障碍，进而消除各成员在国际贸易上的歧视待遇，旨在建立一个完整的、更具活力的、可持续发展的多边贸易体制；此外，力求推动各成员方对世界资源的最优化利用，并采取各种相应的措施，满足不同经济发展水平下各成员的具体诉求，尤其是确保欠发达成员在国际贸易增长中获得与其经济发展水平相适应的份额和利益。在这一框架下，近年来，墨西哥政府多次强调加强多边贸易体制建设，寻求深度融入全球价值链，并积极实施 2014 年所签署的世界贸易组织《贸易便利化协议》。

5.1.2 亚太经合组织（APEC）

该组织是亚太地区最具影响力的经济合作官方论坛。1989 年 11 月，亚太经合首届部长级会议召开，标志亚太经合组织正式成立。在该机制的 21 个成员中，拉美国家仅占三席，墨西哥于 1993 年 1 月加入，是该地区最早加入的国家。亚太经合组织的宗旨在于保持经济的增长和发展；促进成员间经济的相互依存；加强开放的多边贸易体制；减少区域贸易和投资壁垒，维护本地区人民的共同利益。多年来，该组织涉及的主要议题围绕全球及区域经济的发展与改革，如促进全球多边贸易秩序构架，实施亚太地区贸易投资自由化和便利化，推动金融稳定和改革，开展经济技术合作和能力建设等。

值得指出的是，近年来，这一机制在深化推进高质量的区域自由贸易协定中扮演重要角色。当前，在全球贸易保护主义抬头的背景下，各成员力图在亚太经合组织框架下，以所签署的双边及自由贸易协定为基础，构建亚太自由贸易区

① 资料来源：墨西哥 Promex 官网，检索日期：2018 年 2 月 2 日。http://www.promexico.mx/es/mx/tratados-comerciales

② 墨西哥于 1986 年 8 月 24 日加入关税与贸易总协定；自 1995 年 1 月 1 日起，成为世贸组织成员，检索日期：2018 年 2 月 5 日。https://www.wto.org/spanish/thewto_s/whatis_s/tif_s/org6_s.htm

（FTAAP）。对墨西哥而言，该国政府将这一机制视为重要机遇，力图把握当今世界经济增长中心从大西洋转向太平洋的趋势①，全面推进其经贸关系向多元化发展，深化拓展与亚太国家商品、劳务、资本、人员往来，提高其国际竞争力，并在市场准入、政府购买、知识产权等领域中夯实区域性合作②。

5.1.3 跨太平洋伙伴关系协定（TPP）

TPP 的设立是以成员国之间多边关系的自由贸易协定基础，其前身为“跨太平洋战略经济伙伴关系”。该机制最初由智利、新加坡、新西兰、文莱四国于 2002 年发起（又称 P4 协议），而后美国在 2009 年宣布加入，并开始主导这一谈判进程。2015 年 10 月 5 日，TPP 在美国亚特兰大举行的部长会议上基本达成。其内容涵盖货物贸易、原产地规则、投资、知识产权、劳工、监管等众多议题，其中农产品市场准入、汽车原产地规则、制药业知识产权保护构成谈判中最难攻坚的三大议题。然而，2017 年 1 月，美国当选总统特朗普正式宣布美国退出 TPP，这标志着这一曾被奥巴马政府视为伟大战略构想的多边自由贸易机制陷入了前所未有的僵局。然而尽管这一制度的发展预期充满不确定性，但其余 11 个成员并未就此放弃推进这一有助于亚太地区经贸自由化的进程。2017 年 11 月 11 日，11 个亚太国家共同发布联合声明，宣布“已经就新的协议达成了基础性的重要共识”，并决定改名为“全面与进步的跨太平洋伙伴关系协定”（CPTPP）。

墨西哥、秘鲁和智利是这一框架的三个拉美成员国。作为三个西临太平洋的拉美国家，经济规模约占这一集团经济总量的 6.2%，而墨西哥一国便占据其中的 4.6%左右，如考虑到美国退出，这一占比将达到 13%③。尽管这一数字对 TPP 组织，乃至对整个亚太区域的经济规模来说并非举足轻重，但墨西哥参与并推进 TPP 机制这一行为本身蕴含着独特的地缘利益考量，其内在动因在于受亚太各国日趋紧密的经贸利益所驱动。值得指出的是，如果在无美国主导的“全面与进步的跨太平洋伙伴关系协定”能够生效，那么墨西哥政府所签署的自贸协定将新增 6 个，均为该组织成员国，分别是澳大利亚、新西兰、新加坡、文莱、马来西亚、越南④。

---

① 资料来源：墨西哥《改革报》，检索日期：2018 年 2 月 25 日。https://www.reforma.com/aplicacioneslibre/articulo/default.aspx？id=1251534&md5=7f49fcf35e5f06123750df34e1ce2bc3&ta=0dfdbac11765226904c16cb9ad1b2efe

② 资料来源：墨西哥经济部官网：检索日期：2018 年 2 月 5 日。http://www.economia－snci.gob.mx/sic_php/pages/organismos/apec/ beneficios_mexico_apec.php

③ 作者根据 IMF 数据库 2018 年各国 GDP（现价美元）计算而得，参见 IMF：“Data and statistics”，检索日期：2018 年 3 月 1 日。https://www.imf.org/external/pubs/ft/weo/2015/01/weodata/index.aspx

④ 参见中国驻墨西哥使馆经商处官网，检索日期：2018 年 3 月 6 日。http://mx.mofcom.gov.cn/article/jmxw/201805/20180502739502. shtml

5.1.4 墨西哥参与多边自贸协定的主要考量

基于以上对墨西哥参与的全球多边自由贸易机制的分析，可以看出，墨西哥在相关制度选择上主要基于以下两点考量：

其一，地缘位置。这是该国开展亚太经贸活动的前提条件，或曰先决因素。众所周知，墨西哥是拉美太平洋沿岸国家之一，临太平洋海岸线绵长。长期以来，该国亚太区内贸易在其对外贸易总额的占比举足轻重，应当指出，通过签署自贸协定，开拓亚太市场、搭建亚太与拉美桥梁一直是该国对外政策中的重要一环。而在当今世界经济增长重心转移，尤其在2009年全球金融危机后，亚太地区多个新兴经济体成为全球新经济增长点的杰出代表的背景下，这一地缘因素的重要性凸显。先天的地理优势衍生出同亚太地区在加强经贸联系方面的巨大潜力与强烈诉求，在这种情况下，加入并推进亚太地区的多边自贸机制对墨西哥来讲，可谓是一个“得偿所愿”的选择。

其二，发展模式与理念。在拉美地区，墨西哥是政治民主制度最为稳健、经济发展水平较高、营商环境较好的国家。相对稳定的政治生态环境为经贸政策的连续性打下良好基础。此外，该国奉行自由开放的外向型经济发展模式与出口导向型贸易政策，进出口依存度高，致力于在经贸关系中充分发挥比较优势，与地区内外各国签订自贸协定，推动对外贸易的自由化、便利化。

特别值得指出的是，近年来，墨西哥在经贸政策和理念上的立场更加务实——拓展多元化对外贸易关系，其主要实现路径在于自贸协定的签署。近年来，以WTO为代表的多边贸易机制的规则制定能力逐步下降，区域及双边自由贸易协定开始在全球范围内大规模盛行。鉴于亚太地区各国近年来经济的强势表现，以及墨西哥在亚太区内出口商品结构所反映的贸易比较优势的显露，亚太国家顺理成章地成为该国经贸关系多元化政策的重要考量：墨西哥不仅参与亚太区域经济一体化事务，如亚太经合组织，而且积极寻求通过签署自贸协定挖掘与澳大利亚、新西兰、越南、马来西亚等国双边经贸关系的巨大潜力，这种意向奠定了近十年来该国同这些国家双边贸易呈现高速增长的基础。

总体而言，墨西哥对深化以多边自贸协定为核心的制度化合作路径形成了积极的预期，这是因为此类制度安排有助于提升国家经济竞争力，推动出口市场多元化，增加高附加值出口产品的比重，帮助国内中小企业融入全球价值链，进而对刺激本国经济增长和就业形成溢出效应。从这一层面上来讲，墨西哥是不甘于被排除在面向亚太一体化的多边自贸规制所带来的重要机遇之外的，而且能够有机会参与制定全球经济贸易新规则，通过自贸协议的各种规制设计具有导向性的融入全球产业价值链，是该国经贸模式和发展理念的核心利益所在。

5.2 墨西哥参加的区域自由贸易协定

近三十多年来，墨西哥顺应全球化趋势从封闭的进口替代工业化模式逐步调整为以“开放”为中心的、以自由贸易协定为纽带的积极推进多边和区域内经济合作的新模式。目前，墨西哥与拉美地区多个国家签有自由贸易协定。

5.2.1 参与区域经贸一体化进程的发展路径

5.2.1.1 区域经贸一体化发展的理论框架

总体而言，拉美区域一体化进程始于20世纪60年代。从区域经济合作的理论视角出发，人们常常将20世纪中叶兴起至80年代的拉美一体化模式称为“封闭式”或“内向型”一体化，将90年代以后促使一体化进程复兴的思潮称为“开放的地区主义”。这两种不同的一体化模式与当时拉美地区实施的经济政策与改革密切相关。随着地区各国从进口替代工业化战略转向新自由主义模式，对外区域经济合作也从“封闭的地区主义”逐渐向“开放的地区主义”转变。

就墨西哥而言，在很大程度上，20世纪五六十年代地区主义理论的“封闭性”使该国在一体化进程中采取以内向型市场合作作为主要的区域经济合作模式，而对发展自由贸易、开放国内市场、参与国际竞争采取排斥态度，且在进口替代工业化政策框架下，日益严重的贸易保护主义倾向使整个经济结构体系运行内向而低效。

然而，自20世纪90年代以来，“开放的地区主义”思潮出现，在很大程度上成为墨西哥形成以自由贸易协定为纽带的区域经济合作新模式的转折点。相对于过去的一体化理论，这一观念是在拉美地区经济发展向“出口导向”模式转变过程中应运而生的，彰显着开放性，具有其历史必然性。有学者将这种理论模式的“开放性”界定为对传统意义上区域一体化排他性特征的弱化，这一特征将地区主义与多边主义更加紧密地结合起来，并成为与世界贸易组织中的多边贸易体制互为补充的新形式①。

① 王萍. 走向开放的地区主义——拉丁美洲一体化研究［M］. 北京：人民出版社，2005.

5.2.1.2 区域经贸一体化发展的实践进程

以“开放的地区主义”作为理论支撑，20 世纪 90 年代，拉美地区的区域经济一体化在经历了近十年的沉寂后进入了新的活跃期，地区范围内逐渐形成了经贸一体化新格局，呈现以下几点特征：其一，出现新一轮的区域经济合作协定，以积极的面貌参与国际竞争，推动改革调整和开放的力度，越发密切的跨地区经济联系和合作形成了多样化、多层次、多方位的一体化进程；其二，区域经济合作组织增多，某些区域性组织的职能或性质发生转变—— 很大程度上不再刻意追求经济发展水平相近和一味强调生产要素的互补，或过度重视经济一体化的层次，力图超越社会制度和意识形态等方面的差异，形成灵活多样和讲求实效的特点[①]；其三，区域经济合作进程开始倾向于建立小区域共同市场和双边自由贸易区，并打破了过去主要停留在贸易领域的传统做法，向更广阔的领域迈进，这成为整个西半球经济合作进程的重要组成部分[②]。

整体而言，墨西哥借由地缘位置优势，在参与全球及西半球区域经济合作进程中，签署了涉及不同层次的自由贸易协定，并在合作形式上进行了有益的尝试与探索，其中既有发展中国家也有与发达国家之间建立的自由贸易区，如《北美自由贸易协定》(NAFTA)。这一文件的签署标志着墨西哥开始步入顺应全球化趋势，实施自由贸易的新阶段；此外，也有同为发展中国家的拉美地区各国之间建立的覆盖不同范围的次区域组织。尤其值得指出的是，进入 21 世纪，墨西哥已经几乎与所有中美洲国家实现了自由贸易；又先后与南美洲的智利、哥伦比亚、玻利维亚和乌拉圭签署了自由贸易协定[③]。虽然与拉美国家的贸易在墨西哥对外贸易总额中所占比重不大，但它使墨西哥成为北美和中南美地区之间的联系纽带。

可以认为，无论是以南南合作为基础的拉美国家内部的经济合作机制，还是以南北合作为特征结成的新型区域经济集团，这些尝试均旨在不断推进区域内自由贸易，加强地区合作，及寻求区域合作新途径。

5.2.2 北美自由贸易协定

5.2.2.1 成立背景

1992 年 8 月 12 日，美国、加拿大和墨西哥三国就《北美自由贸易协定》达

---

① 徐宝华，石瑞元. 拉美地区一体化进程：拉美国家进行一体化的理论和实践 [M]. 北京：社科文献出版社，1996.

② 苏振兴. 拉美区域经济合作的发展趋势 [J]. 拉丁美洲研究，1993 (4).

③ 参见表 5－1。

成一致意见，同年12月17日，三国领导人分别在各自国家正式签署。1994年1月1日，该协定正式生效，北美自由贸易区宣布成立。不可否认，北美自由贸易区的成立具有里程碑式的意义，开创了发达国家与发展中国家之间建立经济集团的先河，而墨西哥加入这一组织被看作是“全球化的试金石”。

该协议就三国彼此必须遵守并履行的原则和条款进行了明确的规定，通过国民待遇、最惠国待遇及程序上的透明化等内容实现其宗旨，藉以消除贸易障碍。自由贸易区内的国家实现了货物的自由流通，而贸易区以外的国家则仍然维持原关税及壁垒。

对于北美自由贸易区成立的动因，有学者认为促成这一区域组织建立的根源在于美加墨三国在经贸、政治等领域的共同诉求，自贸区的成立将带动国际间商品、劳务和农产品贸易的自由化，其积极影响将大于消极影响。[①]从墨西哥一方来看，当时该国国内，就是否加入北美自由贸易区展开了激烈的讨论，而最终促成政府签署这份文件的根源可从三个层面进行阐释：

其一，国内政策偏好。20世纪90年代初，新自由主义在拉美地区全面铺开。主要措施包括贸易开放、降低关税；金融信贷市场自由化；取消资本管制、吸引外资；国有企业私有化；税制改革等。在这种背景下，墨西哥国内致力于调整经济结构，从内向型发展模式转变为外向型发展模式。在北美自由贸易区成立前，墨西哥国内以自由市场经济为导向的宏观调整已经取得积极的成效。举例来讲，在国有企业私有化改革中，政府致力于大量吸引外资，改善投资环境，从而切实减轻了财政负担，增加了财政收入。在这一背景下，政府签署《北美自由贸易协定》、加入北美自由贸易区，是在谋求通过自由贸易逐步消除关税和非关税壁垒，更加密切同美国的经贸关系，实现美加墨三国市场的相互开放。鉴于此，这一宗旨符合当时墨西哥宏观经济发展背景与政策取向。墨西哥政府能够借由这一自由贸易制度安排，使更多产品进入美国和加拿大市场，进而改善墨西哥的外债偿还条件，同时利用发达国家的外资和高新技术，为国内就业市场创造新的就业岗位。

其二，美墨关系因素。基于地缘政治经济等因素，墨西哥是美国的重要盟友，有学者认为，墨西哥在经贸层面对美国的高度依存性是其选择加入北美自由贸易区的核心因素。举例而言，贸易方面，20世纪80年代末，该国对美出口超过其出口总额的三分之一，进口占比更高达三分之二；投资领域，美国是墨西哥最大的投资者，美对墨直接投资占外国对墨直接投资总额的36%[②]。此外，美国作为

---

① 陈芝芸. 北美自由贸易协定的签署及其对拉美的影响［J］. 拉丁美洲研究，1993（2）.

② 朱书林. 墨西哥加入北美自由贸易区的背景［J］. 现代国际关系，1992（5）.

墨西哥的最大债权国，对墨西哥结束外债危机提供了大力支持；产业部门方面，美国在墨西哥边境地区开展的出口加工工业对墨西哥缓解就业压力大有助益。

其三，国际经济环境变化方面。一方面，20 世纪 80 年代末 90 年代初，苏联解体和东欧剧变所牵涉的一系列国际格局的变化造成新自由主义以更深入、更广泛、更强势的姿态在拉美各国蔓延。西方社会以“华盛顿共识”为标志，为拉美国家量身定制了新自由主义政治经济发展方案，并用债务减免优惠“奖励”实行这一模式的拉美国家。另一方面，那一时期西方世界积极推行经济区域化、集团化，鉴于此，贸易保护主义趋势愈演愈烈，在这种背景下，墨西哥外向型经济进一步发展所要面临的竞争与挑战是可预期的。基于上述两种因素，墨西哥政府不得不做出融入这一浪潮的战略选择，以为国内经济持续稳定发展寻求必要的外部支持。

5.2.2.2 对墨西哥经济的影响

自 1994 年《北美自由贸易协定》生效至 2018 年 11 月底，美国、墨西哥、加拿大三国总统签署新版协定为止，这一贸易规则已运行了将近 25 年。关于其对墨西哥经济影响的评估，国际社会曾展开热烈的讨论，从不同角度进行解读与界定，并形成了不少具有建设性的观点[①]。总体来看，可分为经验和教训两类立场[②]：

从积极意义来说，墨西哥加入北美自由贸易区，通过贸易自由化，切实提高了本国的产品竞争力，这成为国家实现经济增长，大力开展外向化发展战略转型的有效助力。其一，经济增长方面，《北美自由贸易协定》生效后，墨西哥国内生产总值增速明显，且有效控制了该国 1994 年伴随金融危机而生的不断高企的通货膨胀率。伴随经济存量的加速积累，该国在拉美地区和世界范围内的经济地位显著提升；其二，外贸方面，北美自由贸易区进一步深化了墨西哥的外向型发展道路。大幅提高了贸易在 GDP 的占比，进出口贸易部门成为国民经济的主要动力，出口对经济增长的推动作用尤为明显。经由《北美自由贸易协定》，墨西哥跻身世界前十大贸易国，且极大程度密切了同美国和加拿大的经贸联系；其三，从产业结构来看，可以认为，北美自由贸易区对墨西哥产业部门间资源要素的分配调整进行了重塑。在这一以出口为导向的调整过程中，墨西哥经济的比较优势得以发挥，充分利用其丰富资源禀赋和廉价劳动力，输出劳动密集型产品，同时墨西哥通过开放市场、引进外资和竞争机制，大力发展出口加工工业，促成产业结构的

① 贺双荣. 墨西哥国内外有关北美自由贸易协定对墨西哥经济影响的争论及背景[J]. 拉丁美洲研究，2005（2）.

② 李连仲. 墨西哥加入北美自由贸易区的利弊［J］. 宏观经济研究，2001（7）.

优化升级，进而提高了本国产品的国际竞争力；其四，在投资领域，北美自由贸易区增强了墨西哥吸收外国直接投资的能力，持续流入的外资增加了本国就业机会；其五，从环境角度来说，北美自由贸易区通过成员国经济一体化，制定了高标准的环境规定，力图通过实施绿色技术和市场机制解决环境问题，这有效提高了该国环境保护意识。

从消极意义来说，《北美自由贸易协定》导致墨西哥本国社会经济不平衡性加剧，抵御外部风险能力有所削弱①。具体来讲，其一，北美自由贸易区助推出口加工工业部门成为经济增长动力过程中，若干产业部门发展步伐停滞，甚至严重受损，举例来讲，对农牧业构成明显的冲击。协议生效后，大量来自享受高额补贴的美国农产品涌入墨西哥市场，致使从美国进口的农牧产品大幅增加，致使该部门进出口逆差持续扩大，这种趋势严重打击了本国农民的积极性，相关部门发展陷入困境，农作物由于种植面积缩减产量锐减，其中传统作物玉米种植受到的冲击尤甚，伴随农业部门就业岗位的减少，农村贫困问题进而凸显。此外，对于墨西哥民族工业的发展，这一协议也带来了强烈的负面影响，在引入国际竞争机制后，墨西哥绝大多数中小制造企业无力承受美国和加拿大的同类现代化大企业的强势挤压，纷纷破产倒闭。值得注意的是，尽管《北美自由贸易协定》生效后，墨西哥贸易部门获得较快增长，但却造成巨大的产业结构扭曲，破坏了国内的生产能力。具体来看，墨美双边贸易顺差建立在墨西哥廉价劳动力和自然资源出口的基础上，这既归因于制造业中的组装加工业的出口，也是由石油和汽车部门出口所带来的结果。然而，应当明确，这种顺差局面主要集中在少数几个由国际跨国公司控制的出口加工工业部门，这一现实导致墨西哥出口部门的增长与国内生产部门完全割裂，不能产生较强的生产性辐射，因为这一部门严重依赖外资和进口设备，对本国生产的零部件和包装的购置支出相当有限，因此不能提供长期生产率和就业水平的提高。

其二，从分配角度来说，社会经济的不平衡性有所扩大。在经济领域，流入墨西哥的外国直接投资大部分集中在制造业，特别是出口加工工业，而这类企业大多分布在墨西哥的主要大城市和北部边境地区。这种趋向导致地区经济发展差距愈演愈烈。在社会领域，墨西哥加入北美自由贸易区后，收入分配差距并没有缩小，基尼系数反而呈现扩大趋势，收入分配差距拉大。由社会经济差距产生的不平衡性导致墨西哥政治、经济和社会矛盾日益突出。

其三，抵御外部风险能力削减。这主要反映在两个方面，一是对金融部门过

① 李连仲. 墨西哥加入北美自由贸易区的利弊［J］. 宏观经济研究，2001（7）.

度开放凸显金融脆弱性，在新自由主义改革过程中，国家放弃对银行部门的控制监管是 1994 年墨西哥金融危机爆发的一大原因，而签署《北美自由贸易协定》后，国家控股地位丧失，外资成为墨西哥银行业的控股主体，这导致本国面临生存发展困境的中小企业完全失去政府的保护，信贷可获性大为降低。此外，过度开放金融市场对墨西哥经济促进作用是有限的，因为大量涌入的外资用于进行短期资本炒作，金融性投资和投机活动增加，而长期生产性投资减少。另一方面，墨西哥经济对美国的依赖程度进一步加深，美国的经济状况成为墨西哥经济发展的主要依托，外部脆弱性加剧。

5.2.2.3 前景展望

2017 年 1 月，特朗普就任美国总统伊始，宣布由于美国在《北美自由贸易协定》中多年无法获得公平待遇，因此将重启谈判进程，旨在改变已有二十余年历史的协议条款，若谈判结果不尽如人意，美国则考虑退出这一协定的可能性。在 2017 年 8 月举行的首轮谈判中，美、加、墨三方就 20 多项议题进行了谈判，并着手修改文本内容，提交额外文本、评论和替代方案。三国均承认更新该协定的必要性，力图在谈判中通过修改原有的一些规定，并补充若干涉及电子贸易、能源、环保、劳工方面的新的条款，使其更加“现代化”。在制定新自由贸易协定的谈判进程中，美方诉求主要集中在以下几个方面：降低与墨、加两国的贸易逆差；为缓解本国就业压力，增加就业岗位，要求在墨的美国汽车工厂迁回美国；改善制造业、农业与服务业部门在墨、加两国的市场准入条件，如制定更加严格的工业制成品和汽车原产地规则，不允许自贸区之外的国家的零配件和产品利用该协定享受免税待遇进入美国市场，取消对美国农产品出口的非关税壁垒；增加数字贸易、劳工和环境保护条款等。

而墨方的态度与美国分歧较大，主要表现在以保持墨产品进入美国市场的优惠条件为基础，对关税和进口配额问题持强硬不妥协态度，但可以有条件地对逆差问题进行协商；保护本国汽车工业的供应链和制造业；不接受有关原产地的特殊规定；要求增加在美企业工作的墨劳工工资。

由于美加墨三方分歧严重，最初计划通过七轮协商在 2018 年 3 月底前达成协议的目标未能如期实现。2018 年 5 月至 8 月期间，由于加拿大退出谈判，三方谈判变成美国与墨西哥两国的双边对谈。墨西哥政府曾表示，一旦《北美自由贸易协定》终止，墨美双边贸易将依据世贸组织设定的关税运行，届时墨西哥有可能提高对美国产品征收的进口关税。8 月 27 日，墨美两国宣布谈判取得重要进展，在汽车行业、“日落条款”和能源领域等争议性问题上均取得重大突破。在墨美双边谈判取得进展之后，加拿大与美国继续展开双边谈判，并于9月30日达成一致意见。2018年11月30日，美墨加三国总统在G20峰会期间签署了美墨加协定（USMCA），取代了之前的《北美自由贸易协定》（NAFTA）。美墨加协定的最终生效，仍需经三国国会同意和批准。

面对特朗普政府一系列贸易保护主义的措施及《北美自由贸易协定》框架下墨美双边合作的新挑战，墨西哥对外部门过度依赖美国市场而显现的弊端愈发明显。近些年，墨西哥不断致力于拓展经贸关系多元化发展，注重向南美洲国家以及亚太市场扩展。

5.2.3 其他区域内贸易协定

在拉美地区，墨西哥参与不同层次的区域经贸合作协定，包括2000年同危地马拉、洪都拉斯和萨尔瓦多三国签署的《墨、中美三国集团自由贸易协定》[①]。墨西哥积极参与拉美区域内的各种经贸合作机制，最具代表性的是拉丁美洲一体化协会和太平洋联盟。

5.2.3.1 拉丁美洲一体化协会

拉丁美洲一体化协会的前身是1960年2月成立的拉丁美洲自由贸易协会，是拉美地区最大的政府间一体化组织。1980年8月，《蒙得维的亚条约》的签署宣告拉丁美洲一体化协会成立，墨西哥是其创始成员国之一。该组织旨在促进和协调成员国之间的贸易，扩大出口市场和开展经济合作，并在不断深化双边和多边合作基础上建立拉美共同市场，实现本地区的经济一体化。根据各国发展水平区别对待和实行贸易方式多样化的基本原则，一体化协会准许成员国同拉美其他国家和小地区经济联合或建立多边联系，并放宽了成员国同世界其他地区的发展中国家或区域经济组织的经济往来。在这一框架下，墨西哥同成员国签署了9项限定条约，包括经济互补协定和局部性贸易协定两种形式[②]。

5.2.3.2 太平洋联盟

太平洋联盟是近五年来最具活力的拉美次区域一体化组织，其整体经济实力及其所蕴藏的潜力不容小觑。它涵盖了一个2.09亿消费群体的大市场，约占拉美

---

① 参见表5－1。

② 资料来源：拉丁美洲一体化协会（ALADI），检索日期：2018年3月5日。http://www.aladi.org/sitioAladi/quienesSomos.html 和墨西哥经济部官网：https://www.gob.mx/se/acciones－y－programas/comercio－exterior－paises－con－tratados－y－acuerdos－firmados－con－mexico？state＝published

总人口的 35%，且对外贸易总额占拉美地区半壁江山。墨西哥是该组织的四个创始国之一。太平洋联盟自 2011 年成立以来，就确定了明确的利益诉求：第一，通过促进商品、服务、资本、人员的自由流动，推动并深化更具活力与参与性的地区一体化进程；第二，通过推动经济增长与提升竞争力的相关政策措施，改善地区内成员国的生活质量，缩小贫富差距，促进社会和谐包容；第三，构建拉美经贸一体化平台，拓展加深与世界各国，特别是同亚太地区的联系。

从制度选择来说，太平洋联盟顺应全球区域一体化浪潮，采用以自由贸易协定为依托的、更为灵活的区域合作形式。成员间不必为让渡对外关税政策制定权而耗费过多的时间和精力协调统一立场，这种制度设计对于对主权问题高度敏感的拉美国家来说，无疑是一个最优选项。从目前的进展看，太平洋联盟这些特质有助于优化并完善内部利益分配，进而降低组织维系合作的运行成本，并使其沿着这一正向溢出轨迹继续下去。

在市场准入与贸易便利化方面，该联盟致力于降低关税和推动统一原产地规则的谈判；成员国在联盟框架协议中达成一致：自框架协议生效之日起，成员国 90%的商品项目享受零关税，其中包括乳制品、糖、咖啡、石油等，其余 10%根据各国具体情况享受减免关税待遇，在未来 10 年内，协议规定除一些特殊商品外，达到 100%零关税；联盟相关机构每年召开论坛、研讨会共同探讨出口促进计划；建立四国间原产地电子认证机制，并在卫生检验检疫相互认证方面制定具体的路线图；强化贸易监管合作，逐步消除可能存在的技术性贸易壁垒；建设联盟内部贸易纠纷解决机制[①]。

在投资服务一体化方面，启动投资与服务业领域磋商机制，界定联盟成员国间投资与服务的主要障碍，并在联盟协议框架内专门就投资与服务领域讨论签订合作协议的可行性。在人员自由往来方面，推动成员国公民在这些国家往返免签待遇；各成员国签订旅游合作协议，增加旅游人数，深化旅游领域合作；构建成员国人员流动信息实时交流与共享机制。

在与中国关系层面，借助太平洋联盟的这一区域合作实体，成员国之间得以将经济、贸易、投资、关税、金融等领域的合作予以制度化规范。这有助于各国在重大议题保持立场与偏好整合的基础上，根据中国国内正在进行的经济结构转型要求进行更加灵活的调整。此外，尤为值得指出的是，在当前全球贸易保护主义抬头的趋势下，该组织四个成员国对中国在亚太地区积极倡导的经济合作一体

① 芦思姮，探索拉美一体化新模式——简析太平洋联盟对拉美一体化发展桎梏的突破[M]//苏振兴. 国际变局中的拉美：形势与对策［M］. 北京：北京知识产权出版社，2014.

化表示出浓厚的兴趣，并期待通过进一步合作，寻求有效融入这一进程。毋庸置疑，如果以太平洋联盟这一制度安排为依托，墨西哥在深化亚太区域经贸合作进程中会远比单独一国更有作为，更具影响力。

值得指出的是，正是由于与亚太地区经贸联系的日趋紧密，墨西哥与其他拉美国家共同构筑亚太区域经贸制度的意愿才会越发强烈，这一诉求最终促成太平洋联盟的成立。而这一区域性公共产品的供给又反过来对深化这些联系具有溢出作用。值得强调的是，墨西哥政府正在寻求以太平洋联盟整体姿态，在今后的自由贸易谈判中形成合力，进而拥有更大的话语权，代表拉美地区的共同诉求，在谈判中增加与发达国家据理力争的筹码。

5.2.4 双边自由贸易协定

自20世纪90年代起，顺应区域经贸合作与一体化外向化发展的趋势，墨西哥掀起了自由贸易协定签署热潮。截至2018年5月，墨西哥对外签署，并仍旧生效的自由贸易协定共有14个，涉及近50个国家，其中双边贸易协定占10个，具体情况见表5–1：

表5－1　墨西哥所签自由贸易协定一览

协议名称	生效日期
《北美自由贸易协定》	1994年1月1日
《墨西哥—哥斯达黎加自由贸易协定》	1995年1月1日
《墨西哥—尼加拉瓜自由贸易协定》	1998年7月1日
《墨西哥—智利自由贸易协定》	1999年8月1日
《墨西哥—欧盟自由贸易协定》①	2000年7月1日
《墨西哥—以色列自由贸易协定》	2000年7月1日
《墨、中美三国集团自由贸易协定》	2000年3月15日（危地马拉、萨尔瓦多） 2001年6月1日（洪都拉斯）
《墨、欧洲四国自由贸易协定》②	2001年10月1日

① 2018年4月，欧盟与墨西哥已就更新双边贸易协定达成一致，新协定进一步降低了欧盟与墨西哥之间的商品关税幅度，简化了海关手续，并补充了原产地规定、检疫措施、农业贸易以及工业产品法规等内容。

② 欧洲四国包括冰岛、列支敦士登、挪威、瑞士。

续表

协议名称	生效日期
《墨西哥—乌拉圭自由贸易协定》	2004 年 7 月 15 日
《墨西哥—日本自由贸易协定》	2005 年 4 月 1 日
《墨西哥—哥伦比亚自由贸易协定》	2011 年 8 月 2 日
《墨西哥—秘鲁自由贸易协定》	2012 年 2 月 1 日
《墨西哥—中美五国自由贸易协定》①	2013 年 7 月 1 日
《墨西哥—巴拿马自由贸易协定》②	2015 年 7 月 1 日

资料来源：作者根据墨西哥经济部数据加工整理。

https://www.gob.mx/se/acciones-y-programas/comercio-exterior-paises-con-tratados-y-acuerdos-firmados-con-mexico？state = published

位于墨西哥尤卡坦州南部的奇琴伊察玛雅金字塔

① 中美五国分别是哥斯达黎加、危地马拉、萨尔瓦多、洪都拉斯、尼加拉瓜，检索日期：2018 年 4 月 2 日。https://expansion.mx/ economia/2013/06/24/tlc – mexicocosta – rica – entra – en – vigor

② 检索日期：2018 年 4 月 2 日。http://www.elfinanciero.com.mx/politica/firman – panama – y – mexico – tlc.html

第6章 墨西哥贸易惯例

墨西哥是中国在拉美地区的第二大贸易伙伴，中国是墨西哥第四大出口目的国和第二大进口来源国。据中国海关总署统计，2017 年中墨双边贸易总额 476.7 亿美元，其中中方出口 359.0 亿美元，进口 117.7 亿美元，同比分别增长 11.7%、10.9%、14.0%。

6.1 墨西哥常用的贸易方式

6.1.1 商务谈判风格

商务谈判是谈判双方通过沟通、协商、妥协、合作等各种手段将可能的商机确定下来的活动过程。谈判双方的沟通语言与协商方式受到各自不同文化的影响。

在与墨西哥商人进行商务谈判之前，最好和对方有所接触，可以通过发送信函、互通邮件或前往墨西哥参加贸易展览或贸易洽谈会等形式与对方建立初步联系。墨西哥的官方语言是西班牙语，因此最好使用西班牙语或者英语与对方沟通。

相互信任是建立和发展贸易关系的基础。注重友谊，是墨西哥人做贸易和进行商务谈判的一个重要特征。墨西哥人很看重密切而持久的关系。要想生意成功，私人接触和加深朋友之间的友情是十分重要的。相比大多数北美人和斯堪的纳维亚人，墨西哥人更看重礼节、社会等级和地位。在初次见面时，称呼对方时最好使用头衔，例如 Morales 博士，Reyes 董事，Santana 教授等，或者是在交往对象的姓氏之前，加上“先生”“小姐”或“夫人”之类的尊称。

在商务谈判时，使用西班牙语进行沟通是十分重要的。墨西哥人的英语水平普遍来说不是很高，他们更习惯用西班牙语进行交流。此外，用西语沟通有助于拉近彼此距离，利于疏通关系和增进友谊。在与墨西哥人做贸易时，有条件的话，最好能在商务谈判之前将公司和产品的介绍材料翻译成西班牙文，便于对方了解公司的情况。

墨西哥人商务谈判中一个突出特征是节奏慢，时间利用效率比较低，习惯上把事情往后拖延。如果你急于想做成某件事情时，墨西哥人最常见的回答是“ahorita o ahoritita”（字面意思：“马上”或“稍等一会儿”）。但很多时候，墨西哥人所说的“ahorita”是没有准确时间概念的。正如墨西哥自治大学的一位语言学家所说：“当墨西哥人说‘ahorita’时，可能意味着一个小时内，明天，五年内，或者永远不会发生。”[①] 所以，当墨西哥人说“ahorita”时，你千万不能从字面上去理解，它实际的含义会随着情境发生很大的变化。

墨西哥人的时间观念普遍比较淡薄，赴约一般会比约定的时间晚到半个或一个小时。所以在约定谈判时间时，一定要对墨西哥人强调“准时”。相比墨西哥其他地区的人而言，居住在首都墨西哥城的人以及墨西哥北部的人时间观念会强一些。

一般来说，中小客户是墨西哥进口商的主体，讨价还价是墨西哥人谈判中的常事，让步也是一小步一小步地让。因此，与墨西哥商人谈判要做好长期谈判的准备。

付款方式是谈判环节中一个非常重要的因素。买卖双方从各自经济利益着眼会选择不同的付款方式，双方的差异经常为商务谈判带来一定的困难。大多数墨西哥商人信誉较好，只是在货款支付上习惯拖拉。在支付方式上，信用证的使用比较普遍，但一些进口商不愿占用资金，增加贸易成本，因而不愿意使用信用证支付。墨西哥进口商做贸易时，比较普遍的付款方式是预付（一般为 30%）和见提单复印件付（一般为 70%）。远期赊销方式在墨西哥也很普遍，长则赊销 60 天，90 天，甚至 120 天。此外，大部分的墨西哥人也会采用银行转账（TT）的付款方式。

---

① 华企商学院，当墨西哥人说等“一会儿”时，今日文摘，2018 年 4 月。http://hqgl.hq88.com/magazine/article/201804/486729.shtml

6.1.2 贸易方式特点

墨西哥自20世纪80年代中期实施经济贸易开放以来，积极利用其地缘和劳动力的比较优势，通过加工贸易方式参与世界分工体系，使其融入经济全球化进程。墨西哥北部与美国接壤的20千米边界地区为出口加工区，设在该地区的外国企业可以免税进口机械设备、零部件及原材料等，从事产品的加工组装业务，全部产品再出口到美国。因此加工贸易构成墨西哥贸易的十分重要的一部分。90年代中后期以来，汽车零配件、电子、纺织等产品构成墨西哥加工贸易的主导产业，特别是汽车零配件产品的加工，其在加工贸易的重要性越来越突出。

从一般贸易来看，据墨西哥经济部统计，机电产品、运输设备和矿产品是墨西哥2017年的前三大类出口商品，年出口额分别为1 475.3亿美元、1 054.8亿美元和280.9亿美元，占墨西哥出口总额的36.0%、25.8%和6.9%。墨西哥进口排名前三位的商品是机电产品、运输设备和矿产品，2017年进口额为1 569.2亿美元、429.6亿美元和368.6亿美元，占墨西哥进口总额的37.3%、10.2%和8.8%。[①]

墨西哥商人习惯与本国的经销代理商合作。因此，为开拓和扩大市场，在当地市场寻找合适的经销代理商，是十分重要的。

近几年，墨西哥的电子商务市场快速增长。墨西哥拥有1.28亿人口，是拉美仅次于巴西的第二大经济体。目前，墨西哥拥有6 000万互联网用户和3 800万网上购物者。预计到2020年，墨西哥网上购物者将超过5 500万，电商销售总额将增长一倍以上，预计达176亿美元。拉丁美洲是电子商务市场增长最快的地区之一。全球知名的市场调研公司eMarketer[②]数据显示，从2016年到2017年，墨西哥的电商市场增长了25%，达76亿美元，预计这种强劲增长在未来几年将进一步加速。[③]

尽管目前墨西哥的跨境电商水平仍处起步阶段，墨西哥的许多地区在电商产品运输方面仍存在缺陷，但后来者居上的趋势明显。中国现已成为墨西哥第二大网购目的国，且多家中国的跨境电商卖家已经将目光转向墨西哥，寻找机会。

---

① 资料来源：中国商务部国别报告第1页。https://countryreport.mofcom.gov.cn/record/view110209.asp?news_id=58296

② eMarketer是美国一家数码、媒体和商业方面的权威调研机构。其字面含义是“电子市场分析人士”。该机构基于不同来源的信息和数据，定期发布对全球市场的综合性分析报告。

③ 董小玲，墨西哥市场“爆”了，但物流痛点怎么解决？检索时间：2018年3月12日。http://www.cifnews.com/article/33554

随着互联网的普及，电子商务势必成为推动中墨贸易关系再上新台阶的新的贸易方式。

墨西哥城中心的购物长廊

旅游景点的工艺品小商贩

手工艺品店与店主人

墨西哥街头小吃售卖摊

6.2 墨西哥解决贸易纠纷的主要方式

在国际贸易中，情况复杂多变，贸易纠纷时有发生。一般来说，国际贸易中双方发生争议时可以通过四种途径解决：协商、调解、仲裁和诉讼。

6.2.1 解决贸易纠纷的常用途径

在贸易纠纷的处理方式上，墨西哥商人一般会采用友好协商、申请仲裁等方式解决并处理贸易纠纷，很少启用司法诉讼程序。其原因是拉美国家的司法体系复杂，司法程序时间漫长，存在地方主义保护，进而造成系统性困难。贸易纠纷一旦进入司法程序，将会旷日持久。拉美国家在国家法院强制执行合同所需的时间和主张索赔的费用方面存在差异。就墨西哥而言，合同强制执行等待判决的时间是540天，费用占索赔金额的10%～15%之间。

因此，仲裁作为解决贸易争议的替代方法在墨西哥一直较为盛行。特别是在大型建筑合同的纠纷上，仲裁是墨西哥国内和国际当事方解决纠纷的首选。仲裁也是墨西哥解决投资争议的主要方式。墨西哥加入《承认及执行外国仲裁裁决公约》（《纽约公约》）的申请于1971年4月14日得到批准，并于1971年7月13日开始生效。《纽约公约》是目前国际上关于承认和执行仲裁裁决的最重要的公约，为国际商事仲裁在国际贸易和投资市场被广泛运用起到巨大的推动作用，也使得仲裁这一争议解决方式更加获得国际认可。目前世界上已有越来越多的国家和地区加入了《纽约公约》，这为国际间承认和执行外国仲裁裁决提供了便利和保障，使得仲裁裁决的执行相对简单。

6.2.2 贸易纠纷的仲裁[①]

墨西哥仲裁法的法律依据是该国的商法典第1415–1480条。机构仲裁[②]是墨西哥的常规做法。迄今为止，墨西哥最通行的国际仲裁机构是国际商会（ICC），其次是国际争议解决中心，即美国仲裁协会的国际分支机构。同时，墨西哥国内和国际当事方也越来越多地使用当地的仲裁机构。墨西哥本国的仲裁机构是墨西哥仲裁中心（Centro de Arbitraje de México，CAM，https://camex.com.mx/#）和墨西哥城商会商事调解与仲裁委员会（CANACO，墨西哥城商会 http://www.ccmexico.com.mx/es/）。墨西哥国内机构允许仲裁程序使用西班牙语之外的其他语言，例如英语。

墨西哥全面采用《联合国国际贸易法委员会仲裁示范法》的原始版本。遵循《示范法》，墨西哥仲裁的有效性必须具备的几个条件是：仲裁协议必须采用书面形式（包括电子邮件或者往来的其他书面信件）；必须明确表示当事双方同意将争议提交仲裁解决；仲裁协议或主合同必须有双方签字。一般来说，具有执业资格的外国专业人士可以在墨西哥进行的国际仲裁程序中担任仲裁员或者法律顾问。依据墨西哥的仲裁法，裁决机构在仲裁的时间限制上没有法定时限，对当事人是否可以修改时间限制没有明确规定。墨西哥的国际仲裁法律程序的平均时长是36天。

---

① 本小节资料来源：乌利亚律师事务所，国际仲裁指南—拉丁美洲概述，检索时间：2018年5月28日。http://www.uria.com/zh/ actualidad/Noticias.html? id = 992

② 机构仲裁也称制度仲裁或常设仲裁，是当事人根据仲裁协议，将他们的纠纷提交给某一常设的仲裁机构所进行的仲裁。

墨西哥仲裁程序的费用，如果当事双方未达成协议，败诉方将承担仲裁程序的费用；如有正当理由，仲裁员可以另行分配费用。

墨西哥对仲裁提出异议遵循《示范法》的规定，对仲裁提出异议的有效天数是90天，诉讼程序时常大约1年。依据墨西哥仲裁法，对裁决不能提出上诉。墨西哥执行国内裁决的申请提交给地方民事法官，如果是商业事项，则提交给联邦民事法官。

6.3 中资企业与墨西哥做生意应注意的问题

在向墨西哥出口产品时，最好对该国的经济发展水平、市场潜力、文化习俗、消费者偏好、进口商信誉、支付惯例、通关相关的贸易法律法规等，提前进行必要的调查研究。做贸易要善于寻找和抓住机遇，但不要急于求成。

墨西哥至今依然没有正式承认中国的市场经济地位，在反倾销调查中，墨西哥往往采用歧视性的替代国或第三国价格，甚至用墨西哥本国相似产品的国内市场价格，来衡量中国出口产品的正常价值。这一做法容易导致墨西哥对中国出口产品倾销诉讼的成立或倾销幅度的高估。

6.3.1 商品包装上的注意事项

墨西哥经济部要求一般进口产品的商标必须用西班牙文注明产品名称、质量或重（数）量、原产国、必要提示（指危险品）、有效性、生产者地址、生产者名字、产品成分说明，产品消费参考等。纺织品及服装上的标签应注明制造商或墨西哥进口商的名称、品牌名称、产品所用材料、尺码、护理方法、原产地等资料；食品及不含酒精饮品的标签须有产品名称、内含成分、数量、制造商名称及地址（进口产品必须向墨西哥商务部呈报此资料）、产地来源、货品批号、失效日期、贮存方法（例如“保持冷冻”）、营养成分、进口商名称及注册编号；若同一包装内有多件产品，毋需每件产品都附贴标签，但须标明“不得分散销售”的字样。每件产品必须标示失效日期及货品批号。

6.3.2 安全卫生的注意事项

在安全卫生标准方面，墨西哥规定动物产品、农牧产品、食品、肉类的进口都需要接受动植物检验检疫，以证明入境产品符合墨西哥官方标准和农业部的相应要求。上述商品的出口商应向墨西哥动植物主管部门提交出口国主管政府部门签发的卫生认证原件。该原件必须注明产品的原产国、产品原料来源于健康动物、产品适合人类消费等。此外，墨西哥规定以下商品必须有安全标识：① 供家庭、办公室及工厂使用的电子或电气产品；② 电脑局域网（LAN）设备；③ 照明装置；④ 轮胎、玩具及学校用品；⑤ 医学设备；⑥ 有线及无线电讯产品，例如有线电话、无线电话等；⑦ 凡以电气、丙烷、天然气或电池驱动的产品，必须经墨西哥测试后方可入境。

6.3.3 技术标准的注意事项

墨西哥于1992年制定了《联邦计量和标准化法》（该法于1997年和1999年进行了两次修订），并于1999年颁布了《计量和标准化法实施条例》。这两部法律法规是墨西哥技术评估和标准化的法律依据。墨西哥有关技术标准方面的条例分为三类：技术规则、标准和参考标准。其中，参考标准是根据政府采购规则由联邦机构在购买货物和服务时适用的。

墨西哥技术规则包括官方的安全认证标准（Normas Oficiales Mexicanas，NOM）和墨西哥标准（Normas Mexicanas，NMX）。官方认证标准是强制性标准，墨西哥标准是自愿性标准。依据墨西哥计量与标准化联邦法，不论是墨西哥官方标准还是自愿性标准都应每5年审查一次。

墨西哥官方的安全认证标准，适用于灯具、家用电器、通信产品及数据处理设备、电信及信息技术设备以及其他对健康及安全具有潜在危险的产品。不论是墨西哥本国制造或是进口的产品，均须符合相关的NOM标准及产品安全规定。依据不同产品，墨西哥经济部、卫生部、劳动部、环境保护部、能源部、农业部、交通运输部、旅游部和社会发展部等，均具有发布NOM标准的权限。墨西哥标准局（Dirección General de Normas，DGN），隶属墨西哥经济部，是NOM标准的制定和实施机构。此外，依据墨西哥《联邦计量和标准化法》，DGN在紧急情况下有权发布临时性的技术规则，以防止相关的进口产品造成的损害，但临时技术规则的适用期限不得超过6个月，且连续使用的次数不能超过两次。

墨西哥自愿性标准，用于指导消费者和厂家。NMX标准的发布机构有：墨西哥国家电子部标准化、认证协会，墨西哥全国认证机构（ANCE）[①]等。ANCE积极参与墨西哥标准（NMX）的发布工作，参与制定墨西哥官方标准（NOM）。此外，ANCE还加入泛美标准委员会（COPANT），负责协调NMX与美国和加拿大的标准，并作为全国认证机构和认证测试实验室，隶属于国际电工委员会电工产

① ANCE是一家由墨西哥政府授权对进口产品进行标准和合规评估的非营利性的私营机构。

品合格测试与认证组织（IECEE）的CB认证体系[①]。

2017年11月，墨西哥对工业通用灯具和摩托车头盔产品技术标准进行了修订，明确白炽灯、卤素白炽灯、自镇流紧凑型荧光灯、荧光灯管、高强度放电灯和混合光源灯不能生产或进口，除非其完全符合该标准要求。及时根据出口国的政策变化调整产品参数，确保出口顺利。[②]

6.3.4 原产地规则的注意事项

墨西哥原产地规则包括优惠原产地规则和非优惠原产地规则两类。

自20世纪90年代中期以来，与墨西哥签订自由贸易协定的国家，组成一个特别的原产地区域。这种原产地规则，遵循“充分加工和生产”原则，不同产品有不同的认定标准，这些标准主要包括：关税税则号变更、地域生产附加值以及加工工序。在墨西哥，适用优惠原产地规则的进口产品，必须具有原产地证明。这种原产地认证的机制，根据不同的双边协议而有所不同。墨西哥与玻利维亚、智利、哥斯达黎加、以色列、尼加拉瓜等国签署的双边协议规定，出口商应当提供由非政府机构出具的原产地认定证明；而与哥伦比亚、欧盟、乌拉圭等国的协议中则规定，原产地证明的认证机构应当是原产地国主管出口的政府部门。

非优惠性的原产地规则是针对需要征收反倾销税和反补贴税的产品。玩具、鞋类产品、纺织品、服装、化工产品、自行车、电机设备、手工工具、管道安装配件和萤石等产品进入墨西哥时，出口商如不提供原产地证明，将被征收从52%到1 105%不等的反倾销税。上述产品出口额不超过1 000美元时则不需要提交原产地证明。提交原产地证明时，必须另附一份由商会所提供的书面担保，通常的方式是将由商会出具的经过公证的复印件附在原产地证明上。

---

① CB认证体系是IECEE下运作的一个国际体系。CB认证体系的流程基于IECEE“电工产品合格测试和认证的世界体系”的国际协议而建立。

② 资料来源：墨西哥制修订工业X射线设备及通用灯具等产品技术标准，检索时间：2018年5月28日。http://zjncw.org.cn/bencandy.php? fid=20&id=69703

第 7 章
墨西哥外资政策与外资管理

得益于其区位优势、劳动力优势、经济规模、较为配套的产业结构、稳定的政治经济形势等多种有利因素，墨西哥是拉美加勒比地区吸收外国直接投资（FDI）最多的国家之一。

7.1 墨西哥吸收外国直接投资概况

依据联合国拉美加勒比经济委员会数据，2017 年墨西哥吸收外国直接投资流量为 317.3 亿美元，同比下降 8.7%，是拉美加勒比地区仅次于巴西的第二大外资吸收国，占拉美加勒比地区当年吸收外国直接投资总额的 19.6%。[①]截至 2017 年底，墨西哥吸收外国直接投资存量为 5 536.08 亿美元。近十年来，墨西哥每年吸收外国直接投资平均值为 296.4 亿美元，是发展中国家吸收外国直接投资较多的国家之一。2016 年墨西哥吸收外资 321 亿美元，全球排名第 16 位（见表 7–1）。究其原因，这与墨西哥经济与北美地区全球价值链的一体化融合的产业和贸易结构密切相关。

7.1.1 外商直接投资引进规模

墨西哥经济部数据显示，2017 年该国利用外商直接投资占该国当年名义 GDP 的 2.5%。[②]受全球金融危机的不利影响，2009 年墨西哥 FDI 流量大幅减少，从

① 数据来源：CEPAL，La Inversión Extranjera Directa en América Latina y el Caribe • 2018，Anexo 1. A1.

② 不含 26.67 亿美元的信托投资。资料来源：墨西哥经济部 https://www.gob.mx/se/acciones – y – programas/competitividad – y – normatividad – inversion – extranjera – directa？ state = published

上一年的 322 亿美元降至 195 亿美元，降幅高达 39%，之后的几年中，FDI 的年流入金额在 200 亿美元左右，至 2012 年达到最低点，为 171 亿美元。2006—2016 年，墨西哥年均吸收外国直接投资 282 亿美元。这一期间，外国直接投资流入最多的年份是 2013 年，流入金额高达 466 亿美元，较上一年增加了 172.5%，之后几年的每年外资金额在 300 亿美元左右（见图 7－1）。

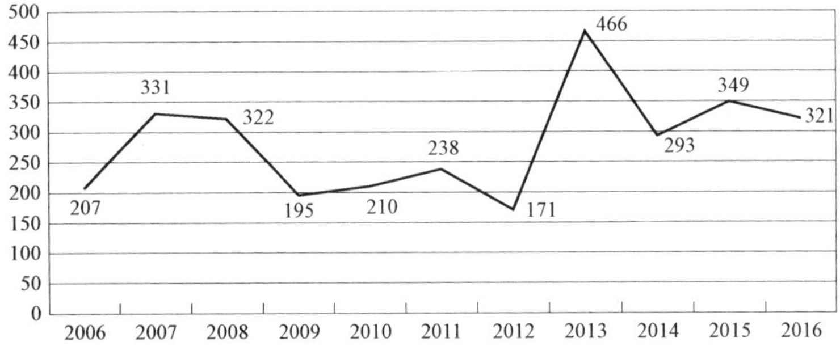

图 7－1　2006—2016 年墨西哥吸收外国直接投资流量（单位：亿美元）

资料来源：CEPAL，La Inversión Extranjera Directa en América Latina y el Caribe • 2017，p.84，Cuadro I.A1.1

https://www.cepal.org/es/publicaciones/42023 – la – inversion – extranjera – directa –αμεριχα – latina – caribe – 2017

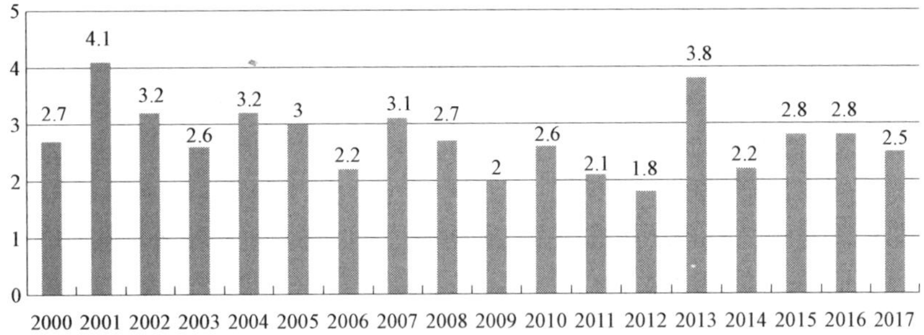

图 7－2　2000—2017 年墨西哥 FDI 占 GDP 的比重（单位：%）

资料来源：作者根据墨西哥经济部、国家地理统计局、墨西哥银行数据整理

如图 7－2 所示，2000 年以来，墨西哥 FDI 占 GDP 的比重稳定在 2%～4% 之间。2001 年和 2013 年是吸收外资最多的两年，占 GDP 的比重达到 4.1%和 3.8%；2012 年因外资流入下降，占 GDP 的比重降至 2%以下。总的来看，21 世纪以来，外商直接投资是推动墨西哥经济增长的重要资金来源，特别是在汽车、

电子、机械设备等制造业部门，以及电信、金融等服务领域。2013 年底墨西哥政府颁布电信改革法案。电信领域的改革使墨西哥电信领域成为外国投资热点，2013—2016 年，电信领域投资超过 60 亿美元，仅美国 AT&T 就投资了 30 亿美元。

表 7－1　2010—2016 年墨西哥吸收 FDI 占世界 FDI 的比重（%）及世界排名

年份	2010	2011	2012	2013	2014	2015	2016
占世界 FDI 流量	2.0	1.6	1.3	3.3	2.1	1.9	1.5
世界排名	18	17	19	11	14	13	16

资料来源：联合国贸发会 2010—2017 年《世界投资报告》，http://unctadstat.unctad.org/EN/Index.html

7.1.2　外资主要来源国和行业分布

墨西哥吸收外国直接投资的来源国分布受到其地理位置、产业结构、历史文化等诸多因素的影响，显现出三个主要特征。第一，美国始终位居首位。美国是墨西哥北部邻国，其强大的资金实力以及北美自贸区成立以来美墨经济上的一体化趋势，都决定了美国在墨西哥 FDI 中的主导优势。比较表 7－2 的数字，我们可以看出，尽管美国是墨西哥最重要的投资国，但 21 世纪以来，这一主导地位出现了下降趋势，美国占墨西哥吸收FDI的比重从世纪初的58%降至2013年的35%。2017 年美国在墨的直接投资为 138.9 亿美元，仍占到墨西哥 FDI 的 46.8%。第二，西班牙、加拿大、荷兰、德国、法国、日本等发达国家在墨西哥吸收外资中占有重要位置。受历史因素影响，西班牙因为拥有语言文化、法规条例等方面的理解和沟通上的优势，自 20 世纪 90 年代末期以来，其对墨西哥的直接投资不断增加，成为墨西哥 FDI 的重要来源国之一。2017 年西班牙对墨投资 32 亿美元，占 10.1%，排在美国之后，位居第二位。2017 年德国对墨投资 23.86 亿美元，占 8.0%。第三，拉美国家在墨西哥的直接投资呈增长趋势，其中巴西和阿根廷的投资尤为突出。2015 年阿根廷和巴西在墨西哥的直接投资分别为 6.1 亿和 11.45 亿美元，较上一年增长了 84.34%和 244%。

表 7－2　　2001—2017 年墨西哥吸收 FDI 的主要来源国　　（单位：%）

年份	墨西哥吸收 FDI 的前三位来源国及其占比		
2001—2004	美国（57.93）	西班牙（19.56）	荷兰（9.26）
2008—2009	美国（42.14）	西班牙（17.38）	加拿大（10.55）

续表

年份	墨西哥吸收 FDI 的前三位来源国及其占比		
2013 年	美国（34.93）	比利时（27.47）	加拿大（9.32）
2015 年	美国（54.28）	西班牙（10.06）	日本（5.88）
2017 年	美国（46.79）	加拿大（9.11）	西班牙（8.96）

资料来源：墨西哥联邦政府经济部，https://www.gob.mx/

受东道国资源优势、产业结构、外资和产业政策等因素的影响，墨西哥吸收的外国直接投资在产业分布上的显著特点是制造业在吸收外资中的主导作用。20 世纪 90 年代以来，墨西哥制造业，特别是汽车制造业，一直呈现出强劲的增长趋势，政府在财政、科技和就业等方面实施了多项有效的政策，提升了墨西哥汽车制造业的国际竞争力，使制造业成为带动墨西哥经济增长和创造就业的支柱产业之一。1995—2015 年，墨西哥制造业吸收的外国直接投资占总额的 48%，2016 年这一比例高达 61%（见表 7－3）。

表 7－3 和 7－4 分别是联合国拉美加勒比经委会发布的 2011—2017 年墨西哥吸收外国直接投资的产业分布数据和墨西哥经济部 2016—2017 年墨西哥外国直接投资的产业分布数据。从表 7－3 中，我们可以看到，近 7 年来，制造业一直是墨西哥吸收外资的重要平台，其占外资总额基本维持在首位。其次是服务业，基本稳定在 30%～40%，相比 21 世纪初期而言，服务业的外资占比总体呈下降趋势。流入资源开采部门的投资 2012—2015 年出现了小高峰，其原因主要是随着墨西哥能源改革，进入能源部门的外资有了较大幅度的增加。制造业中，外国直接投资主要流向汽车制造业。2016 年汽车业吸收 FDI 占该国 FDI 流量的 19%，其次是化工业，占 14%，再次是饮料和烟草，占 7%。

表 7－3　　2011—2017 年墨西哥 FDI 的产业分布　　（单位：%）

	2011	2012	2013	2014	2015	2016	2017
资源开采	4.00	15.26	12.15	9.77	3.81	5.04	3.74
制造业	44.31	43.41	64.57	60.26	49.15	61.34	44.63
服务业	51.69	41.33	23.28	29.97	47.04	33.62	51.63

资料来源：作者根据联合国拉美经委会报告整理，La inversion extranjera en America Latina y el Caribe 2017，p.67－68，Anexo I - A 1

https://www.cepal.org/es/publicaciones/42023－ila－inversion－extranjera－directa－america－latina－caribe－2018

表 7－4　　2016—2017 年墨西哥吸收 FDI 的产业分布　　（单位：%）

	2016 年	2017 年
第一产业	0.3	0.4
第二产业	74.4	62.3
矿业	4.7	3.4
水电	4.3	3.3
建筑业	4.1	10.3
制造业	61.3	45.3
第三产业	25.3	37.2
金融服务	9.6	9.0
运输、邮政和仓储	5.9	10.8
电信	3.4	2.0
商业	2.3	9.2
其他部门	4.1	6.2

资料来源：墨西哥经济部，“Informe Estadistico sobre el Comportamiento de la Inversion Extranjera Directa en Mexico（enero-diciembre de 2017）” p. 4。https://www.gob.mx/

表 7－4 是墨西哥经济部发布的最近两年该国吸收外国直接投资的产业分布数据。与拉美加勒比经委会的分类方法略有不同，该表将产业分为第一产业、第二产业和第三产业。表中的数字显示，流向工业的外国直接投资占据主导地位，制造业尤为突出；服务业吸收外资中，金融、运输和商业是吸收外资较多的部门，2017 年的占比分别为 9.0%、10.8%和 9.2%。

7.1.3　外商投资进入墨西哥的途径

随着跨国公司国际直接投资活动广泛而深入地开展，国际直接投资的形成途径也在不断变迁，但是其中最基本的两种形式——跨国并购和绿地投资，仍然是跨国公司国际直接投资的基本途径。绿地投资又称新建投资或创建海外企业，是指跨国公司等投资主体在东道国境内依照东道国的法律规定设立一个拥有部分或全部资产所有权的外国投资者企业。跨国并购是指通过一定的法律程序对东道国原有的企业进行全部或部分所有权的收购。

联合国拉美加勒比经委会 2017 年《拉美和加勒比外国直接投资报告》显示，2016 年墨西哥吸收 FDI 的进入途径主要是企业投资贷款（占比为 42%）、绿地投资（33%）和利润再投入（23.9%）。2016 年墨西哥吸收的 FDI 中以企业投资贷款为方式进入的资金已连续 5 年持续增长，相比前一年增加了 21.6%，而新建投资同比减少了 19.8%，企业利润再投连续三年出现下降。[①]

表 7－5 显示了墨西哥经济部 2010—2017 年外国直接投资进入方式的详细统计数据。该表显示，绿地投资和利润再投资加总占到墨西哥吸收外国直接投资的 80%左右，是该国吸收 FDI 的主要进入方式。

表 7－5　　2010—2017 年墨西哥吸收外国直接投资的进入方式　　（单位：%）

	2010	2011	2012	2013	2014	2015	2016	2017
绿地投资	58.16	37.79	21.58	46.29	20.94	42.86	37.06	38.48
利润再投资	19.14	42.10	47.34	36.16	56.92	36.51	31.54	32.46
企业投资贷款	22.70	20.11	31.08	17.55	22.14	20.63	31.40	29.06
	100	100	100	100	100	100	100	100

资料来源：墨西哥经济部，“IED anual por tipo de inversión”。https://www.gob.mx/

根据英国金融时报公司国际直接投资智库（fDi Intelligence）发布的国际直接投资市场（fDi Markets）数据，2016 年墨西哥宣布的 1 亿美元以上的外国投资项目有 50 多项，高于 2015 年项目总数的 14%，基本处于近 10 年的平均水平。从产业分布上看，墨西哥汽车制造业在数量和金额上均位居首位，约占总数的 20%左右。美国第三大啤酒生产商星座公司（Constellation Brands）宣布投资 15 亿美元在墨西卡利城建立了一家啤酒厂，预计 2019 年投产。能源是墨西哥吸收外资企业的另一个主要部门，特别是可再生能源。意大利和西班牙是墨西哥再生能源项目的主要投资国家，占能源项目的 61%，如意大利能源国家电力公司（ENEL）、西班牙阿克休纳公司（Acciona）、菲斯特拉能源公司（Fisterra Energ）、格雷内尔吉再生能源公司（Grenergy Renovables）和伊贝尔德罗拉可再生能源公司（Iberdrola）等；其次是中国的远景能源科技有限公司（Envision Energy）和晶科能源控股有限公司（Jinko Solar），占能源项目金额的 15%；在油气项目上，韩国天然气公司（KOGAS）公司将投资 10 亿～15 亿美元，在墨西哥的尤卡坦半岛修建一座液化气厂。

2016 年大型跨国并购在墨西哥并不十分活跃。联合国拉美和加勒比经委会 2017 年外国直接投资报告显示，2016 年超过 20 亿美元的跨国并购项目在墨西哥共有两个。其一是以色列梯瓦制药有限公司（Teva Pharmaceutical Industries Ltd.）

---

① 数据来源：CEPAL，“La Inversión Extranjera Directa en América Latina y el Caribe • 2017”，p. 68，检索时间：2018 年 4 月 15 日。https://www.cepal.org/es/publicaciones/42023 – la – inversion – extranjera – directa – america – latina – caribe – 2017

以23亿美元的价格收购了墨西哥的医药公司（Representaciones e Investigaciones Médicas，S.A.），其二是美国阿纳达科石油公司（Anadarko Petroleum Corporation）以20亿美元的价格收购了美国费里波特–麦克莫兰公司(Freeport-McMoRan Inc.)在墨西哥湾的深水资产。

7.1.4 外商投资的地域分布

墨西哥全国划分为32个州(首都墨西哥城已由联邦区改为州)，州下设市(镇)和村。

2017年墨西哥各州吸收的外国直接投资在规模和产业分布上差异显著，吸收外国直接投资多的州大都分布在中部和与墨美接壤的北部地区。其中，吸收外国直接投资最多的州是首都墨西哥城，资金主要流向制造业、金融保险、商业、建筑等；其次是墨西哥州，主要流向建筑业、制造业、商业、 金融等；第三是北部的科阿韦拉州，主要流向制造业、电力生产、传输和分配以及自来水和天然气的供应设备等。排在第4至第10位的州是，新莱昂州、齐瓦瓦州、瓜纳华托州、下加利福尼亚州、塔毛利帕斯州、哈利斯科州和阿瓜斯卡连特斯州。这10个州吸收的外国直接投资共占到墨西哥全国吸收的外国直接投资总额的71%(见表7–6)。2018年前三季度，新莱昂州累计吸引外来投资32亿美元，总投资额是第2名（科阿韦拉州）的1.3倍，占全墨西哥的13%，同比增长184%，超过之前8年的引资记录。

表7–6　　2017年墨西哥吸收外商投资的地域分布　　（单位：亿美元，%）

州	FDI金额及占比	州	FDI金额及占比
墨西哥城	45.74（15.4）	塔巴斯科州	3.84（1.29）
墨西哥州	39.05（13.15）	莫雷洛斯州	3.67（1.24）
科阿韦拉州	22.62（7.62）	伊达尔哥州	3.57（1.20）
新莱昂州	18.75（6.32）	瓦哈卡州	3.56（1.20）
齐瓦瓦州	17.23（5.80）	萨卡特卡斯州	3.12（1.05）
瓜纳华托州	15.12（5.09）	坎佩切州	3.11（1.05）
下加利福尼亚州	14.40（4.85）	米却肯州	2.56（0.86）
塔毛利帕斯州	13.26（4.47）	索诺拉州	2.53（0.85）
哈利斯科州	13.03（4.39）	格雷罗州	2.32（0.79）

续表

州	FDI 金额及占比	州	FDI 金额及占比
阿瓜斯卡连特斯州	11.32（3.81）	恰帕斯州	2.04（0. 69）
韦拉克鲁斯州	10.68（3.59）	普埃布拉州	1.93（0.65）
圣路易斯波托西州	10.46（3.52）	特拉斯卡拉州	1.59（0.54）
克雷塔罗州	9.97（3.36）	纳亚里特州	1.38（0.46）
锡那罗亚州	7.47（2.52）	科利马州	1.37（0.46）
南下加利福尼亚州	5.01（1.69）	尤卡坦州	1.10（0.37）
金塔纳罗奥州	4.42（1.49）	杜兰戈州	0.71（0.24）

资料来源：墨西哥经济部，Flujos por entidad federativa。https://www.gob.mx/

7.2 中国与墨西哥的投资关系

近年来中墨双边贸易发展势头良好。中国已连续14年成为墨西哥第二大贸易伙伴，墨西哥也连续7年是中国在拉美的第二大贸易伙伴。但目前中墨相互投资仍处在起步阶段，还有很大的发展空间。

7.2.1 中国对墨西哥的直接投资

据中国商务部统计，2016年中国对墨西哥直接投资流量为2.12亿美元，较上一年有大幅增加（见表7-7）。截至2016年底，中国对墨西哥投资存量为5.79亿美元，在中国驻墨西哥大使馆经商参赞处注册的中资企业超过80家，经营领域涉及矿业、能源工程、电子通信、制造业和金融等。截至2014年底，中方在墨西哥签订承包工程合同累计金额50.6亿美元，完成营业额47亿美元，主要集中在能源和通讯领域。2016年底，中资企业在墨西哥新签承包工程合同83份，合同金额14.95亿美元，完成营业额12.51亿美元。新签大型工程承包项目包括华为技术有限公司承包的墨西哥电信、中国石化集团国际石油有限公司承建的墨西哥油田综合服务增量 2 个项目、同方威视技术股份有限公司承建墨西哥2 016个项目等。①

① 中国商务部合作司，对外投资合作国别（地区）指南，http://fec.mofcom.gov.cn/article/gbdqzn/

表 7－7　　2008—2016 年中国对墨西哥非金融类直接投资情况表　　（单位：万美元，%）

年份	净流量	增减	存量
2008	563	–	17 308
2009	82	－85.4	17 390
2010	2 673	3 159	15 287
2011	4 154	40.3	26 388
2012	10 042	141.8	36 848
2013	4 973	－50.5	40 987
2014	24 057	384	54 121
2015	－628	－102	52 476
2016	21 184	3 473	57 860

资料来源：作者根据中国商务部 2017 年度《中国对外直接投资统计公报》整理。

目前，我国在墨西哥开展投资合作的主要领域为石油工程服务承包、纺织、农业开发、电视机生产、制冷铜管生产及印刷版辊生产等。主要有中油长城钻井有限公司、中国石化集团国际石油工程墨西哥有限公司、中海油田服务股份有限公司、中国华源北美有限公司、TCL 彩电生产厂、墨西哥新天可变资本有限公司、山西运城制版有限公司、金川集团有限公司、一汽集团公司、金龙精密铜管集团股份有限公司及陕西东岭工贸集团股份有限公司等[①]。2009 年 9 月，山西明迈特实业贸易有限公司与墨西哥方面签订了购买协议，收购并投资开发墨西哥艾都雷铁矿，该项目建设露天及地下采矿系统，项目服务年限为 14 年，年采原矿 160 万吨，年销售预计收入将达 3.76 亿元，利润达 1 684.49 万元，项目预计投资总规模 5.1 亿元。

7.2.2 墨西哥对中国的直接投资

墨西哥对中国的直接投资金额有限。2016 年，中国实际利用墨西哥外商直接投资 740 万美元（见表 7－8）。截至 2014 年底，墨西哥在华累计投资项目 201 个，中国实际使用来自墨西哥的外资金额 1.25 亿美元，主要投资领域有食品、化工、旅游宾馆、物流、机电和建材等，主要分布在北京、江苏、上海和浙江

① 《与我国驻墨西哥经商参处经济商务参赞访谈记录》，检索时间：2018 年 4 月 27 日。http://www.fdi.gov.cn/pub/FDI/tzfu/rdwt/dwtz/t20090513_105835.htm

等地。墨西哥在华累计设立企业 160 家，实际投入金额 8 665 万美元，墨在华投资涉及仓储、房地产、冶金等行业，大部分分布在沿海地区，尤以江苏、上海、浙江为多。[①]

墨西哥在华投资企业中突出的案例是宾堡（北京）食品有限公司。该公司是墨西哥宾堡集团于 2007 年以 1 500 万美元的合同金额收购了西班牙北京潘瑞克食品加工中心，成立了子公司宾堡（北京）食品有限公司。这是墨西哥企业对华投资项目中投资金额较高的一个。宾堡集团是世界最大的烘焙食品生产企业之一。来华投资一年多后，该公司成功地打开了北京、天津、河北和山西等华北市场。2008 年 10 月，宾堡集团宣布正式投资济南市场，逐步向华东市场迈进。同时，宾堡集团于 2009 年 4 月先后收购百万庄园、金宏伟等品牌[②]，迈开了宾堡进一步拓展中国市场的重要一步。但据墨西哥《宇宙报》报道，2015 年，墨西哥宾堡集团已经落户中国八年之际，该集团中国公司仅以三分之一的产能运转，专家认为该公司耗费了很多时间来学习。与该集团在全球其他国家的工厂相比，在中国市场的运营是最差的[③]。

在金融领域，墨西哥外贸银行在中国北京、上海和香港分别开设 3 家办事处之后，2006 年在中国广东设立第四家办事处，显示了墨西哥对发展与中国经贸关系的重要性。

表 7－8　2008—2016 年中国实际利用墨西哥外商直接投资金额（单位：万美元）

年份	2008	2009	2010	2011	2012	2013	2014	2015	2016
	385	91	1 525	453	1 487	1 580	319	731	740

资料来源：作者根据中国国家统计局数字整理，http://data.stats.gov.cn/easyquery.htm？cn＝C01

7.2.3 中国与墨西哥国家间的投资协定[④]

截至目前，中墨已签署多项投资协定，特别是 2013 年以来，随着两国相互投资的增加，两国所签署的投资协定不仅数量增加，而且更加具体化。中墨已签订

① 《中国与墨西哥经贸关系简况》，商务部美大司，检索时间：2018 年 6 月 15 日。http://mds.mofcom.gov.cn/article/Nocategory/　200812/20081205968699.shtml

② 宾堡中国官网：http://www.bimbochina.com/

③ 墨西哥《宇宙报》，墨西哥宾堡集团落户中国八年。http://www.mofcom.gov.cn/article/i/jyjl/l/201505/20150500971109.shtml

④ 本小节资料来源：中国同墨西哥的关系，中国外交部，检索时间：2018 年 5 月 24 日。http://www.fmprc.gov.cn/web/gjhdq_676201/　gj_676203/bmz_679954/1206_680604/sbgx_680608/

的投资协定如下：

2003年12月12日，两国签署《中国国家知识产权局和墨西哥工业产权局合作协议》；

2005年9月12日，中墨签署《中国政府和墨西哥政府关于对所得避免双重征税和防止偷漏税的协定》；

2008年7月，中国与墨西哥签订《中华人民共和国政府和墨西哥合众国政府关于促进和相互保护投资的协定》；

2013年6月，中国商务部与墨西哥西哥经济部签署《矿业领域合作谅解备忘录》、中国商务部与墨西哥通信交通部签署《关于加强基础设施建设领域的合作谅解备忘录》；中国国际贸易促进委员会与墨西哥投资与贸易促进局签署《关于中国－拉美企业家理事会合作的谅解备忘录》、中国发展与改革委员会与墨西哥能源部签署《关于能源领域合作的谅解备忘录》；

2013年9月，中国发展与改革委员会与墨西哥财政和公共信贷部签署《关于设立政府间高级投资工作组促进投资合作的谅解备忘录》；

2014年11月，中国发展与改革委员会与墨西哥经济部签署《关于促进产业投资与合作的谅解备忘录》、中国国家工商行政管理总局与墨西哥经济部签署《关于工业产权领域合作的谅解备忘录》。

7.2.4 中墨未来投资合作趋势

墨西哥是拉丁美洲第二大经济体，市场潜力巨大。墨西哥是吸收全球直接投资的重要国家之一，2017年吸收外商投资超过300亿美元，位居全球第18位。目前该国正积极实施结构性改革，能源、电力、电信市场不断加大开放力度，基础设施、汽车、航空等领域的投资机会不断增加，吸引了越来越多的中资企业来此投资创业。中墨未来投资合作具有潜力的主要有新能源、汽车业、纺织业、基础设施等领域。

在能源领域，值得关注的是2015年墨西哥参议院通过的《能源转型法》。为推动清洁能源发展，墨西哥实施能源改革，并于2015年放宽电力市场准入限制，允许外国资本和民营资本以招标方式进入清洁能源发电项目市场。联合国环境规划署的一份报告也显示，2015年，墨西哥是全球在清洁能源领域投资最多的十个国家之一，也是增长最快的三个国家之一。2017年，墨西哥能源部公布能源转型长期规划。大力发展清洁能源已经成为墨西哥能源结构改革的必然趋势。

墨西哥是全球太阳光辐射最充足的国家之一，但该国太阳能资源利用率不到5%。2016年，墨西哥清洁能源发电比例约占总发电量的20%，而太阳能发电占比不足1%。墨西哥计划到2024年，将清洁能源发电比例提升至35%。中国太阳能企业在墨西哥投资前景广阔。在墨西哥深化能源改革的背景下，中标电价在全球范围内都非常有竞争力。因此，这一市场为中企新一轮高水平“走出去”创造机会，为中国优势产能输出、技术和标准的国际化打开空间。目前，远景科技和晶科太阳能中标的墨西哥能源项目正在执行中，金风科技也正在积极参与相关项目的投标和设备销售。①另据新华社报道，按照规划，中国光伏制造商晶科能源将自2018年起，每年向墨联邦电力委员会提供超过500兆瓦的电力。墨西哥2015年底通过的能源改革法案规定，到2024年，墨35%的电力供应要来自清洁能源；到2050年，该比例要达到60%。国际可再生能源机构认为，在墨政府相关政策的刺激下，墨西哥在清洁能源领域潜力巨大。预计到2030年，墨西哥清洁电力占全部电力供应比重或将达到46%。其中，风力和太阳能发电占26%，水电占12%，地热能占5%，生物质能占2.5%。②

在汽车业，墨西哥是全球最具吸引力的汽车生产市场之一，主要面向美国、加拿大等北美市场出口。长期以来，美国、德国、法国、日本、韩国等国的大型汽车生产商在墨西哥都有投资设厂，2015年，日本和韩国汽车占墨西哥汽车市场的份额为45.9%，美国汽车品牌25.6%，欧洲品牌28.5%。中国的汽车制造商在墨西哥市场的投资很少。但近年来，随着美国总统特朗普上台后对北美自由贸易区态度的调整以及其对在墨设厂的美国车企再三发难，在墨西哥设厂的多家美国汽车制造商有可能减少在墨投资，将汽车产业转移到美国。2017年初，美国第二大汽车制造商福特公司宣布将取消其在墨西哥的16亿美元的新厂建设计划，转投7亿美元扩张其在美国密歇根州的工厂以增加就业岗位③。菲亚特克莱斯勒汽车公司也有可能被迫关闭墨西哥工厂，并承诺2020年前在美国投资10亿美元。

面对美国在墨汽车业投资减少的趋势，墨西哥汽车产业出现了资金缺口，这为中国车企进军墨西哥提供了机会。2017年，为努力寻求外部资源，在墨西哥伊达尔戈州政府的推动下，墨西哥一家企业宣布将联合中国江淮汽车公司向墨西哥汽车制造商吉安特投资2.12亿美元，生产城市越野车（SUV）。④ 据报道，此次

① 王骁波，墨西哥加大开放清洁能源市场，《人民日报》（2017年11月24日22版），检索时间：2018年4月20日。http://energy.people. com.cn/n1/2017/1124/c71661－29664959.html

② 新华社记者张拓，墨西哥能源改革使清洁能源成为墨西哥投资热点，新华网财经观察，检索日期：2018年4月20日。http://www.xinhuanet.com/fortune/2016－04/26/c_1118743224.htm

③ 新华社，取消墨西哥建厂，福特投特朗普“信任票”，检索时间：2018年4月20日。http:// www.xinhuanet.com/world/2017－01/05/c_129432224.htm

④ 中国商务部，中国和墨西哥合资建汽车厂，检索日期：2018年4月20日。http://www.mofcom.gov.cn/article/i/jyjl/m/201702/ 20170202509425.shtml

中墨车企合作将给伊达尔戈州带来 1 000 多个直接就业岗位和 4 000 多个间接就业岗位。首年将投产汽车 1 000 辆，消费以墨西哥市场为主，兼顾中美洲市场。[①]

墨西哥汽车行业是该国经济的重要支柱之一，从联邦政府和地方政府都高度重视和支持汽车零配件行业的发展。墨西哥生产的汽车 80%都面向出口，投资墨西哥汽车行业，目标主要是美国市场。2015 年底，墨西哥经济部驻中国代表处发布了《"墨西哥汽车产业"外国投资机会》的报告。该报告列举了墨西哥汽车行业具备三大引资优势，即区域贸易便利化优势、墨西哥国内所具备的汽车生产规模和能力优势以及对整车生产企业而言，墨西哥国内汽配进口关税的优势。[②]中国的汽车产业应该积极利用墨西哥的这些优势，推动以面向第三方市场为主的中墨汽车产业合作。

此外，在农作物种植、制造业的纺织服装制造和电子设备制造，以及服务业的石油技术服务等领域，中国墨西哥未来都存在着蕴含潜力的合作趋势。

7.3 墨西哥对外国直接投资政策

第二次世界大战后，为促进制造业的快速发展，墨西哥政府制定了特殊的外资激励政策。1972 年墨西哥最大的 300 家制造业企业中有一半为外资企业。由于外企的进口往往大于出口，给墨西哥国际收支带来很大压力。1973 年，墨西哥颁布《促进墨西哥投资和外国投资管理法》，对外资在资源开采和公共基础服务等多个领域的投资和股权占比作了限制。20 世纪 70 年代，墨政府对矿业部门实行"墨西哥化"，将外资控制的主要矿产部门收归国有。这一时期外资流入减少，其中美国的投资明显减少。20 世纪 80 年代的债务危机使墨西哥摈弃了以保护国内产业为特点的进口替代工业化战略。80 年代中期开始，墨西哥进入经济战略调整与开放期。1989 年墨西哥取消对外国直接投资的限制，1993 年颁布了新的《外国投资法》，允许外资进入几乎所有经济部门，外资重新成为墨经济发展中十分重要的资金来源。

7.3.1 联邦政府的外资政策

墨西哥的外资法允许三种形式的外资进入墨西哥，即外商直接投资、外国间

① 和佳，车企投资热土墨西哥陷窘境目光转向中国，《21 世纪经济报道》检索日期：2018 年 4 月 20 日。http://finance.ifeng.com/a/20170213/15192222_0.shtml

② 叶宏超，赴墨投资汽车行业或可行，国际商报，检索日期：2015 年 10 月 13 日。http://www.ccpit.org/Contents/ Channel_3590/2015/1023/494974/content_494974.htm

接投资和中性投资。外商直接投资是指投入到实业或商业的资本，其目标是通过资本的国际化获取稳定和长期收益的增长；间接投资是指投在证券或其他有价证券上的投资，其进入渠道是证券市场或者债务市场。任何国家的公民都可以购买墨西哥企业和政府发行的各种证券；中性投资是指按照墨西哥外资法投在墨西哥公司或者是授权托管的资本，其特点是不计入墨西哥企业公司资本中的外资占比。这一形式的外资是农业部门经营的常用模式。①

墨西哥有关外国投资的法律法规主要有《墨西哥合众国宪法》第 27 条和第 73 条、《外国投资法》《外国投资法实施条例》《联邦经济竞争法》《工业产权法》《公司法》和《联邦劳动法》等。

7.3.1.1 《墨西哥合众国宪法》有关外国投资的条例

墨西哥宪法第 27 条规定，允许外国法人或自然人在墨西哥非限制的区域获得土地、水源及其附属物的占有权，但必须向墨西哥外交部提出申请并获得批准。依据该条法规，与墨有外交关系国家的公民，在墨购买不动产时需递交申请表并同意将自己视为墨西哥人而对上述财产承担义务，并且不会以此事由而求助于原有国籍政府的庇护。如违背该条款，则购买无效，墨西哥有权将财产收归国有。沿海一百千米、海滩内五十千米的狭长地带，外国人均不得以任何理由获得对土地和水源的直接占有权。墨西哥宪法第 73 条规定，议会有权颁布关于国籍、外国人的法律地位、公民身份、入籍、殖民、向内和向外移民等的法律。

7.3.1.2 墨西哥《外国投资法》

1993 年墨西哥颁布新的《外国投资法》，体现了以下几项基本原则：对外资确立清晰明了的规则；扩展外资的参与领域；消除会导致国际贸易扭曲的操作要求；减少并消除不必要的限制外资参与各种活动的条件。在 1993 年外资法的框架下，外资几乎可以进入所有的经济部门。在所列出的 704 项经济和生产活动中，有 606 项对外资比例不作限制；35 项允许外资参与比例为 49%；37 项允许在得到国家外资委员会批准后，不限制外资的参与比例；16 项只允许墨西哥人投资；10 项只能由墨西哥政府经营。墨西哥 1993 年外资法，首次授权外国投资者在指定区域内拥有房地产用于非居住目的。

1996 年，墨西哥对 1993 年《外资法》进行修订，以期简化外国投资的注册

---

① Proméxico，México，destino estratégico para la inversión productiva：guía para facilitar el establecimiento de negocios en México. p. 47. https://www.gob.mx/promexico/que – hacemos

和审批程序，并且更新了一些条款，给外国投资以更高的确定性和透明度。2011年5月25日，墨西哥《官方公报》上公布了墨西哥《外资法》修订版。该版对外资法的第3条和第33条进行了修正，并于公布之日起生效。[①]依据修订后的外资法，墨西哥行业及产品分类（MAPC）中的754种行业和产品中的704项对外国投资者开放。除了个别行业有限制或有特殊规定之外，外国投资者可以在绝大部分的部门购建固定资产，例如厂房和购置大型设备，可以扩充或迁移公司，或投资其他新的产业或新生产线等。依据2011年修订的《外国投资法》，石油和其他碳氢化合物工业、基础石化、电力、核能发电、放射性矿产品、电报及无线电报、邮政、货币发行及铸币、港口、机场和直升机机场的管理、监督和检查等行业，对外资的进入有一定的限制。此外，部分行业对股份超过49%的外资企业在申办手续上有一定的要求，如必须向全国外商投资委员会提交申请，在45天内无回复则被视为批准。国际陆路旅客运输服务、旅游以及墨西哥境内的货运和客运中心站的管理和其他配套服务等，自2004年1月1日起已经对外资开放，外资企业所占的股份比例已经提高至 100%，且无须提交墨西哥全国外商投资委员会批准；自1999年1月1日起，外资对工程建筑、建设和安装公司的投资比例完全放开，可达100%，且无须征得墨西哥全国外商投资委员会的批准。

随着墨西哥2013年6月的电信改革、2014年1月的金融改革和同年8月的能源改革，墨西哥先后修订了电信、卫星通信和无线电广播电视等通讯领域，保险、养老基金、证券等金融领域，以及能源勘探和开采等领域的外商投资的参与比例（更详细内容参见本章“外国投资被禁止和受到限制的产业”）。

为简化外商投资的管理程序和提高管理效率，2014年8月，墨西哥修订了外资法中关于程序办理的部分条款，并于10月底公布了《关于修订、增加和废除外国投资法条例和国家外国投资注册若干规定的法令》。此次修订的内容见表7-9。

在非限定的行业中，外国资本在墨西哥投资无须预先申请批准，但需按外资法的规定履行以下必要程序：① 所有外国投资者和有外国资本参股的墨西哥公司需要在经济部下属的外国投资司（简称外资司）和外国资本登记处进行登记，未及时登记的投资者将被罚款或制裁。② 欲赴墨西哥投资的外国人须提前向该国经济部外资司申请核准公司投资方案。申请后，若在45天内未收到通知，公司投资方案即自动被视同核准通过。[②] ③ 当外国投资公司的固定资产总额超过3.94亿比索（约合4 147万美元），或外商欲投资指定的外资参比受限行业、并参与股

① 墨西哥众议院，Ley de Inversión Extranjera，2011 年 5 月修正版。http://www.diputados.gob.mx/LeyesBiblio/pdf/144.pdf

② 资料来源：中国商务部，《国别贸易投资环境报告 2010 年》。http://fec. mofcom.gov.cn/article/gbdqzn/

份超过 49%时，须经墨西哥经济部核准。

表 7-9　　墨西哥对外国投资管理程序的简化内容

	2015 年 1 月 28 日之前	2015 年 1 月 28 日之后（含 1 月 28 日）
第 38 条 有关公司注册信息的更新	对于修改公司名称、税务地址、经营活动、股东结构的通知，应在修改后的 40 个工作日内上报更新；公司修改收入和支出季度报告，应在每季度末后 20 个工作日内上报更新，且仅针对超过限额的情况。	更新通知按季度，在每季度之后的 10 个工作日内上报，且仅针对超过全国外商投资委员会（CNIE）所设限额的情况。更新内容包括：名称、税务地址、经营活动和股东结构的修改；收入和支出。
第 41 条 关于托管的更新	涉及的对象：托管管理人、托管的物资、托管的最终受益人； 时限：在修改后的 40 个工作日内	涉及的对象：托管管理人、托管货物、托管最终受益人，但仅针对修改的支付金额超过 CNIE 所设限额的情况； 时限：在修改后的 40 个工作日内
第 43 条 公司注册登记信息的年度报告更新	在每一年前 7 个月递交的报告有：A-D（4 月）；E-J（5 月）；K-P（6 月）；Q-Z（7 月）。 此要求针对所有拥有外国投资的公司	在每一年的前 5 个月递交：A-J（4 月）； K-Z（5 月）。此要求仅针对下列账户中的任何一项超过 CNIE 所设限额的情况：总资产（起始/最终）；总负债（起始/最终）；产权资本（起始/最终）；收入（本国/国外）；支出（本国/国外）

资料来源：中国商务部国际贸易经济合作研究院、中国驻墨西哥使馆经济商务参赞处、商务部对外投资和经济合作司《对外投资合作国别（地区）指南－墨西哥》。http://fec.mofcom.gov.cn/article/gbdqzn/

在外资企业利润汇出和撤出资本方面，墨西哥外资法明确规定，外资公司可以将公司利润、权利金、股利、利息和资本自由汇出境外，不受任何比例限制。

依据墨西哥《外资法》，外资政策的制定、执行和外资的管理由墨西哥全国外国投资委员会负责。该委员会由 10 名部长组成并由经济部长任主席。该委员会有权发布外国投资政策方针、设计投资促进机制、批准外资参与投资和采购的期限和条件等。

7.3.1.3　公司法

在墨西哥设立公司主要有两种形式：有限公司和无限公司。有限公司又分为股份有限公司和有限责任公司。股份有限公司的股东以其出资份额对公司债务承担有限责任，可以在备案后公开转让其持有股份。股份有限公司须任命第三方担当法定审查人，以此来监管公司运营，保障股东权益。有限责任公司，也是外国投资者在墨西哥使用频率较高的一种公司组织形式。公司的股东以其出资份额对债务承担有限责任，不能够自由转让所持有股份。墨西哥公司法对有限责任公司是否任命第三方担当法定审查人没有强制性要求。无限责任公司是指股东对公司及其债务承担无限连带责任。也就是说，如果公司不能偿还债务时，由股东承担清偿责任。

不论是股份有限公司还是有限责任公司，外国人在墨西哥设立公司必须得到外交部的授权。墨西哥外资法条例第13条规定，外国资本公司名字或名称必需是唯一的，不得与其他已存在公司重名。如果公司申请的名称中包含有其他法律特别规定的词汇或用语时，在取得相关法律授权后，才能取得外交部授权。外资公司申请人在获得外交部授权后的90天内，需去公证处就相关事项进行公证，办理成立公司的相关手续。如未在上述期限内完成相关公证文件的要求，之前获得的外交部授权将自动作废，需重新向有关部门提出授权申请。依据墨西哥《商业公司法》，外资公司在获取外交部授权后，必须在商业注册处登记，然后经由经济部根据外商投资法第17条和17条a授权之后，方可在墨西哥境内正式运营。

墨西哥外资法对外资在当地开设代表处、分公司、子公司等投资形式，没有特别限制。外国公司在墨西哥投资可以选择独资、合资的方式进行绿地投资，也可通过并购当地企业进行投资。外国投资者的出资形式可以是购置固定资产、建立或扩充厂房，也可以是现汇、大型机械设备或技术等。

外资通过并购当地企业进入墨西哥时，应符合墨西哥外国投资法的规定。2011年12月，墨西哥《官方公报》上公布了《外国投资法》和《联邦公共管理组织法》关于公司并购的修订条款，包括相应的机构职能的调整。根据新的条款，公司法人就设立或变更公司名称、进行公司清算、合并或拆分公司等手续，需在墨西哥经济部办理。经济部设立了一套信息服务系统，为申请人履行所需手续提供方便。该系统已于2012年9月正式启用。

墨西哥对外资在金融中介机构的投资，需根据其经营活动的性质，按照不同的法律法规进行管理。其中包括：墨西哥的《信用机构法》，适用于全能型银行和开发银行等金融机构；墨西哥的《保险机构和保险互助公司法》和《联邦担保机构法》，适用于保险公司和担保公司；《证券市场法》适用于投资促进股份有限公司、股票投资促进股份公司以及股票公司等。[①]

---

① Proméxico，México，destino estratégico para la inversión productiva：guía para facilitar el establecimiento de negocios en México. p. 52. https://www.gob.mx/promexico/que – hacemos

7.3.1.4 知识产权保护法

墨西哥工业产权体系的相关法律依据是1987年颁布的《发明商标法》(la Ley de Invenciones y Marcas)、1991年颁布的《促进和保护工业产权法》(la Ley de Fomento y Protección de la Propiedad Industrial，简称《工业产权法》，2018年4月最新修订)、1992年12月颁布的《联邦经济竞争法》(Ley Federal de Competencia Económica，2014年7月修订)、1996年12月颁布的《联邦著作权法》(la Ley Federal de Derechos de Autor)、1998年8月颁布的《联邦经济竞争法实施细则》(Reglamento Interior de la Comisión Federal de Competencia)和1999年颁布的《墨西哥工业产权局的组织章程》等。

《促进和保护工业产权法》第7条明确规定设立工业产权专门机构，负责专利、商标、发明的申请、注册和审批等事务。1993年12月墨西哥原工商部下属的技术发展总局（La Dirección General de Desarrollo Tecnológico，DGDT）更名为墨西哥工业产权局（el Instituto Mexicano de la Propiedad Industrial，网址为http://www.impi.gob.mx/)，隶属经济部。1994年8月，墨西哥工业产权局正式成为该国工业产权政策最重要的主管机构。1999年，《墨西哥工业产权局的组织章程》正式颁布，明确了工业产权局下设分管专利、商标、知识产权保护、信息体制和技术、技术信息的推广与服务和对外关系等副司级的部门，以及在墨西哥全国分设5个大区的办事处等。墨西哥工业产权局每年发布报告，公布有关工业发明专利的注册和保护、产品商标注册和公布等相关信息和数据；作为日常工作的一部分，墨西哥工业产权局不断加强国际合作，并负责监督和解决工业产权保护中存在的问题。

墨西哥《工业产权法》是该国工业产权体系的基石。该法自1991年颁布以来，对规范墨西哥工业产权行为、保护和使用知识产权，都起到了重要的推动和保证作用。墨西哥《工业产权法》是一部涵盖工业发明、商标、专利、侵权的构成与处罚等多方面内容的法律文件，共拥有229项条款。2012年1月，墨西哥《工业产权法》的多项条款被修订，主要涉及侵权的申辩程序、检查人员的取证方式及时间等。墨西哥《工业产权法》最新修订案公布于2018年3月13日《官方公报》上，主要涉及工业设计、发明专利、实用新型、名称来源、地理标志等内容的相关手续上的更新。依据最新修订案，工业设计注册的有效期从之前的15年延长至25年；发明专利的注册手续缩短至2个月。此外，发明、实用新型和工业设计注册申请一旦公布于工业产权专刊上，正在办理中的申请卷宗允许公开查阅。最新修订案还就管理违法做了新的界定，将下列行为定义为犯罪，即以自身或第三方营利为目的的生产、储藏、运输、分销或销售未就产地来源或地理标志获取相应证书的本国品牌产品。这种犯罪会受到起诉，会被判以3～10年的监狱及相应的罚款。①

商标是产业活动中的一种识别标志，商标权是一种无形资产，具有经济价值。依据墨西哥《工业产权法》，商标应当是能够把法人或自然人的商品或服务区别开来的有形标记。墨西哥依法登记注册的商标有：商品商标、服务商标、集体商标（指由所有使用者共同注册的商标）、其他（未曾使用的三维形状和适当名称）。

在墨西哥获得商标权利的方式有两种，一是直接向墨西哥工业产权局提交单国商标注册申请。另一种是向世界知识产权组织国际局提交一份注册申请，通过马德里国际注册体系指定墨西哥为商标注册国和保护国。2012年10月19日，墨西哥政府向世界知识产权组织递交了加入“与商标国际注册马德里协定有关的马德里议定书”的缔约文书。该缔约文书于2013年2月19日在墨西哥正式生效。在缔约文书生效的同时，墨西哥政府通知世界知识产权组织总干事，国际注册商标仅在国际处，但未在墨西哥当地进行商标许可备案的，在墨西哥无效。如果某件国际注册商标，指定了墨西哥并最终在该国获得保护，除非该商标已经在墨西哥注册当局进行许可备案，否则不能对抗第三注册人。许可备案要遵守墨西哥注册当局制定的关于商标许可的法律规定，直接向墨西哥注册当局提交符合要求的文件。②墨西哥单国商标注册申请的程序是：商标拥有人向墨西哥经济部下属的工业产权局提交西班牙文的书面申请书，申请书必须包括申请人或发明人的姓名、国籍和详细地址；发明或商标的名称；商标所使用的商品或服务以及首次使用的日期；对发明和设计的说明，并附带发明图纸或设计蓝图等内容。在申请商标时，申请人除提交申请书和商标名称及商标图样外，还需提交已缴纳相关费用的证明。墨西哥政府的商标注册管理部门需就商标能否注册进行实质性调查，并书面通知申请人影响商标注册的障碍。工业产权局的商标注册管理部门要求申请人在接到署名通知后需在2个月内做出答复，否则视为放弃。商标注册申请一旦获准，便被授予专利权或商标使用权，申请者可以在2个月之内予以公布。如果申请被否决，申请人有权要求重新审核申请。

墨西哥商标确权采用“申请在先”的原则，即以提出商标注册申请日期的先

---

① 墨西哥工业产权局，Entran en vigor las reformas y adiciones a la Ley de la Propiedad Industrial，检索日期：2018年5月15日。http://www.dof.gob.mx/nota_detalle.php? codigo=5515853&fecha=13/03/2018

② 信诺知识产权，马德里商标国际注册体系的新成员—墨西哥，检索日期：2019年9月23日。http://www.mdlbrand.com/news/news74.asp

后决定商标权的归属，但是在诉讼程序中，墨西哥商标法仍然承认商标的在先使用，被侵权一方仍然可以基于在先使用维护商标权利。[①]

墨西哥商标权的取得基于注册取得商标权原则，即指商标权因注册事实而成立，只有注册商标才能取得商标权。墨西哥采用商品和服务国际分类，企业注册商标时，应具体列出要求保护的商品和服务及其所属类别。

墨西哥商标权的时效期为 10 年，10 年期满后可以申请延长。但申请延长的基本条件，是必须在商标注册之日起 3 年内向墨西哥经济部工业产权局提交该商标连续使用 3 年的证明。

由于知识产权的注册需要一定的时间，而在此期间，工程无法正常进行，我国一些企业不清楚知识产权的重要性而放弃了注册。近年来，墨西哥专利权保护工作已有了进一步的改善，更多的企业进行专利注册，保护自己的合法权益。

依据墨西哥法律，对侵犯专利权或商标使用权的行为，可视情节轻重，分别判定为行政违法或刑事犯罪。根据《工业产权法》的规定，行政违法者将处以相当于联邦区 10 000 天最低工资额的罚款，拘留不得超过 30 天；构成犯罪者，将被处以 2 到 6 年监禁和相当于联邦区 100～10 000 天最低日工资额的罚款。因侵权行为而受到损害者可以提出民事诉讼，要求赔偿损失。

墨西哥《联邦著作权法》颁布于 1996 年 12 月，2016 年 1 月进行修订。该法中明确表明，有关商业侵权行为的管理，归属墨西哥工业产权局。墨西哥国家版权局是版权保护和管理的主管机构。《联邦著作权法》承认并保护思想或艺术作品的作者的合法权利，即使这些作品未注册登记、不为公众所知或未予发表和出版。由版权所提供的权利包括出版、复制、演出、修改和其他任何公共用途。版权的有效期自初版之日起到作者死后的 75 年期间。版权使用权可以根据遗嘱规定进行转让。

2010 年 4 月 6 日，墨西哥议会正式通过了一项法案，对生产或销售盗版知识产权制品的组织或个人进行严厉打击：盗版产品生产商和分销商将根据情况处 6 个月至 6 年有期徒刑并处 1.7 万比索到 17.2 万比索（约合 1 370.9 美元到 1.38 万美元）不等的罚款；盗版产品零售商将根据情况处 2 到 6 年有期徒刑并处 5 746 比索到 57.46 万比索（约合 463.4 美元到 4.63 万美元）不等的罚款。

墨西哥反垄断法可以追溯至 1857 年宪法中确立的反垄断原则。但该国完整的反垄断法是 1992 年 12 月颁布的《联邦经济竞争法》（La Ley Federal de Competencia Económica）和 1998 年 8 月颁布的《联邦经济竞争法实施细则》。墨西哥的这两项

---

① 薛友飞，墨西哥商标保护概要［J］. 中华商标，2015（1）.

法规借鉴了国际上反垄断立法与执法的经验，对企业并购和垄断行为的定义、调查程序、案件的审理和复审等都作了详尽的规定。墨西哥《联邦经济竞争法》主要包括禁止限制竞争协议；禁止滥用市场支配地位；禁止国内各州之间实施贸易壁垒；对企业兼并实行事前申报制度等。《联邦经济竞争法》修订版于 2006 年 6 月 28 日在墨西哥联邦政府的《官方公报》上予以公布。

墨西哥《联邦经济竞争法》将限制竞争协议定义为绝对垄断行为，是指相互竞争的经济组织之间所操纵的旨在限定价格、限定产量、分割市场以及操纵投标的合同、协议、安排、卡特尔或者相互联合等行为。它主要包括以下几种：价格卡特尔、限制生产和销售、分割市场、操纵投标。根据《联邦经济竞争法》的规定，限制竞争协议行为不具有法律效力。参与类似活动的经济实体将依据《联邦经济竞争法》受到制裁，触犯刑法的承担刑事责任。滥用市场支配地位是指相对意义上的垄断行为。这种垄断行为的特征是：以不正当手段排斥或阻碍他人进入市场；形成以个人或群体利益为中心的市场独占优势。相对垄断行为的表现形式有：纵向经营限制、价格歧视、搭售行为、独家交易、拒绝交易等。依据《联邦经济竞争法》第 11 条，相对垄断行为在一定条件下构成违法。这些条件指：经济实体在相关市场拥有实际支配力量；经济实体所从事的行为是与相关市场上的商品或者服务有关联。

依据《墨西哥联邦宪法》第五章第 117 条和《联邦经济竞争法》第 14 条的规定，墨西哥各州政府不得直接或间接限制国内其他州或外国商品或服务进入其地域。对各州之间实施贸易壁垒行为，竞争委员会可以应利害关系人的请求或自行发起调查，以确定是否存在第 14 条规定的行为。如各州之间实施贸易壁垒行为存在，竞争委员会将在墨西哥联邦政府公报上发布公告，以示警告。

墨西哥《联邦经济竞争法》规定，如企业的合并是以阻碍相同、相似或相关产品或服务自由参与市场竞争为目的，联邦竞争委员会有权对其提出指控并进行惩罚。墨西哥实行企业合并事前申报制，竞争委员会收到申报书后依法进行审查，并在收到申报书后的 20 天内视情况要求当事方提供必要的补充信息或文件。合并方须在 15 天内按照竞争委员会的要求，提交所要求的信息或文件。如果委员会在收到合并申请或补充信息之后 45 天内没有做出任何裁定，则被视为委员会无异议；在特别复杂的案件中，可以将时限延长到 60 天。

依据《联邦经济竞争法》第 2 条，墨西哥竞争法的执行机构是墨西哥经济部和联邦经济竞争委员会（La Comisión Federal de Competencia Económica，COFECE）。这两个机构在工作上保持独立和协调，有权调查法律所禁止的税收垄断、市场垄断、并购等垄断和非法竞争行为。

2014 年 7 月 7 日起，墨西哥新的经济竞争法（LFCE）正式生效。新法生效后，墨西哥联邦竞争委员会拥有更多手段用于履行其预防和对违规行为处罚的责任。联邦竞争委员会在新的竞争法生效的声明中强调了取消妨碍竞争的壁垒，特别是涉及重点物资价格方面的重要性，以保证市场的有效性。新出台的经济竞争法与原有的经济竞争法的区别主要体现在三个方面。第一，机构上的调整。新的经济竞争法成立了不隶属于联邦经济竞争委员会的独立调查机关，拥有技术与管理上的自主权；第二，修订了原有的经济竞争法中对反竞争行为的定义，明确提出禁止垄断、禁止非法经营者集聚，降低妨碍自由竞争的壁垒行为等目标；第三，缩短审理案件过程，提高办事效率和案件处理的速度。新的经济竞争法就防止和打击垄断、治理限制市场有效运行的不法行为等，出台了有效措施与方法，对促进货物与服务自由竞争提供了法律的保障。

2016 年 8 月，墨西哥联邦经济竞争委员会（COFECE）对三菱重工和电装公司以两家公司互通汽车配件价格信息为由，分别处以 3 600 万比索（1 美元约合 18.7 比索）的罚款。该委员会认为，两家公司通过互通信息，操纵汽车空调用压缩机市场价格，属绝对价格垄断。2017 年 6 月，墨西哥联邦经济竞争委员会对墨西哥国家石油公司做出约合 2 000 万美元（3.69 亿比索）罚款的决定，认为该公司没有完成对推动燃油市场竞争所作的承诺，未能按期公布第一手燃油销售资料，并且未向墨西哥能源管理委员会公布该公司对墨西哥联邦经济竞争委员会所作的承诺。

7.3.1.5 劳动社会保障法

墨西哥劳动社会保障体系是由多个法律法规所确立，包括墨西哥《宪法》第 4 条、5 条和第 123 条，《墨西哥联邦劳工法》《联邦社会保险法》《劳动程序法》和《劳动仲裁法》以及最低工资条例、职工保险条例等。

墨西哥《宪法》第 123 条规定，“任何人均有从事尊严的、对社会有益的劳动的权利”。在雇佣人员的年龄上，墨西哥《宪法》明确规定，禁止雇佣 14 岁以下的童工劳动，大于 14 岁小于 16 岁的童工，其劳动时间不得超过 6 小时。《墨西哥联邦劳工法》在人员聘用、工会和外籍劳工雇佣、最低工资等方面也都有明确和具体的规定。在聘用人员方面，《墨西哥联邦劳工法》明确规定禁止雇用 14 岁以下的童工，禁止向 16 岁以下的劳动者提供不适当的工作；规定女工与男工具有同等的法律权利、同等工作权利、同等待遇和同等工资报酬；明确保护女工的“母权”的社会保障权利，具体表现在：① 女工怀孕、生产、产后、哺乳期，老板有义务根据女工的生理状况和安全安排合理的工作条件；② 哺乳期要保持女工的工作岗位一年并有42天的带薪休假；③ 产后或哺乳期的女工每天工作不得超过6个小时，至少有1小时休息和吃饭的时间；④ 不能安排夜间工作，亦不能安排加班。雇主对职工的受雇或解雇，必须向墨西哥社会保险机构和劳工住宅基金登记处备案。

依据墨西哥《宪法》第123条，劳动者工资分为一般工资和专业工资。一般工资是在一个或者多个经济区实行；专业工资在工业或者商业的某些部门或专门的职业、行业或工种中实行。墨西哥《宪法》第123条还规定，最低的一般工资应该足以满足一位家长在物质、社会和文化等方面的正常需要和供子女接受义务教育。最低工资由地区委员会确定，而地区委员会由劳动者、雇主和政府三方代表组成，并需提交全国委员会批准。

墨西哥最低工资制度始于1934年，1964年组建了全国最低工资委员会。该委员会负责在技术方面对最低工资进行前期调查研究，向政府提出最低工资标准的建议，政府根据通货膨胀的情况每年对最低工资进行相应的调整，并对各种专业技术员工分别制订最低薪资表。

2015年10月之前，墨西哥依据A、B、C区域划分确定最低工资标准。A区包括下加利福尼亚州、南下加利福尼亚州、墨西哥城区、格雷罗州部分地区、奇瓦瓦州部分地区、墨西哥州部分地区、索诺拉州部分地区、塔马乌利帕斯州部分地区、韦腊克鲁斯州部分地区；B区包括哈利斯科州部分地区、新莱昂州部分地区、索诺拉州部分地区、塔马乌利帕斯州部分地区、韦腊克鲁斯州部分地区；A、B区未包括的其他州、市属于C区。根据2012年1月1日墨政府公布的最低工资标准，全国平均最低工资标准为60.66比索/天。其中A区为62.33比索/天；B区为60.57比索/天；C区为59.08比索/天。

自2015年10月1日起，墨西哥执行新的最低工资标准，取消之前的区域划分和差别性最低工资标准的做法，调整为全国统一的最低工资标准。此次调整后，墨西哥将执行全国统一为70比索/天的最低工资标准（约合3.6美元）。2016年12月1日起，墨西哥每天的最低工资又从73.04比索提高到80.04比索；2017年12月1日起，墨西哥最低工资从80.04比索提高至88.36比索（约合4.7美元）。墨西哥新任总统洛佩斯·奥夫拉多尔上台后，2018年12月6日，墨西哥劳动和社会保障部（STPS）新任部长路易莎·玛利亚·阿尔卡德向全国最低工资管理委员会（CONASAMI）提交了一份研究报告，建议将最低日工资从现在的88.36比索提高至102比索（约合5.075美元），北部边境地区的最低日工资可翻倍，提高至176.72比索（约合8.79美元）。

2012年，墨西哥专业技术员工分为70个行业，每个行业的最低薪资不同。

家禽饲养员的最低工资在 70 个专业技术行业中是最低的；日报新闻记者的最低工资在 70 个行业中是最高的。

此外，如超时工作或法定节假日加班，雇主应付给员工至少为平时工资 2 倍的超时工资。而且根据《墨西哥联邦劳动法》第 87 条，当员工完成了每年的全额工作，正常出勤，老板应在年底发放一定数量的奖金，一般是一个半月的基本工资。

7.3.2 地方政府的外资激励政策

除了联邦政府给与外国直接投资的优惠政策之外，墨西哥各州的地方政府也在职权范围之内根据各州的发展目标和计划提供多种优惠和引导性政策。墨西哥各州都设有独立的招商引资机构，一般设在各州的经济发展厅下。这些招商引资机构为外商投资开办公司所需的手续提供便捷服务和全程的支持。

具体来看，墨西哥城的地方政府在历史中心区、旅游区域的建筑投资，以及工业区的产业投资领域都有一定的优惠鼓励政策。具体表现在为建筑登记或特殊建筑批准、排水系统的安装和使用，财产的公开登记等方面提供便利。

其他各州，向外国直接投资企业提供地方税费的减免，以优惠价格出售或租赁给外商土地或不动产，为企业改善基础设施条件，为企业提供劳动力市场信息以及在员工培训上提供资金支持等。

此外，2016 年以来，墨西哥在南部贫困人口多、贫困指数高的十个州开辟了经济特区。一般而言，这些经济特区具备较好条件的公路、铁路、航空和港口，便于与国内外市场联系，具有战略地理优势。各特区提交发展规划，墨西哥财政信贷部等主管部门每 5 年对发展规划进行审核，并协调内政部、社会发展部、环境部、能源部、经济部等 13 个部委共同组成特区建设委员会。这些特区为特区企业提供免征增值税（企业将产品销往国内除外）、企业所得税优惠、通关便利、接入宽带和“一站式”服务等优惠政策。此外，特区运营商还针对特区的特定产业开展职工培训。

2016 年 9 月，墨西哥发布联邦经济特区法。各特区应根据经济特区法，制定本州的优惠政策。依据特区法，特区一经推出，8 年不得取消或做出有害投资者权益的变更。①

---

① 中国商务部国际贸易经济合作研究院、中国驻墨西哥使馆经济商务参赞处、商务部对外投资和经济合作司《对外投资合作国别（地区）指南－墨西哥》第 67－68 页。http://fec.mofcom.gov.cn/article/gbdqzn/

7.3.3 外国投资被禁止和受到限制的产业

近些年，随着墨西哥在电信、能源、金融等领域改革的实施，其对外商投资总体呈现出新的开放态势。具体来看，2013 年 6 月墨西哥进行了电信改革，取消了外资参与电信、卫星通信等部门的上限规定，电话通信业的外资占比放宽至 100%；在无线电广播电视等领域，外国投资的占比放宽至 49%（具体比例须遵循互惠原则进行调节）。2014 年年初，墨西哥实施了金融改革，取消了在金融领域对保险、货币兑换、保税仓库、退休基金管理公司、信用评估机构、保险代理等业务的外资参与限制。2014 年 8 月，墨西哥在能源领域实施了改革，允许私有企业通过与国有企业签订合同或者联合签署协议等形式参与油气勘探和开采。私人企业也允许参与石油分销、天然气和石油化工等部门。

经合组织认为，尽管电信和能源改革在一定程度上提高了墨西哥吸引外国直接投资的竞争力，但总起来说，墨西哥与拉美的阿根廷、智利和巴西等对外资政策较开放和灵活的国家相比，仍处于对外资实施限制较多的国家之一。

墨西哥外国投资法将外资不得参与或限制参与的特殊行业分为四种类型，即仅允许政府投资、仅允许墨西哥本国企业投资、外国投资受比例限制、外国投资需获得政府批准等四种不同情况。

7.3.3.1 仅允许墨西哥政府作为投资人的部门

仅允许墨西哥政府作为投资人的部门有：第一，石油及其他需要拥有开采权的油气采掘和开发。这些活动可以由政府企业完成，政府企业也可以通过合同转包给其他公司。第二，国家电力系统的规划和控制，以及电力的传输和分配等公共服务。这些领域不采用特许方式招标。国家在法律允许的范围内通过与特定公司签订合同来确定这些公司参与电力行业的方式。第三，核能发电。第四，放射性矿物部门。

7.3.3.2 仅允许墨西哥人或本国企业投资，外资禁止进入的部门

在本国国内的公路客运、旅游和货运等运输，但信件和包裹寄送服务除外；开发银行机构的业务；相关法律明确规定的职业和技术服务。

7.3.3.3 外资进入受比例限制的部门

生产合作社的外资股比不能超过 10%；外资股比例不能超过 25%的行业有：本国的航空运输、机场出租车服务、特种航空运输；外资股比例不能超过 49%的行业有：炸药、火器、弹药、军火及烟火的制造和销售（允许为工业和萃取用途

而获得和使用的炸药，或以此为目的而准备炸药的混合物）；仅在国内发行的报纸的印刷和发行；拥有农业，畜牧业及林业土地所有权的 T 类股公司；淡水，沿海及专属经济区域内的捕鱼业（不包括水产养殖业）；综合性港口的管理；依照相关法律为本国沿海航行的船只提供港口导航服务；从事沿海运输或沿海贸易的船务公司（不包括观光游轮，钻井勘探及用于建造、维护、运营港口的海洋设施）；为船只、飞机、铁路运输的燃料和润滑剂补给供应的公司；在投资人母国具备的相互性原则基础上的无线广播。

相比 2011 年版本的墨西哥外资法，2014 年新修订的外国投资法中对保险公司、抵押公司、外币兑换所、海关保税仓库等行业没有出现在投资比例设限的部门中。但必须指出，上述设限的比例不仅是指在直接投资上不能超过规定的比例，同时还包括不能以托管、协议、公司或章程的协约、等级模式以及其他任一种渠道超过规定的比例（相关的中性投资除外）。①

7.3.3.4 外国投资需获得政府批准的部门

墨西哥《外资法》第 8 条规定，以下行业中的外资股比超过 49%时，必须经过墨西哥全国外商投资委员会的核准审批。这些行业是：内陆航行船只、拖船、渡船停靠港和下锚地的港口服务公司；专门从事远洋开发的海运公司；特许的机场公共服务类公司；私立学校，包括学前教育、小学、初中、高中、大学教育或上述任何组合的学校；法律事务所；公共铁路运输和公共铁路服务的建设，运营和开发铁路及公路建设公司等。

以上这些行业的外国投资人必须到墨西哥联邦政府的经济部外资司（DGIE）办理审批手续，在获得墨西哥全国外商投资委员会的同意后方可投资。

7.3.3.5 其他投资限制

墨西哥宪法第 1 节第 27 条规定，外国公民不能在距边界 100 千米以内和距海岸沿线 50 千米以内的管制区内直接购买土地和水域的所有权。

7.4 墨西哥外国直接投资管理体制

墨西哥的官方投资管理机构是以联邦政府的经济部为主。该部负责协调和引

① 资料来源：Promexico，México，destino estratégico para la inversión productiva：guía para facilitar el establecimiento de negocios en México.p. 45 – 47. https://www.gob.mx/promexico

导外国直接投资和对外直接投资，包括制定国际贸易政策、协调和引导外国直接投资、国际贸易发展事务等。外资企业依据投资领域和企业的不同形式，在墨西哥政府的相关部门进行注册，涉及的主要部门有经济部、税务局、外交部、全国外商投资委员会、商业财产公共登记处、财政部、国家统计、地理及信息局、社保机构、生态委员会及卫生部等。

7.4.1 外资审核与主管机构

墨西哥负责企业注册的政府机构根据设立企业方式的差异有所不同。涉及的主要部门有全国外商投资委员会、经济部、外交部、税务局、商业财产公共登记处、财政部、国家统计地理及信息局、社保机构、生态委员会及卫生部等。

7.4.1.1 全国外商投资委员会

墨西哥全国外商投资委员会是一个跨部门机构，由 10 个部的部长共同组成（各部长也可以指定副部长作为其代理或候补人选），经济部长任主席。该委员会具体负责《外国投资法》的实施，负责对落实投资领域的法律法规提出指导方针，对设限领域的外商投资申请进行评估与核准。该委员会有权发布外国投资政策方针，设计投资促进机制，批准外资参与投资和采购的期限和条件等。此外，全国外商投资委员会还可根据会议讨论议题，邀请学术界、社会及私营部门的代表列席参加，这些代表有发言权但不具有投票权。

具体来看，墨西哥全国外商投资委员会的职能主要包括：发布有关外国投资领域的政策方针；受理外资公司或外资参股比例超过 49%的墨西哥公司提出的授权申请，并做出有关评估和决定；为联邦政府提供外资相关的咨询；通过发布决议，制定有关外商投资法律法规的适用标准。①

7.4.1.2 墨西哥联邦政府经济部

墨西哥联邦政府经济部的外国投资司（Dirección General de Inversión Extranjera，DGIE）（简称 “外资司”）和外商投资登记处（Registro Nacional de Inversiones Extranjera，RNIE）是墨西哥外商直接投资的协调和主管机构。经济部外资司具有外商投资管理和协调职能，外商投资登记处负责外商企业的注册。所有外国投资者和有外资参股的墨西哥公司必须在墨西哥经济部的外商投资登记处进行登记，未及时登记将被罚款或制裁。

---

① 资料来源：中国驻墨西哥使馆经商处，外商投资管理机构及其职能，检索时间：2019 年 9 月 21 日。http://mx.mofcom.gov.cn/article/jmjg/zwglbm/201405/20140500591614.shtml

7.4.1.3 墨西哥联邦政府外交部

墨西哥联邦政府外交部下设的经济关系和国际合作秘书处（副部级），负责协调处理与有关国家的多边、双边经贸事务和国际经济组织的政策性工作，与经济部既有分工又有合作，主要发挥外交在经贸事务中的联系与协调作用。

墨西哥相关法律还规定，一般外资公司可在距边界 100 千米以内和距离海滩 50 千米以内的管制区购买土地，但必须先向外交部相关负责部门申请批准。外国公司在墨西哥开办子公司须首先向墨西哥外交部（http://www.sre.gob.mx）申请公司名称（自备 3～5 个名称，由外交部批准其一）。墨西哥外交部具体负责此项工作的部门是经济关系和国际合作秘书处下属的公司审批办公室（Permisos de Constitución de Sociedades）。

7.4.1.4 管理外国资本的其他政府机构

墨西哥联邦政府财政和公共信贷部负责授予外资企业纳税登记号。外国投资公司在获得墨西哥经济部外资司的批准后，须到税务局进行登记，从而被纳入联邦税务登记系统（Registro federal de Contribuyentes，RFC），获得税务登记号。

7.4.2 外资管理与促进的其他部门

墨西哥投资贸易促进局（PROMEXICO）是该国吸引外国投资，推动对外贸易和投资的官方促进机构，该机构网站是：http://www.promexico.gob.mx。PROMEXICO 成立于 2007 年 6 月，其成立宗旨和章程刊登在 2007 年 6 月 13 日墨西哥联邦政府的《官方公报》上。该机构主要是以推广促进国际间贸易为目标，以招商引资、促进对外贸易、引导本国企业实施国际化为任务。该机构在推广墨西哥旅游产业，引导服务业出口等领域也发挥重要作用。PROMEXICO 在墨西哥国内有 35 个地区代表处，在国外有 52 个代表处，它还负责派遣墨西哥驻外商务官员。PROMEXICO 网站（www.promexico.gob.mx）有投资墨西哥专栏和中文版子站，介绍墨西哥贸易投资的详细信息，包括墨西哥概况、法律框架、行业状况、商业中心和运营成本等，并且为投资者提供建筑材料、能源、印刷、纺织、旅游、水力系统以及其他方面的分类信息，帮助外国投资者寻找合适的项目。[①]

墨西哥外贸投资和科技企业理事会（COMCE）是墨西哥国家级咨询机构，旨在与政府机构和国内外私人机构共同促进墨西哥外贸、投资和科技发展。其主要职能是帮助和组织墨西哥国内外企业参加展会、进行谈判等，为外商提供投资机会。

① 中国驻墨西哥大使馆经济商务参赞处，墨西哥与外国直接投资相关的政府部门，检索日期：2018 年 4 月 27 日。http://mx.mofcom. gov.cn/article/ddfg/tzzhch/201505/20150500962411.shtml

7.4.3 外资的准入程序与注册制度

依据墨西哥外资法，外国企业可以通过在墨西哥设立代表处，或者设立分公司或子公司而进行投资。因企业的形式不同，其在墨西哥的准入程序和注册手续也不同。在墨西哥注册公司涉及的主要部门有经济部、外交部、税务局、全国外商投资委员会、商业财产公共登记处、财政部、社保机构、国家地理统计局、生态委员会、卫生部等。

概括来说，所有外国投资者和有外资参股的墨西哥公司必须在经济部下属的外商投资登记处进行登记，未及时登记将被罚款或制裁。部分行业中外资股比如超过 49%，须向全国外国投资委员会提交申请，如在 45 天内无回复则视为批准。

从外资公司在墨西哥注册的制度来看，非营利的外国公司代表处的准入程序最为简单，主要包括：获取经济部的许可，获取联邦税务系统的纳税号，在经济部外国投资登记处登记以及在投资所在地的商业财产公共登记处备案。外国公司在墨西哥设立分公司时，除了上述与设立非营利代表处同样的程序之外，还必须在墨西哥设立能够代表母公司的法律代表处。此外，在投资所在地的商业财产公共登记处备案时，还应该提交分公司章程、细则、分公司商业活动的内容等。注册外资子公司或外资独立公司（以股份有限公司为例）的准入程序通常需要十个环节：向经济部申请获批公司名称；向经济部外资局提交书面的投资审批申请；办理营业执照；向商业财产公共登记处登记备案；申请纳税号；在经济部外商投资登记处进行登记；在社保委员会进行登记；在商业信息系统和商会进行登记；向墨西哥国家统计局提交统计信息；获取公司的产品许可和认证。

7.4.4 外国公司承包墨西哥当地工程的规定[①]

墨西哥在基建领域没有专门的许可法。在涉及外国承包商在墨西哥承包工程上所适用的法律法规主要有《公共工程及其相关服务法》（Ley de Obras Publicas y Servicios Relacionados con las Mismas，2000 年 1 月颁布，2016 年 1 月修订）、《公私合营企业法》（2012 年 1 月颁布，2015 年 12 月修订）和《公共部门采购、租赁和服务法》（2000 年 3 月颁布，2009 年 9 月修订）。

《公共工程及其相关服务法》适用于普通工程承包及与之相关的服务。依据该法，在承包公共工程方面需要承包商拥有工程报价 10%的净资产。《公共部门采

① 本小节资料来源：中国驻墨西哥使馆经济商务参赞处，承包工程，检索时间：2018 年 4 月 27 日。http://mx.mofcom.gov.cn/article/ddfg/qita/200912/20091206673124.shtml

购、租赁和服务法》适用于公共项目的采购、租赁及服务等，对承包商没有净资产要求。外国公司在墨西哥从事承包工程业务须在经济部及财政部登记注册，成为当地企业后方可进行投标。

墨西哥《公共工程及其相关服务法》就有关工程项目的性质及政府部门在公共工程项目招标中的作用均做出明确规定。凡涉及公共基础设施项目的招标均由相关主管政府部门进行。但在石化、电力行业因由国营公司垄断经营，招标具体事宜由上述国营公司在有关政府主管部门监督下进行。墨西哥《公共工程及其相关服务法》并未就外国公司参与当地项目招标设限，但根据其实施细则及惯常做法，该国仅允许与之签订自由贸易协定或同属地区经贸合作协定的国家参与其公共工程项目招标。墨公共工程招标可以根据项目规模以总包或分包形式参与。随着《公私合营企业法》的正式出台，墨西哥宪法、公共工程法、公共债务法、预算法、采购法、公共财政法以及公共行政组织法等均有内容发生变化。

墨西哥对外国公司承包当地工程有严格规定。一般招标信息中都会明确标明招标类别，属于国内招标还是国际招标。国际招标又细分为《北美自由贸易协定》成员内招标和全球性招标。例如，根据国会2014通过的能源改革方案，墨西哥石油公司有权直接与外国公司议标，从事某项勘探开采工程的承包。符合公开招标信息要求的承包商，还应符合条件后方可参加投标。

依据墨西哥公共工程法及其实施细则的规定，在一项公共招投标的承包项目中，投标人按规定的时间与地点递交标书非常重要。标书一般要求提供以下信息：在当地注册的公司名称、近三年资产负债表、类似工程经历、设备清单及主要施工人员简历等。有关公共工程招标信息须通过每日政府公告发布，自公告发布之日起计第20～30个（视项目规模而定）工作日即开始投标。有关项目招标信息也可在墨建筑工程商会网页上查询。标书包括技术、资金两部分内容。近期，墨西哥联邦政府对公共工程法做了一定修改，较之以往规定，现行法规强调在裁标时应以最低标为首选。

墨西哥政府允许外资企业在该国以BOT①和PPP②方式进行承包，涉及公路，铁路，能源基础设施（电力、天然气）和其他基础设施项目（港口、机场、垃圾填埋场、污水处理厂、医院、大学、监狱等）。在公路特许经营中，根据《墨西哥联邦道路交通、港口法》的规定，招标一般分为两个阶段：技术评估和资金评估。

---

① BOT，即英文 build operate－transfer 的缩写，指建设－经营－转让的投资方式，是私营企业参与基础设施建设的方式之一。

② PPP，即英文 Public－Private Partnership 的缩写，即政府和社会资本合作，是公共基础设施中的一种项目运作模式。在该模式下，鼓励私营企业、民营资本与政府进行合作，参与公共基础设施的建设。

在技术评估方面，政府会对所有投标者的建造资质、运营经验进行评估，包括投资者至少拥有建造或改造100千米以上的A2级公路以及其他10项设施的经验，投资者在近15年内至少具备3年收费公路和桥梁运营经验等。在资金评估方面，政府会对投标者的资金偿付能力进行评估，即投标者在近两年内通过了国家财政部门的相关审计检查。墨西哥通信与交通部在判定结果前也会要求投标者对其融资组合情况做出说明和解释。[①]

一般来说，BOT和PPP这两种模式都是通过签订特许权协议使公共部门与私人企业发生契约关系，都以项目运营的盈利偿还债务并获得投资回报。但是两种模式的组织设置不同。以BOT模式参与项目的公共部门和私人企业之间是以等级关系发生相互作用的。BOT中政府与企业更多是垂直关系，即政府授权私企独立建造和经营设施，而不是与政府合作。由于BOT模式缺乏协调机制，博弈各方在各自利益最大化的驱使下，一方利益达到最大化是以牺牲其他参与方的利益为代价，其社会总收益不是最大的。在PPP模式组织机构中，参与各方虽然没有达到自身理想的最大利益，但总收益却是最大的，实现社会效益最大化，更符合公共基础设施建设的宗旨。近年来，以PPP方式进行工程承包的公私合营模式在墨西哥得到了广泛发展与运用。

目前，不论是以BOT还是以PPP方式参与墨西哥工程承包的外资企业主要来自美国和西班牙等欧美发达国家。中资公司参与承包主要是以垫资建设为主，负责提供设备或承担部分项目建设。中资企业在墨西哥主要参与墨西哥石油公司和联邦电力委员会的招标项目，在能源领域提供设备和技术服务，还有部分企业为私人企业进行港口改造等。[②]

7.5 墨西哥注册企业的程序和手续

为吸引投资，2009年墨西哥实行了一项新的公司注册政策，允许通过新开通的政府网站http://tuempresa.gob.mx注册公司，在公证处注册之前，在线提交相关资料。目前，墨西哥32个州中已有10个州允许通过上述网站注册新公司。该政策虽然大大减少了注册公司所需的时间和成本，但并非所有类型公司都可以通过此种方式进行注册。

---

① 陈涛涛，等. 拉美基础设施PPP模式与中国企业投资能力［M］. 北京：清华大学出版社，2016：191.

② 中国商务部国际贸易经济合作研究院、中国驻墨西哥使馆经济商务参赞处、中国商务部对外投资和经济合作司《对外投资合作国别（地区）指南—墨西哥》第58页。http://fec.mofcom.gov.cn/article/gbdqzn/

7.5.1 注册非营利代表处的程序和手续

外国投资者在墨西哥设立非营利收入的代表处，[①]需要得到经济部的许可，并且在墨税务局（www.sat.gob.mx）进行登记，从而被纳入联邦税务登记系统。此外，非营利代表处还必须在经济部外商投资登记处以及投资所在地的商业财产公共登记处（Registro Público de Comercio）进行登记备案。[②]

7.5.2 注册分公司的程序和手续

外国投资者在墨西哥设立分公司，需要得到该国经济部的批准。通常，经济部会调查外国母公司情况，核查分公司章程和细则是否符合墨西哥的公共政策。此外，外国公司必须在墨西哥设立能够代表母公司的法律代表处。经济部一般会在 15 个工作日内批复分公司的注册申请；申请获批后，分公司须在经济部外商投资登记处进行登记。注册的最后一个程序是，分公司应将公司章程、细则、经济部许可，以及详细描述该分公司所在地及商业活动的文件一并呈交投资所在地的商业财产公共登记处进行登记备案。

7.5.3 注册子公司的程序和手续

在墨西哥设立全资子公司（一般为股份有限公司），[③] 通常需要以下程序和步骤：

① 向经济部申请获批公司名称(一般自备 3～5 个名称，由经济部批准其一)；

② 向经济部外资司提交书面的投资申请，并由外资司转报全国外商投资委员会审批。1 亿美元以上的投资项目，需经特许。注册合资企业时，需先将双方资产负债情况和由墨西哥财产事务所出具的墨方资产证明书递交外交部有关司审批，批准后送外资司转报全国外商投资委员会审批。审批部门须在 45 日内批复，否则可视为自动获准。

③ 公证处公证，须提交拟定好的公司章程与细则。

④ 公证后的文件呈交投资所在地的工商部门批准，公司可以开始购置办公

---

① 非营利代表处是商业实体的形式之一，其活动仅限于促销和类似的售前推销等活动。代表处所代表的公司应当证明代表处没有收入，否则代表处必须纳税。

② 中国驻墨西哥使馆经济商务参赞处，在墨西哥设立公司的程序和规定，检索时间：2018 年 4 月 30 日。http://mx.mofcom.gov.cn/article/ddfg/qita/201504/20150400946121.shtml

③ 在墨西哥注册公司可以在股份有限公司、有限责任公司、一般合伙公司、有限合伙公司、合资公司和投资促进公司等 6 种类型中选择其一。一般而言，以股份有限公司和有限责任公司为常见类型。

楼、住房等资产，同时在商业财产公共登记处登记，进行备案。

⑤ 在税务局进行税务登记，以获取税务登记号，纳入联邦税务登记系统。

⑥ 在经济部外商投资登记处登记。未及时登记将被罚款或制裁。

⑦ 在社保委员会登记。为雇员缴纳社会保险的公司需要在墨西哥社会保险委员会和墨西哥劳动者全国住房基金委员会进行登记备案。

⑧ 向商业信息系统和商会登记。

⑨ 向墨西哥国家地理统计局提交投资相关的统计数据信息。

⑩ 获取墨西哥相关机构颁发的产品许可和认证。从事某些产品生产的实体，还需要完成以下程序：从事制造业的企业须获得墨西哥生态委员会的许可；从事食品加工、药物生产和健康食品生产的企业，须获墨西哥卫生部出具的卫生许可；进口企业须在联邦进口商登记处进行登记备案；对特殊出口促进项目的许可必须呈交经济部。[①]

7.5.4 外国劳工进入的手续

依据墨西哥劳工法，公司员工中外籍员工所占比例不得超过 10%，技术或专业人员原则上必须是墨西哥公民，如果该项工作没有合适的墨西哥人可雇用时，可临时性雇用外国人。经营 2 年以上的公司，允许雇用外国人为主管，对于特殊性质的工作或技术人员则不受上述限制。

非北美自由贸易区国家的外国劳工进入墨西哥一般申请的签证类型主要有：国家签证和旅游或商务签证或过境签证（Turismo/Tránsito/Negocios）。

1. 国家签证

墨西哥国家签证为 1 年以上的签证，由移民局签发，审批的时间一般比较长。国家签证分为：非移民签证、移民签证和永久居留签证。在一定条件下，非移民签证可以转为移民签证；移民签证可以转为永久居留签证。

（1）非移民签证（FM3）。非移民签证有效期为 1 年，到期后可以延长 4 次，每次 1 年。延期申请须在到期之前的 30 天内进行。依照墨西哥相关法规，FM3 签证须加注移民局的工作许可，持有人才能在墨西哥合法务工。

（2）移民签证（FM2）。移民签证有效期为 1 年，到期后可以延长 4 次，每次 1 年。持此签证者在墨西哥居住满 5 年后，可以申请永久居民。FM2 签证须加注移民局的工作许可，持有人才能在墨西哥合法务工。

---

① 中国商务部国际贸易经济合作研究院、中国驻墨西哥使馆经济商务参赞处、商务部对外投资和经济合作司《对外投资合作国别（地区）指南—墨西哥》第 96 页。http://fec.mofcom.gov.cn/article/gbdqzn/

（3）永久居留签证（Inmigrado）。持有 FM2 签证且在 5 年内遵守墨西哥相应法规的外国人，可以申请永久居留签证。

在办理国家签证时，须提交如下材料：① 有效护照；② 签证申请表（详细的个人资料，尤其是电话号码的真实性，墨西哥使馆一定会调查核实）；③ 彩色近照；④ 左右手食指黑色、清晰的指纹印；⑤ 营业执照（中英文翻译，加盖公章，不用做公证）、当年 3 个月税单（中英翻译，加盖公章，不用做公证）；⑥ 单位派遣函；⑦ 如在墨期间的费用由墨方承担或在墨领取报酬者则需要提交墨西哥移民局批文；⑧ 机票订单或复印件。

2. 旅游或商务签证或过境签证

签证的有效期一般为 1 年以内，可以是 3 个月或 6 个月，可以是多次或一次入境。办理墨西哥入境签证的必备文件主要有：① 有效护照；② 签证申请表（详细的个人资料，尤其是电话号码的真实性，墨西哥使馆一定会调查核实）；③ 彩色近照；④ 左右手食指黑色、清晰的指纹印；⑤ 邀请信或公司证明（英文或西班牙文，内容含姓名，护照号码，在墨西哥期间费用由谁负担，在墨西哥注册公司的名称，地址，电话及其工作性质，等等）；⑥ 往返墨西哥机票订单。

此外，办理签证时，墨西哥驻华使馆一般都会发 1 本小册子和 2 张表格。有关人员务必将小册子或表格随同护照一起带到墨西哥，否则墨西哥机场边防移民局有权拒绝其入境。

7.6 墨西哥的营商环境评价

东道国的营商环境是否便利对吸引外国投资产生直接的影响。为更好实施促进各国私营部门发展的战略，世界银行于 2001 年成立了营商环境报告（Doing Business）小组，提出了一套衡量和评估各国私营部门发展环境的指标体系，即企业营商环境指标体系。自 2003 年起，世界银行每年对全球 150 多个经济体进行评估。评估指标从最初的 5 个扩大至 10 个。这 10 个评估指标是：① 开办企业（反映开办企业的难度，主要测评企业从注册到正式运营所需完成的步骤，花费的时间和费用）；② 申请建筑许可（反映企业建设标准化厂房的难度，主要测评企业建设所需完成的步骤、花费的时间和费用，包括申请规定的许可证和批文，办理规定的公示和查验，以及接通水电通信设施的整个过程）；③ 获得电力供应（反映企业获得电力供应的难易程度，主要测评一个企业获得永久性电力连接的所有手续，包括向电力企业提出申请并签订合同、从其他机构办理一切必要的检查和审批手续，以及外部的和最终的连接作业）；④ 财产登记（反映企业获得产权保护的程度。主要测评注册登记一件财产所需完成的步骤，花费的时间和费用等）；⑤ 获得信贷（反映企业获得信贷支持的法律保护力度及便利程度，主要测评有关信贷的法律基础，信用体系覆盖的范围、途径和质量等）；⑥ 投资者保护（反映企业股东权益保护的力度）；⑦ 缴纳税款（反映企业所需承担的税负，以及缴付税款过程中的行政负担）；⑧ 跨境贸易（反映企业在进出口贸易方面的便利程度，主要测评标准装运货物所涉及的成本和程序）；⑨ 执行合同（反映合同执行的效率，主要测评企业之间案件从原告向法院提交诉讼，到最终获得解决所花费的时间、费用和步骤）；⑩ 办理破产（反映破产程序的时间和成本，以及破产法规中存在的程序障碍）。目前，世界银行的全球营商环境评估报告，影响日益广泛。下面选择了世界银行营商环境的部分指标，用以说明墨西哥的营商环境的评估结果。

7.6.1 营商便利指数

依据世界银行和国际金融公司联合发布的《2019 年全球营商环境报告》①，在 190 个经济体中，墨西哥营商便利指数排名第 54 位，比前一年的 49 位后退了 5 位，综合分数为 72.09（见表 7–10），比前一年下降了 0.18，指数排名在拉美国家中是最好的（智利营商便利指数排名第 56 位；哥伦比亚第 65 位；哥斯达黎加和秘鲁分别为第 67 位和 68 位，其他拉美国家的排名均在 70 位之后）。相比 2018 年营商环境的评价结果，墨西哥在 2019 年的各项指标上均有后退，其中开办公司成本从 90 位下滑至 94 位、办理施工许可从 87 位下滑至 93 位、获取电力排名从 92 位下滑至 99 位、资产注册排名从 99 位下滑至 103 位、获取信贷排名从第 6 位下滑至第 8 位、保护中小投资者排名从 62 位下滑至 72 位、纳税排名从 115 位下滑至 116 位、跨境贸易排名从 63 位下滑至 66 位、执行合同排名从 41 位下滑至 43 位、办理破产排名从第 30 位下滑至 32 位。

表 7–10 墨西哥与部分拉美国家及北美国家营商便利指数排名比较

拉美国家	排名（1 – 190）	营商便利指数（0 – 100）
墨西哥	54	72.09
智利	56	71.81
哥伦比亚	65	69.24

① 报告于 2018 年 11 月发布，多个数据的收集截至 2017 年 6 月底。

续表

拉美国家	排名（1－190）	营商便利指数（0－100）
哥斯达黎加	67	68.89
秘鲁	68	68.83
巴西	109	60.10
阿根廷	117	58.80
北美国家	排名（1－190）	营商便利指数（0－100）
美国	8	79.26
加拿大	22	82.75

数字来源：世界银行集团报告，Doing Business 2019。http://www.doingbusiness.org/content/dam/doingBusiness/media/Annual-Reports/English/DB2019-report_web-version.pdf

7.6.2 开办公司

依据世界银行《2019 年全球营商环境报告》的定义，开办公司的难易度可以用 4 个维度进行测评。这 4 个维度是：“程序”，指企业登记所需办理的程序总数；“时间”，指企业登记所需的总天数；“成本”，指开办公司的成本占该经济体人均收入的百分比；“实缴资本下限”，指企业主在企业登记之前必须存入银行或经公证的数额。

表 7－11 是墨西哥与拉美部分国家及北美国家开办公司指标的比较。从表中数字可以看到，与发达国家相比，拉美国家开办公司成本普遍手续复杂，程序较多，时间长，效率比较低，成本较高。

表 7–11　墨西哥与部分拉美国家及北美国家“开办公司成本”比较

拉美国家	排名（1－190）	程序（个）	时间（天数）	成本（人均收入的百分比）	实缴资本下限（人均收入的百分比）
墨西哥	94	7.8	8.4	16.2	0.0
智利	72	7	6	5.7	0.0
哥伦比亚	100	8	11	14.0	0.0
哥斯达黎加	142	10	23	9.5	0.0
秘鲁	125	8	24.5	9.9	0.0
巴西	140	10.6	20.5	5.0	0.0
阿根廷	128	11	11	5.3	0.0

续表

北美国家	排名（1-190）	程序（个）	时间（天数）	成本（人均收入的百分比）	实缴资本下限（人均收入的百分比）
美国	8	6	5.6	1.0	0.0
加拿大	3	2	1.5	0.3	0.0

数字来源：世界银行，Doing Business 2019。http://www.doingbusiness.org/content/dam/doingBusiness/media/Annual-Reports/English/DB2019-report_web-version.pdf

7.6.3 办理施工许可证

依据世界银行《全球营商环境报告》的定义，“办理施工许可”表明了建设一个工程所需要的手续，时间和花费，包括获取必需的许可证和批文，办理规定的公示和查验，以及接通水电通信设施的整个过程。此外，办理施工许可证指标还考察建筑质量控制指标，衡量建筑法规质量，质量监控及安全系统的力度，责任和保险制度，以及对专业认证的要求。具体来看，有4个维度：第一维度是“程序”，指新建工程所需的程序总数；第二维度是“时间”，指新建工程所需的总天数；第三维度是“成本”，指按照工程价值的百分比计算申请施工许可的成本。此项指标中包括为完成建设工程所需手续而支付的全部费用，包括获得土地使用审批和施工前设计许可的费用，施工前、施工时和竣工后接受检查的费用，接通公用设施的费用以及在财产注册处登记仓库的费用等；第四个维度是“建筑质量控制指标”。该指标的结果基于六个指数——建筑法规质量、施工前质量控制、施工中质量控制、施工后质量控制、责任和保险制度以及专业认证等指数。①

表7-12是墨西哥与拉美部分国家及北美国家申请施工许可指标的比较。从表中数字可以看到，墨西哥是拉美国家中申请建筑许可手续程序多、成本比较高的国家，在报告评价的190个经济体中排名第93位，办理施工许可便利指数（1-100）68.62。相比智利、秘鲁和哥斯达黎加等拉美国家，墨西哥的办理施工许可的营商环境有待提高。

① 资料来源：世界银行，检索时间：2018年12月18日。http://chinese.doingbusiness.org/zh/methodology/dealing-with-construction-permits

表 7-12　墨西哥与部分拉美国家及北美国家“办理施工许可”比较

拉美国家	排名（1-190）	程序（个）	时间（天数）	成本(仓库价值的百分比)	建筑质量控制指标（0-15）
墨西哥	93	14.7	82.1	9.7	11.7
智利	33	12	195	1.3	13.0
哥伦比亚	89	13	132	7.1	11.0
哥斯达黎加	74	17	135	1.9	11.0
秘鲁	54	15	187	1.2	13.0
巴西	175	19.2	434	0.7	9.0
阿根廷	174	21	341	2.9	11.0
北美国家	排名（1-190）	程序（个）	时间（天数）	成本(仓库价值的百分比)	建筑质量控制指标（0-15）
美国	26	15.8	80.6	0.8	11.2
加拿大	63	12	249	1.8	14.0

数字来源：世界银行集团报告，Doing Business 2019。http://www.doingbusiness.org/ content/dam/doingBusiness/media/Annual-Reports/English/DB2019-report_web-version.pdf

7.6.4 登记财产

本项指标主要测评企业登记财产的便利度，企业在注册登记财产所需完成的步骤，花费的时间和费用。包含 4 个维度：“程序”，指财产登记时所需的法定程序总数；“时间”，指财产登记时所需的总天数；“成本”，只包括了法律要求的官方成本，包括各种费用、转让税、印花税和任何其他交给财产登记部门、公证人员、公共机构或律师的费用。世界银行《2019 年全球营商环境报告》新增了一项衡量登记财产的指标，即土地管理系统质量指数。该指数包括五个方面：基础设施的可靠性，信息的公开程度，地理面积涵盖，土地纠纷解决，以及平等获得财产权。

从表 7-13 数字中可以看到，与拉美部分国家相比，墨西哥登记财产的时间天数和成本较高，影响了该国转移财产的便利度。

表 7-13　墨西哥与部分拉美国家及北美国家“登记财产”指标的比较

拉美国家	排名（1-190）	程序（个）	时间（天数）	成本（财产价值的百分比）	土地管理系统的质量指数（0-30）
墨西哥	103	7.7	38.8	5.8	16.3
智利	61	6	28.5	1.2	14.0
哥伦比亚	59	7	15.0	2.0	16.5
哥斯达黎加	47	5	11.0	3.4	17.5
秘鲁	45	5	7.5	3.3	17.5
巴西	137	13.6	31.4	3.6	13.8
阿根廷	119	7	51.5	6.6	13.5
北美国家	排名（1-190）	程序（个）	时间（天数）	成本（财产价值的百分比）	土地管理系统的质量指数（0-30）
美国	38	4.4	15.2	2.4	17.6
加拿大	34	5	4	2.9	21.5

数字来源：世界银行集团报告，Doing Business 2019。http://www.doingbusiness.org/ content/ dam/ doingBusiness/media/Annual-Reports/English/DB2019-report_web-version.pdf

7.6.5　获得信贷

“获得信贷”，即指信贷可获得性。世界银行《2019 年全球营商环境报告》指出，如果开办企业已相对容易，但由于缺乏信用信息系统或抵押登记导致企业难以获得信贷，那么将对整体经济产生负面影响，反之亦然。“获得信贷”包含 4 项指标：“合法权利指数”，指衡量法律保护借款人和贷款人并因此而促进贷款的程度；“信用信息深度指数”，指衡量那些影响信贷信息覆盖面、范围和开放程度，以及信用信息获取的法制保障程度；“信贷登记机构覆盖率”，指征信覆盖率，即公共信贷登记机构登记的个人和公司的数量；“信用局覆盖率”，指民营征信覆盖率，即私营信用登记机构登记的个人和公司的数量。信贷可获得性这项指标分析的是征信系统的强弱和担保及破产法在促进借贷上的有效性两个问题。从表 7-14 中我们可以看出，墨西哥企业征信市场较为发达，各项指标的评估结果都在较高的水平上，特别是信贷信息深度和信用局覆盖率两项指标，都达到了评估指标的最高水平。在报告评估的 190 个经济体中，墨西哥的信贷可获得性排在第 8 名。

表 7-14　墨西哥与部分拉美国家及北美国家“获得信贷”指标的比较

拉美国家	排名（1-190）	合法权利力度（0-12）	信贷信息深度（0-8）	信贷登记机构覆盖率（成年人百分比）	信用局覆盖率（成年人百分比）
墨西哥	8	10	8	0.0	100
智利	85	4	7	50.2	32.4
哥伦比亚	3	12	7	0.0	78.4
哥斯达黎加	12	10	7	34.5	87.9
秘鲁	32	5	8	38.2	100
巴西	99	7	8	78.8	80.5
阿根廷	85	3	8	100	45.7
北美国家	排名（1-190）	合法权利力度（0-12）	信贷信息深度（0-8）	信贷登记机构覆盖率（成年人百分比）	信用局覆盖率（成年人百分比）
美国	3	11	8	0.0	100
加拿大	12	9	8	0.0	100

数字来源：世界银行集团报告，Doing Business 2019。http://www.doingbusiness.org/content/dam/doingBusiness/media/Annual-Reports/English/DB2019-report_web-version.pdf

7.6.6　缴纳税款

在构成营商环境的诸多要素中，税收营商环境由于其特殊的重要性，成为投资者最为关注的焦点。对于一个国家或地区来说，营商环境的优劣直接影响着招商引资的规模，影响着企业的经营，并间接对财税收入、社会就业和经济发展状况等产生重要影响。世界银行《全球营商环境报告》通过 4 项关键指标评估全球 190 个经济体的中型私营企业的纳税环境，即指一家中型企业在一年中必须支付或扣缴的税费及强制性派款。这 4 项指标是：“纳税次数”，指企业年度纳税的总次数；“时间”，指企业准备、申报和缴纳三种主要类型税费所需的时间，即：企业所得税、增值税，以及劳动力税费（包括个人所得税和社保、公积金）；“总税率和社会缴费税率”,衡量公司经营活动中需要负担的全部税费占其商业利润的份额。世界银行《2019年全球营商环境报告》增加了税后流程指标，衡量的是企业纳税申报之后,发生比如企业所得税更正申报等特定事项所需要付出的时间成本。这一数据显示的是哪些国家税后流程更有效率，以及各个经济体整体税收合规成本不同的原因。本年度的报告还扩大了数据收集范围，以便更好地理解一个经济体的整体税收营商环境。

表 7-15 墨西哥与部分拉美国家及北美国家“缴纳税款”指标的比较

拉美国家	排名（1-190）	年纳税次数	时间（小时/年）	总税率和社会缴费税率（占利润百分比）	报税后流程指标（0-100）
墨西哥	116	6	240.5	53.0	40.51
智利	76	7	296	34.0	57.03
哥伦比亚	146	11	255.5	58.3	48.17
哥斯达黎加	57	10	151	58.3	87.15
秘鲁	120	9	260	36.8	19.24
巴西	184	9.6	1 958	65.1	7.80
阿根廷	169	9	311.5	106.0	47.94
北美国家	排名（1-190）	年纳税次数	时间（小时/年）	总税率和社会缴费税率（占利润百分比）	报税后流程指标（0-100）
美国	37	10.6	175	43.8	94.04
加拿大	19	8	131	20.5	73.23

数字来源：世界银行集团报告，Doing Business 2019。http://www.doingbusiness.org/content/dam/ doingBusiness/media/Annual-Reports/English/DB2019-report_web-version.pdf

表 7-15 显示，与智利和哥斯达黎加相比，墨西哥在企业准备、申报和缴纳税费所需的时间、总税率和社会缴费税率占利润百分比，以及报税后流程的效率等指标上，存在一定问题，税收营商环境仍需进一步改善。

7.6.7 执行合同

“执行合同”指标是衡量司法程序解决商业纠纷的时间消耗与经济成本，以及对司法程序的质量评估。司法程序质量指标衡量每个经济体是否采取了一系列的好的举措以提升法院系统的质量和效率。执行合同营商指标包含 3 个指标：“时间”，指合同争端解决所需的时间，即从原告提起诉讼到实际解决期间的时间，包括采取行动的天数和等待时间。最优参照为 120 天，由新加坡创立；“成本”，衡量司法程序解决争端所需的金钱成本，指法院费用和辩护律师费占债务总值的比例；“司法程序质量”，衡量的是每个经济体是否在其司法体系的不同领域中采取了一系列的良好实践。

表 7-16 墨西哥与部分拉美国家及北美国家“执行合同”指标的比较

拉美国家	排名（1-190）	时间（天数）	成本（索赔额百分比）	司法程序质量指数（0-18）
墨西哥	43	340.7	33.0	10.1
智利	49	480	25.6	10.0
哥伦比亚	177	1 288	45.8	9.0
哥斯达黎加	121	852	24.3	8.5
秘鲁	70	426	35.7	9.5
巴西	48	731	22.0	13.1
阿根廷	107	995	22.5	11.5
北美国家	排名（1-190）	时间（天数）	成本（占索赔百分比）	司法程序质量指数（0-18）
美国	16	420	30.5	13.8
加拿大	96	910	22.3	11.0

数字来源：世界银行集团报告，Doing Business 2019。http://www.doingbusiness.org/content/dam/doingBusiness/media/Annual-Reports/English/DB2019-report_web-version.pdf

表 7－16 显示，世界银行《2019 年全球营商环境报告》中，墨西哥执行合同指标项排名第 43 位，执行合同时间天数为 340.7 天，成本（索赔额百分比）为 33.0%，司法程序质量指数（0－18）得分 10.1。比较拉美其他国家，墨西哥执行合同营商环境是相对较好的。

街头食品摊

穆赫雷斯岛小镇的街道

墨西哥的意大利咖啡店

第8章
墨西哥税收体制

在公共财政范畴中，财政政策，作为一种国家行为，旨在实现基于政府收支平衡的政策有效性[①]，其中，税收政策系墨西哥联邦政府为履行其公共财政职能而具备的最重要的政策工具之一。同时，税收政策也是企业经营的重要外部环境之一，对企业的经营和收益产生不同程度的影响。市场经济下，要求税收保持中性，给企业创造一个透明、公平、可预见的税收环境，促进企业公平竞争，优胜劣汰，优化资源配置，推动生产力的发展。

8.1 墨西哥税收体系与税收征管机构

8.1.1 税收体系与税种

税收是墨西哥政府收入的重要来源之一。墨西哥实施联邦和地方政府两级课税制度。联邦政府征收所得税、增值税等主要税种，地方政府（包括州和市）征收地方级的不动产税、不动产交易税等。

8.1.1.1 墨西哥财政收入结构

墨西哥的财政收入主要分为税收收入与非税收收入。对此，中央政府在其颁

---

① ASF，Introducción al Sistema Fiscal Mexicano，Publicacón de Auditoría Superior de la Federación，2016：12.

布的《联邦收入法》（Ley de Ingresos de la Federación，LIF）中有明确规定。从图 8－1 可以看出，两种收入类型约占联邦政府收入总额的四分之三，前者比后者占比高约 14 个百分点。2016 年，在税收收入构成中，所得税与增值税，作为两大支柱，占税收收入总额的 92%，这一部分我们将在下文中详细阐述。

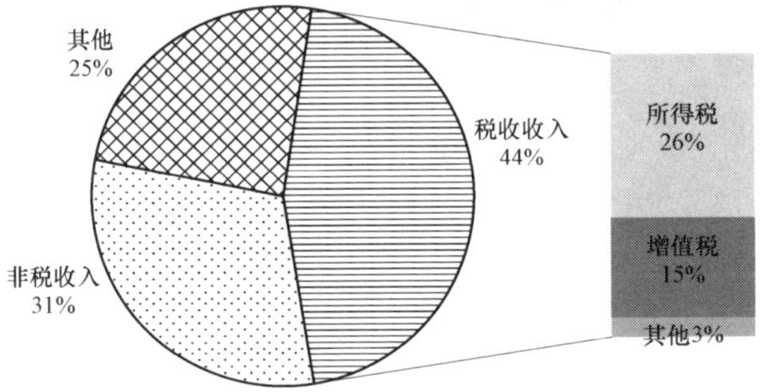

图 8－1 墨西哥联邦政府收入结构及财政总收入的构成

资料来源：作者绘制，数据来自 ASF，Introducción al Sistema Fiscal Mexicano，Publicación de Auditoría Superior de la Federación，2016 和 SHCP，Ley de ingresos de la federación，2016.

从非税收收入构成来看，根据联邦政府公布的数据显示，60%来自石油部门，更确切地说，来自墨西哥国有石油公司（Pemex）和墨西哥石油基金。而剩余 40%主要依赖于电力部门和社保系统。值得指出的是，从联邦政府的收入结构来看，墨西哥对石油资源的收入具有高度依赖性。据统计，石油收入约占墨西哥政府总收入的 30%和该国国内生产总值的 6.7%[①]。由此可见，石油是墨西哥联邦政府的第一大收入来源。然而，过于单一的石油经济导致墨西哥产业结构呈现脆弱性，并由此产生了诸多社会经济问题，如长期保持低位的所得税收入、面临枯竭的石油资源（预期开采年限仅为 30 年），以及大规模非正规部门的产生等[②]。

8.1.1.2 墨西哥基本税种

墨西哥基本税收制度在宪法中有明确规定。该国实行以所得税和增值税为双主体的复合型税制结构。一般认为，经济结构决定税收结构。从墨西哥情况来看，所得税和增值税分别代表该国第二产业与第三产业的收入状况，是该国经济活跃度的集中体现。如图 8－1 所示，所得税和增值税这两项收入来源共占到墨西哥中

---

① ASF，Introducción al Sistema Fiscal Mexicano，Publicacón de Auditoría Superior de la Federación，2016：17－23.

② ASF，Introducción al Sistema Fiscal Mexicano，Publicación de Auditoría Superior de la Federación，2016：16.

央政府财政收入总额的41%，以及GDP的10%左右①。

墨西哥的所得税，主要包括企业所得税与个人所得税两大类。这是一种以墨西哥公民及合法居住在墨西哥的外国人的资本收益为征税对象的税种。如图8-1所示，该税种占财政收入总额的26.2%，以及GDP的6.5%，是继石油收入后，墨西哥政府的第二大收入来源。

针对纳税者类型的不同，墨西哥所得税分为企业所得税和个人所得税两大类。

从企业所得税看，该税种由联邦政府负责征收，征税对象为墨西哥境内所有从事经营性活动的企业或公司法人，包括墨西哥本国的公司、在墨西哥境内设立的永久性外国公司，以及所有营利性的公司实体。墨西哥本国公司的应纳税收入包括其在本土以及境外分公司的所有收入。非本国居民开办的公司，只需就其来源于墨西哥的所得按不同的税率纳税，其纳税方式通常采取由墨西哥付款方进行代扣代缴的预提税形式，不同类型的收入适用的税率不同。少数被墨西哥法律认定的非营利组织，如年度收入大于支出，其超出部分也纳入征税范围，缴纳相应的所得税。

关于计算方式与税前扣除，该税种应纳税所得额为总收入扣除成本、税前扣除的经营费用、以前年度结转的员工分红和亏损等。其中，法人公司的总收入包括现金、实物、服务或贷款，以及来自境外的收入。法人和个体经营者应在纳税年度截止时根据收入持有期间通货膨胀的变动情况对收入额进行调整。

根据墨西哥《所得税法》（Ley del Impuesto Sobre la Renta，LISR）②规定，企业所得税的标准税率为30%。在此基础上，企业对本纳税年度为贸易或经营活动支出或计提的必要费用允许税前扣除。值得注意的是，某些项目的扣除在特定条件下受到扣除数额和扣除时间的限制，例如生产和销售成本、经营费用、进口商品、购买境外商品、员工薪酬、股息、利益费用、特许经营费、服务费与管理费、坏账、佣金、租金、利润分成、差旅费、汽油柴油费、利润分成等项目。

关于折旧，所得税法规定，公司允许在投资期限内用直线法对其成本进行计提折旧，计算方法为投资的原始金额乘以法律规定的折旧比率。一般来说，资产的合法持有者可对资产进行折旧。不同类型的资产，其折旧比率不同，对此，墨西哥所得税法将投资分为四类：其一，固定资产：该类折旧比率需根据具体资产项目来确定；其二，无形资产递延费用：主要包括特许权使用费、技术服务费用

---

① 参见SHCP，Ley de ingresos de la federación，2016和ASF，Introducción al Sistema Fiscal Mexicano，Publicación de Auditoría Superior de la Federación，2016：16.

② 参见墨西哥税务局官网关于所得税法（Ley del Impuesto Sobre la Renta，LISR）的相关法律条款，检索日期：2018年1月5日。www.sat.gob.mx/informacion_fiscal/normatividad/Documents/LISR.doc

等，适用折旧率通常定在15%；而那些用于公共产品开发或提供优惠公共服务的无形资产可享受100%折旧率的优惠待遇；其三，无形资产递延收益：折旧率为5%；其四，经营前费用：主要指研发费用，其折旧率为10%。

关于资本利得，墨西哥联邦税法规定，作为总收入的一部分，法律实体的资本利得亦属于应税收入，但因资本或资产升值而产生的收入不属于应税收入。资本亏损通常可以抵扣应税收入。对于非本国居民企业在墨西哥的常设机构取得的资本利得，其税收标准与墨西哥居民企业取得的资本利得相同。在企业所得税框架下，资本利得税率采用单一的30%的税率。资本利得的获取存在以下几条途径：转让固定资产、土地、有价证券、股权、合伙权益及国家信贷机构发布的普通参与证书；衍生资本金融交易；合并和分立；纳税居民作为股东或合伙人的非纳税居民公司的分立或减资。

2018年12月1日墨西哥新政府上台后宣布，自2019年1月1日起，美墨边境自贸区企业所得税和增值税分别由之前的30%和16%降至20%和8%。

从个人所得税看，征缴对象包括墨西哥居民（在墨西哥拥有个人永久住所）和居住在墨西哥的外国非居民。对于墨西哥居民纳税人来说，需就其在墨西哥境内以及其他国家的全部所得，依法缴纳个人所得税；对于居住在墨西哥的外国人来说，作为非墨西哥居民的纳税人，因其常设机构在墨西哥进行企业性活动或独立性服务，亦应依法缴纳所得税，但只需对通过墨西哥常设机构运营并取得的收入，以及来源于墨西哥的收入部分进行纳税。所得收入形式包括现金和实物性福利、源于货物或资产、信用、服务或其他。

根据墨西哥联邦所得税法，个人应缴纳的所得额是个人收入总额扣除医疗费用、慈善捐款、教育开支等法律准许扣除的非纳税收入后的个人收入额。个人收入分为以下几种类型：雇佣收入、商业性和专业性收入、租赁收入和临时使用不动产的收入、转让商品的收入、获得商品的收入、利息收入、奖金收入、股息和利润分成等。

墨西哥个人所得税为累进税制。根据联邦所得税法的规定，对于居民纳税人，个人所得税实行累进制税率。如表8－1所示，不同类别的收入有特定的减免额，对于年收入不足6 000比索的，采用最低个人所得税率，为1.9%，而对于年收入超过300万比索的，个人所得税率高达35%。

值得指出的是，2014年新出台的财税改革方案，显著提高了高收入群体的纳税额，进而强化了个人所得税的差异化特征。具体而言，税改之前，个人所得税率上限为30%，而改革后，对年收入超过75万比索、100万比索和300万比索的群体分别征收 32%、34%和 35%的个人所得税[①]。对于非居民纳税人，其所获的工资薪金及其来源于墨西哥相关服务的报酬总额应按图 8－1 所示的最终预提税率依法纳税。

墨西哥个人所得税的申报期限是以日历年为纳税期间，以 12 个月为一个周期进行纳税评估。个人须在评估年后一年的四月之前提交其纳税申报表。除了各类法律规定的非纳税扣除额之外，所得税法规定，在应税所得中，允许对某些部分进行税前扣除，如医疗费用、利息费用、慈善捐款、教育开支、保险等。

个人所得税中的资本利得，主要针对墨西哥居民通过出售墨西哥公司的股票或通过证券交易所转让股票所获得的资本收益，根据相关税法，该部分资本收益按 10%征税。

表 8－1　　墨西哥居民与非居民个人所得税率

应纳税所得额（单位：比索）	税率（单位：%）
一、居民个人所得税	
低于 5 953	1.9
5 953－50 525	6
50 525－88 793	11
88 793－103 218	16
103 218－123 580	18
123 580－249 243	21
249 243－392 842	24
392 842－750 000	30
750 000－1 000 000	32
1 000 000－3 000 000	34
高于 3 000 000	35
二、非居民个人所得税	
低于 125 900	0
125 900－1 000 000	15
高于 1 000 000	30

资料来源：作者根据 KPMG，Investment in Mexico 2017 和 Deloitte，Taxation and Investment Mexico 2016 数据加工整理。

① KPMG，Investment in Mexico 2017，检索日期：2018 年 3 月 2 日。https://assets.kpmg.com/content/dam/kpmg/mx/pdf/2017/09/Investment-in-Mexico－2017.pdf 和 Deloitte，Taxation and Investment Mexico 2016，https://www2.deloitte. com/content/dam/Deloitte/global/Documents/Tax/dttl-tax-mexicoguide－2016.pdf

此外，除企业所得税和个人所得税之外，墨西哥还征收州工资税、财产税等。州工资税是指墨西哥各联邦地区对个人提供附加服务所获取的报酬征收的一种税，征缴对象是以现金或实物对个人提供服务而获取报酬的个人，税率为 3%。州工资税的应税收入包括：附加薪金、加班工资、附加费、奖金、奖励、赔偿金、圣诞节奖金、雇主支付的储蓄基金、年资奖金、佣金等款项。

增值税是墨西哥联邦政府所征收的第二大税种。如图 8－1 所示，增值税占墨西哥中央政府财政收入总额的 15%，占 GDP 的 3.9%，构成国家的第三大财政收入来源。根据墨西哥增值税法（Ley del Impuesto al Valor Agregado，LIVA）[①]的规定，增值税的纳税人包括在墨西哥销售商品、提供独立劳务、授权临时使用或享用资产、进口商品或服务的个人或法律实体。

根据增值税法规定，对于以下交易项目可免缴增值税：出售土地、书籍、报纸、杂志和版权、信用凭证（包括出让股份的收益）、计划或已用于居住的附着于土地的建筑物、金融（信用卡的发行者支付的利息除外）、医疗和教育服务的收益等。

根据 2014 年颁布的新税法，墨西哥境内和边境地区增值税率统一为 16%[②]，且对原先增值税率为零的以下项目无差别征收 16%的增值税：用于生产、加工和维修的临时进口；汽车工业的保税仓库；战略保税区；用于商品生产、加工和维修的保税区。当前，免征增值税的项目包括：农业产品、基本的食品和药品、服务出口、劳务输出等。

此外，在墨西哥税收体系中，除所得税与增值税两大支柱以外，还包括其他占比相对较小的税费种类，如进出口关税、消费税、不动产税、薪金税、勘探开采权费用、生产和服务特别税等。关税是依据进口货物的海关价值征收的。根据墨西哥海关法规定，关税税率最高达 45%，平均关税税率在 11%左右。根据税法规定，墨西哥的消费税是以进行特殊商品交易的个人或法律实体为纳税人，对特殊商品和劳务征收消费税，并参照增值税制累计征收消费税，不同商品和劳务适用不同的消费税率，在出口和转让某些商品的情况下可免征消费税；不动产税是墨西哥地方政府的重要税种之一，税率由州政府决定，其税基的确定由国家土地注册委员会和地方财政部门对财产价值进行共同评估而得。薪金税，主要包括对附加工资、社会保险以及工人住房基金等所课征的税收。

勘探开采权费用，亦称矿业特许权费用，根据墨西哥矿业法规定，在墨西哥

① 参见墨西哥税务局官网关于所得税法（Ley del Impuesto Sobre la Renta，LISR）的相关法律条款，检索日期：2018 年 3 月 5 日。www.sat.gob.mx/comext/esquema_integral/Documents/LIVA.doc

② 税改之前，边境地区增值税率为 11%。

从事矿业开采，企业必须获得联邦政府的授权许可，才能从事矿藏的勘探和开采业务。外资企业须在当地注册成立公司方可有权申请上述授权许可。墨西哥的勘探和开采的许可是合二为一的，有效期为50年，且可延期。企业缴纳的矿产勘探开采权费用金额与矿权公顷数和经营年限呈正比。2014 年生效的新税改方案规定，对矿业公司的营业利润收取7.5%的税费；针对开采黄金、白银和铂金等贵金属矿业公司，该税率提高0.5个百分点。

生产和服务特别税，这是一项针对特殊商品生产与批发销售征收的税种，主要包括酒精类饮料、烟草制品，以及特定通信服务产品。根据产品类型的不同，税率也不同，以酒精类饮料为例，根据新税改方案及《生产和服务特别税法》修订案，对酒精度数在14度以下的啤酒转卖和进口，税率定为26.5%，对酒精含量在20度以上的含酒精饮品和啤酒则征收53%的税[①]。

8.1.2 税收管理部门

墨西哥的税法体系包括联邦税法、企业所得税法、增值税法、消费税法、关税法，以及地方税法（如不动产税、经营资产税以及薪金税）、防止和侦查涉及非法资金来源交易的联邦税以及联邦劳动法的修订案等。墨西哥宪法规定，总统有权颁布税收的相关规定，以制约个人及法律实体，从而推动法律的执行。总统颁布的税收规定为解释和应用税法方面提供重要指引；税务机关有权每年在政府公报上发布决议，以明确征税对象、主体、税基以及税率，从而推动纳税人依法依规履行义务。

关于税务机关设置及税制体系下的中央和地方的关系，墨西哥宪法规定，墨西哥采用联邦和地方两级课税制度，即联邦政府与地方政府均有权征税，但征税范畴有所区分。联邦政府享有征收国内主要税种的权利，尤其体现在对企业所得税的征收上，而地方一级政府无权征收一般企业所得税，其有权征收的税种主要包括不动产税、薪金税、经营资产税，以及其他各种产权登记、经营许可证发放等费用。总体来讲，中央政府的税收收入在税收总额中占绝对比重，州及以下地方政府的税收收入规模相对有限，但鉴于中央政府主要通过财政转移支付机制将联邦政府收入转移到地方使用，因此，地方拥有对绝大部分税收收入的使用权。

近30多年来，墨西哥税制结构经历了若干次不同范围的调整与改革，税收体制日臻成熟完善。自1980年起，联邦政府实行全国统一税制，国会明确了中央政

---

① 参见国家税务总局，中国居民赴墨西哥投资税收指南，检索日期：2018年4月30日。http://www.chinatax.gov.cn/n810219/n810744/ n1671176/n1671206/c2269717/part/3419200.pdf

府对征税权力的掌控。自 20 世纪 80 年代后半期，在新自由主义改革在拉美地区范围全面铺开的政策导向下，墨西哥政府先后两次颁布了税制改革法，以期为改善国内投资环境，为本国税制与国际标准接轨铺平道路，进而吸引外资，推动市场开放，促进对外贸易自由化、便利化发展。在 2014 年的新财税改革方案中，所得税法调整幅度较大，一方面，严格限制可抵扣比例上限，取消部分项目的税收优惠，以及削减企业可抵扣项目，这一定程度上加重了企业赋税的负担，提高了运营成本；另一方面，针对小企业偷税漏税行为普遍问题，通过设计新的参与税收制度，并给予一系列激励措施，引导非正式企业正规化，进而实现有效增加政府税收收入的目的；此外，新法案大力推行新技术在纳税程序中的应用，通过普及电子化支付方式和缴税便利化措施，强化政府部门对企业账目往来的监管，并提高企业资金运作效率。

穆赫雷斯岛上的洗衣店

历史名城普埃布拉

8.2 墨西哥税收激励措施

8.2.1 税收协定体系

作为经济合作与发展组织（OECD，简称经合组织）成员国，墨西哥以该组织税收协定为标准，与世界多国签署了税收协定。当前，墨西哥拥有广泛而稳固的税收协定网络。如表 8-2 所示，截至 2017 年年底，墨西哥共与 55 个国家和地区签署了税收协定。其中，大多数条约都采用经合组织所制定的模式。税收协定条约的签署通常旨在为所有类型的收入缓解双重征税问题，并有利于规避一个国家的公司在另一个国家遭受歧视性税收措施的可能性。

为了从税收协定中获得优惠，受益人必须出示作为条约国税收居民的纳税证明，或者提供最新一个财政年度的纳税申报表，以证明受益人居住在条约伙伴国。

与此同时，受益人必须满足条约中任何有关条件，例如，提交纳税情况有关的信息报告（包括墨西哥居民与在墨西哥拥有常设机构非居民企业）[①]。

墨西哥采用税收抵免方式，减轻国际双重征税。依据经合组织的相关规定，欲享受税收协定待遇，需满足以下条件：其一，非居民为税收协定一方居民；其二，符合相应的税收协定条款；其三，符合所得税法，例如，在税务机关登记注册、提交审计意见和在墨西哥任命法定代表等。扣缴义务人享受低于国内预提税税率的协定预提税税率，但如果扣缴义务人以较高的税率进行了代扣代缴，非居民有权要求退还多余部分的税款。值得指出的是，税收协定对于支付股息、利息和特许权使用费所规定的预提所得税税率的规定，具体适用税率在不同情况下存在差异，通常来讲，当在来源国法定预提税率低于协定税率时，适用来源国税率[②]。

表 8-2　　墨西哥税收协定网络

奥地利	芬兰	科威特	俄罗斯	澳大利亚	法国	比利时
新加坡	巴林	德国	立陶宛	斯洛伐克	罗马尼亚	韩国
南非	希腊	卢森堡	巴巴多斯	拉脱维亚	中国香港特区	马耳他
西班牙	加拿大	冰岛	新西兰	瑞士	瑞典	荷兰
巴西	匈牙利	印度	挪威	哥伦比亚	中国	土耳其
智利	巴拿马	乌克兰	巴拿马	印度尼西亚	爱尔兰	秘鲁
以色列	英国	波兰	捷克	阿联酋	丹麦	意大利
葡萄牙	美国	厄瓜多尔	卡塔尔	乌拉圭	爱沙尼亚	

资料来源：作者绘制，数据来自 Deloitte，Taxation and Investment Mexico 2016：https://www2.deloitte.com/content/dam/Deloitte/global/Documents/Tax/dttl-tax-mexicoguide-2016.pdf

8.2.2 税收优惠政策措施

8.2.2.1 出口制造加工和服务计划（IMMEX）[③]

墨西哥出口加工业计划（maquiladora）是墨西哥政府在 30 多年前推出的，旨

① Deloitte，Taxation and Investment Mexico 2016：19－20，检索日期：2018 年 3 月 25 日。https://www2.deloitte.com/content/dam/ Deloitte/global/Documents/Tax/dttl-tax-mexicoguide－2016.pdf

② IBFD：Mexico-Treaty Withholding Rates Table。

③ 参见 Moore Stephens，Doing Business in Mexico 2017：52－54 和 C.P.C. Y M.I. José Paul Hernández Cota，Nuevo régimen fiscal para maquiladora，Publicación de IMCP，no. 15，septiembre de 2014.

在促进墨西哥就业的一项措施。2006年，政府将Maquiladora计划与临时进口计划（PITEX）进行整合，并最终确定为“出口制造加工和服务计划”，并以法令形式予以颁布和推行。该法令的最新修订案于2016年7月28日出台。Maquiladora企业特指墨西哥那些来料加工企业，即致力于将进口材料、零部件加工、改造、组装成制成品，并最终用于出口的企业。在墨西哥，这类企业通常由一家外国公司（通常是美国公司）投资兴建，或者是以合资的形式存在，最初主要分布于美墨边境，但20世纪90年代之后发展至墨西哥全国各州。一般而言，外国母公司与墨西哥本土来料加工企业签订合同，使后者在Maquiladora企业身份下享有税收优惠激励，生产半成品或成品并最终运往外国母公司。在这一过程中，外国母公司需提供来料加工活动所需的机器设备，以及原材料或要加工和/或组装的零件。

IMMEX制度包含不同类型的企业，且覆盖面很广，涵盖全国85%的制造出口企业。近30年来，在墨西哥政府的大力推行下，这一制度不断完善，旨在通过赋予指定企业在税收，特别是关税方面的优惠，吸引外国资本在本国的投资。在现行IMMEX政策框架下，主要涉及的优惠包括基本进口税的缴付可延期；可享受行政管理与海关类优惠，以期实现运营便利化和降低成本的目的等。根据该政策规定，除纺织和服装业临时进口及进口机制须得到墨西哥经济部和财政部事先审批外，所有年出口额达到50万美元、出口额超出其总销售额10%以上的企业均可申请享受出口服务和加工区法令的优惠政策，并允许最终产品面向出口的企业，以及为出口服务的企业临时进出口产品制造和加工所需的原材料、零部件和机械设备，并对其免征普通进口关税和增值税。符合墨西哥税务局有关规定且增值税在企业申报中有盈余的企业，产品出口后，可以在5个工作日内申请增值税的退税。

在IMMEX框架下，允许墨西哥税务局认证的Maquiladora企业在不缴纳增值税的情况下，暂时进口基本原材料、零部件或机器设备。具体而言，进口产品原本需要支付16%的增值税，但是Maquiladora身份下的企业能够利用税务当局授予的认证证书获得一个相当于进口货物时缴纳的增值税全额的税收信用额，该额度可用于缴纳进口时产生的增值税。那些不选择获得证书的公司需要提供一个由指定机构所发售的债券来保证增值税的缴纳[①]。上述两种情况均可享受增值税抵免，进而规避缴纳该税和等待退税时所遇到的财务负担和障碍。

---

① Deloitte，Taxation and Investment Mexico 2016：7－8，检索日期：2018年3月25日。https://www2.deloitte.com/content/dam/Deloitte/ global/Documents/Tax/dttl-tax-mexicoguide-2016.pdf

IMMEX 政策规定，除了可获得间接税收激励外，在所得税方面同样享有税收优惠。这些福利包括额外的税收扣除额，这一金额相当于向雇员提供的某些福利的 47%（例如养老金和退休基金的补助、加班费、利润分享的豁免部分、圣诞节奖金、食品券、储蓄基金等）。

8.2.2.2 经济特区（SEZ）[①]

自 2016 年 6 月 2 日正式生效的墨西哥经济特区法，旨在为在特区内设立的公司提供税收、关税、行政和监管方面的优惠，以期为经济欠发达地区吸引更多投资，该法令主要向南部各州倾斜，旨在缓解地区贫困与发展不平衡问题。在被墨西哥当局划定的特定地理区域内，资质合格的投资者可以开展诸如制造业、农业商贸、原材料的加工、生产和储存以及科技研发创新等活动。政府会根据特区法令相关规定为这些活动的开展落实提供技术与物质保障性服务，如后勤、财务、专业技术支持等。根据特区法规定，经济特区可建立在私有或国有的不动产上。如果其区位属于国有，那么它将完全服从于联邦当局的法律和管辖权，以充分反映该地区的公共利益和作为特区的优先地位。

经济特区将实行一系列税收激励与优惠措施，涉及所得税、增值税和关税激励，尽管税收减免或扣除举措是暂时的（尽管按照法律规定相关优惠措施至少维持 8 年），且优惠金额逐步递减。所得税激励可促进生产性投资、增加就业、提高劳动者素质，进而创造高附加值就业岗位，并拉动当地工人薪酬的提高。增值税激励亦将应用于特区的商品和服务贸易中，具体优惠有：墨西哥居民企业进口到特区的货物及其相关服务将免征增值税；非居民（实体和个人）向特区进口的货物免征增值税；从特区销往全国的货物将按照 16%的标准增值税纳税税率，但从特区撤出转为出口的货物将免征增值税；经济特区的相关服务活动将免征增值税，执行该项服务的公司将不被视为增值税纳税人。

墨西哥行政部门将建立并完善相关的海关制度，以实现进出口货物的规范化管理，并对进出口相关服务制定便利化条件、要求和监管措施。经济特区制度受海关法制约，力图不断推动此类区域经济模式的长期发展运行；为此，政府将在结合墨西哥国内经济环境基础上，充分借鉴其他国家的经验教训。当前，经济特区法律体系正在逐步构建，新的税收激励措施将会实施，旨在刺激经济特区的资本创造，并增加新的就业机会，进而推动墨西哥整个社会经济的生产力和竞争力发展。

---

① Deloitte，Taxation and Investment Mexico 2016：7－8，检索日期：2018 年 3 月 25 日。https://www2.deloitte.com/content/dam/Deloitte/ global/Documents/Tax/dttl-tax-mexicoguide-2016.pdf

8.2.2.3 进口税退还方案（Draw back）[①]

该方案旨在通过向出口商退还被纳入其出口商品中使用的进口原材料或投入品的进口税额，鼓励和促进出口。其退款金额是在进口商所支付的一般进口税金额的基础上确定（以进口税支付时的美元与墨西哥比索的市场兑换率为准）。返还的进口税金额由墨西哥财政和公共信贷部存入该方案收益人在其任何一家授权银行机构所拥有的账户中。值得指出的是，自 2001 年起，《北美自由贸易协定》（NAFTA）对成员国关税退还机制进行了修正，以避免对在 NAFTA 框架下成员国协定关税优惠造成扭曲。符合该政策举措的进口商品包括以下四类：其一，出口产品使用的原材料、零部件、包装材料和器具、燃料和润滑剂等；其二，进口后未经任何加工和制作便再次出口的产品；其三，用于维修或改装调整并再次出口的临时进口产品；其四，来自非自由贸易缔约国并最终用于出口的原材料。

8.2.2.4 外贸公司计划（Programa ECEX）[②]

加强对本国外贸公司（ECEX）的登记注册管理，便于墨西哥政府实施其促进出口的政策。对于在册的外贸公司，墨西哥政府通过国家储蓄和金融服务银行（政策银行之一），提供给相关外贸公司一系列行政便利措施与财政税收优惠，以期为其进入国际市场提供支持，并激励外贸公司的出口意愿，提升本国产品在国际市场的占有率，特别是充分发挥本国中小公司的出口潜力。这一计划的受益者系专门致力于国外产品商业化的公司，尤其面向从事非石油类产品对外出口的中小型企业，但这些公司必须符合有关外贸公司设立法令中的相关规定。该政策举措主要面向两类企业群体：一是注册及实缴资本达到 200 万比索且至少将 5 家生产企业的优势产品对外出口的、从事商品组装和整合的企业；二是注册及实缴资本达到 20 万比索且至少将 3 家生产企业的优势产品对外出口的、从事进出口贸易的公司。

符合上述要求的 ECEX 企业及其供应商均可享受以下优惠政策：其一，授予高额出口公司优惠政策方案（ALTEX）证书，以保障增值税立即退还；其二，可获得由墨西哥外贸银行所提供的非金融产品和服务的 50%的优惠；其三，可享受墨西哥国家发展银行所提供的金融资助与技术支持，以增强企业竞争力。对外贸易公司注册资格永久有效，但需遵守相关法律规定。一旦获得 ECEX 注册，持有

---

① 参见墨西哥经济部官网有关进口税退还方案（Draw back）文件，检索日期：2018 年 4 月 10 日。https://www.gob.mx/cms/uploads/ attachment/file/6226/DRAWBACK.pdf

② 参见国家税务总局，中国居民赴墨西哥投资税收指南，检索日期：2018 年 3 月 23 日。http://www.chinatax.gov.cn/n810219/n810744/ n1671176/n1671206/c2269717/part/3419200.pdf

人必须遵守以下承诺：按照海关法的规定进行库存管理；维持所认证的社会资本；不迟于注册之日后的第一个常规财政年度自行出口等。

8.2.2.5 高额出口公司优惠政策方案（ALTEX）[①]

为刺激本国生产性企业的出口活动，墨西哥经济部制定了一系列通过财政税收和行政便利化举措推动外贸企业发展的支持方案。其中，1990 年制定的高额出口公司优惠政策方案，简称 ALTEX 计划，旨在有效解决行政障碍，以为工业制造部门发展提供便利化条件。这一政策工具的优势不仅体现在行政程序的简化上，更在于为该部门的良性发展注入了新的活力。在该框架下，墨西哥经济部与财政和公共信贷部之间达成了协议：除石油企业以外，凡是年出口额达到 200 万美元或出口额相当于企业销售额 40%的直接出口企业，以及为直接出口企业供应的原料或中间产品金额占其年销售额 50%的间接出口企业，均可以申请高额出口企业的优惠政策。

具体而言，这一政策的主要内容包括：其一，当出口额高于原申报单中的增值税额时，企业可在 5 个工作日内获得增值税的退还；其二，经国内海关检查后，出口产品可不必受到出口环节对其的二次重复检查；其三，在墨西哥财政部批准的前提下，企业可以指定一家海关代理机构为其办理在若干海关和不同产品的进出口手续；其四，可被纳入墨西哥经济部设立的贸易信息系统，无须缴纳任何费用。

墨西哥城一家可观赏民族舞表演的餐厅

墨西哥城的一家会所

① 参见国家税务总局，中国居民赴墨西哥投资税收指南，检索日期：2018 年 3 月 23 日。http://www.chinatax.gov.cn/n810219/n810744/ n1671176/n1671206/c2269717/part/3419200.pdf

街头艺人

街头餐馆

第9章
墨西哥金融机构

墨西哥拥有拉美和加勒比地区最发达的金融体系，建立了以中央银行、财政部以及银行、证券、保险、养老基金监督委员会为构架的、层次分明、职责明确的金融监管体系。墨西哥银行和证券委员会（Comisión Nacional de Bancos y Valores，CNBV）是该国整个金融体系的监督管理机构，对全国的商业银行和证券业进行监管，并且配合政府的经济与社会政策开展活动。

9.1 墨西哥中央银行体系

墨西哥中央银行体系是由墨西哥银行（Banco de México，承担墨西哥中央银行的职能）、商业银行、发展银行等共同构成。墨西哥银行负责发行和回笼货币，制定和实施货币政策，同时也进行货币政策工具的操作。依据墨西哥银行年度报告的数据，截至2018年10月，墨西哥共拥有52家商业银行，其资产总额占墨西哥金融体系资产总额的46.6%，相当于该国GDP的40.5%，资产总额同比增长5.6%。[①]52家商业银行中，规模最大的5家银行是墨西哥外贸银行（BBVA Bancomer)、墨西哥国民银行（Banamex)、北方银行（Banorte)、桑坦德银行（Grupo Financiero Santander Mexico，S.A.B. de C.V.）和墨西哥汇丰银行（HSBC México)。这5家银行的资产总额占墨西哥商业银行资产总额的68%，比2015年底的80%有一定的下降。截至2018年10月，墨西哥拥有10家发展银行，包括国家发展银

① 墨西哥银行，Reporte sobre el Sistema Financiero 2018。http://www.banxico.org.mx/

行（Financiera Nacional）、对外贸易银行（Banco Nacional de Comercio Exterior，Bancomext）、国家储蓄和金融服务银行（Banco del Ahorro Nacional y Servicios Financieros，Bansefi）等，其资产总额占墨西哥金融体系资产总额的 11.2%，相当于该国 GDP 的 9.8%，资产总额同比增长 10.6%。

9.1.1 中央银行及其职能

墨西哥银行成立于 1925 年 9 月 1 日。1931 年 7 月，墨西哥银行开始发行墨西哥货币比索。1993 年，墨西哥政府修改宪法第 28 条、73 条和 123 条，确认了墨西哥银行作为中央银行的独立性和其职能。根据墨西哥宪法的规定，墨西哥银行拥有自主经营权和管理权，对本国金融机构进行再贴现和贷款、经营公开市场业务、控制信贷规模等业务，同时负责管理外国资本、负责国家外汇管理、代表政府与国外金融机构进行联系、开展国际金融活动等。依据《墨西哥银行法》（La Ley del Banco de México）第 2 条，墨西哥银行的首要任务是将国内物价水平控制在一个预期制定的范围之内，稳定本国货币的购买力，提高墨西哥国民的经济福祉。墨西哥银行的这一首要任务是任何一届政府都无权改变的，即任何一届政府都不得要求中央银行为财政扩张目的而增发货币。

为确保独立性，墨西哥政府还制定了一套新的银行官员任免制度。其最高领导机构（Junta de Gobierno）由五位成员组成，一名行长和四位副行长，他们都需要经过总统提名并由参议院通过之后，才能正式上任。其中，行长自每届总统执政的第四年元月一日开始上任行使职权，四位副行长则可以在第一、第三和第五年开始。五位成员都可以多次连任，但是在任期开始之日，其年龄不能超过 65 周岁。现任行长为亚历杭德罗・迪亚兹・莱昂・卡里略（Alejandro Díaz de León Carrillo），2013 年就任。

1993 年 12 月 23 日，墨西哥颁布了《墨西哥银行法》（La Ley del Banco de México）（分别于 1995 年、1998 年、1999 年、2000 年、2010 年、2012 年和 2014 年进行了 7 次修订），[①]中央银行在法律上成为一个自主机构之后，墨西哥货币政策逐渐进入通货膨胀预期目标制度，中央银行根据通货膨胀的实际水平以及预期水平制订相应的措施，防止国内市场价格波动过大。1995 年，墨西哥开始进行更深层次的改革。首先通过对相关法规的修改，加强政府对金融体系的监管。在此基础上，建立以中央银行为核心的现代金融管理体制，使其成为拥有完全自主权

① 墨西哥银行在墨西哥担负中央银行职能。《墨西哥银行法》是确立墨西哥银行作为中央银行的地位与职责、组织管理和业务经营活动的法律，因此，该法律也被称为《墨西哥中央银行法》。资料来源：墨西哥银行，检索时间：2018 年 2 月 13 日。http://www.banxico.org.mx/disposiciones/marco-juridico/ley- del-banco-de-mexico/ley-del-banco-mexico.html

的独立的货币政策决策和管理机构。根据《墨西哥银行法》，中央银行取代财政部成为制定和实施货币政策、利率和汇率政策的唯一部门。

墨西哥中央银行下设多个部门，主要有经济研究部、金融市场部、金融稳定部、支付系统和公司服务部、法务部、货币发行部、信息科技部等。

9.1.2 货币政策的制定与执行

墨西哥银行负责制定和实施货币金融政策，货币政策的首要目标是实现物价稳定。墨西哥实行通货膨胀目标制的货币政策，通过利率工具影响通货膨胀预期，使通货膨胀率保持在稳定的低水平之上，并以此来创造就业、实现经济可持续增长。1988 年以前，墨西哥中央银行使用的货币政策工具主要是指标管理、法定存款准备金制度、强制性贷款投向制度、存款银行机构的最高存款利率、私营部门贷款最高限额制度等。1988 年之后，根据经济发展的需要，墨西哥央行的货币政策工具调整为存款准备金、公开市场业务、贴现和再贴现。利用这三种货币政策工具，墨西哥央行主要通过国债市场、股票市场和债券市场进行公开市场业务的操作。墨西哥中央银行每季度发布一次报告，对墨西哥经济运行的内外部环境、通货膨胀、货币政策的执行情况进行通报，并对未来两年每个季度的 GDP 和 CPI 预计值进行披露。此外，该报告还会指出影响墨西哥经济未来运行的有利和不利条件，并对这些因素进行分析。

墨西哥于 2001 年开始实行通货膨胀目标制的货币政策，其初衷是在制度层面保证墨西哥比索币值的稳定。2003 年，墨西哥中央银行确立了 3%的年度通货膨胀目标（以消费者价格指数，即 CPI 为衡量指标），并且可以上下浮动一个百分点，即通货膨胀目标区间是 2%～4%。至此，墨西哥建立了透明的货币政策准则，并且强化了中央银行与公众的沟通。墨西哥中央银行在每个季度的货币政策报告中会公布对未来 4～6 个季度通货膨胀率的预测，这成为与公众沟通的工具。

墨西哥中央银行具有完全独立性，不存在财政主导，同时实行浮动汇率制度。政策透明、央行沟通以及对公众负责是墨西哥通货膨胀目标制货币政策建立和存在的基础。自 2001 年以来，墨西哥货币政策的传导机制日趋完善，货币政策时滞在缩短、通货膨胀惯性降低、汇率传递效应减弱。通过强化预期，墨西哥货币政策的有效性得以提高，尤其是在 2006 年之后更为显著。①

与绝大多数国家的中央银行一样，墨西哥中央银行使用隔夜拆借利率作为货

---

① Banco de México，Compilación de Informes Trimestrales Correspondientes al Año 2016，p. 46，检索时间：2018 年 4 月 3 日。http://www.banxico.org.mx/publicaciones-y-discursos/publicaciones/informes-periodicos/anual/%7B6A0E446F-C47C－68D3－8172－41CE703FAE86%7D.pdf

币政策工具。中央银行通过在银行间拆借市场控制流动性来调节利率水平，从而从供给和需求两个渠道实现通货膨胀目标。从图 9－1 来看，利率的变动会通过五个渠道影响通货膨胀目标。其中的四个渠道是通过影响流动性的供给和需求，实现通货膨胀目标；利率影响通货膨胀的第五个渠道是公众的通货膨胀预期。

一是资产价格渠道。利率变动后，包括股票、房地产在内的不同资产的价格也会变化。这将会通过支出转换效应影响居民和企业的支出。金融市场越发达，该效应越大。

二是信贷渠道。货币政策可以影响信贷的获取以及期限结构，从而放大利率的传导效应。特别是在高利率环境下，银行会对高风险项目信贷进行严格审核。信贷渠道还能影响家庭在当期消费和未来消费之间的选择。

三是利率渠道。当中央银行对参考利率进行调控，短期利率会跟着变动。同样，中期和长期利率也会受到影响，尽管变动幅度不大。因此，整体利率期限结构将重新达到平衡。由于不同部门的支出受部门主体对预期利率水平的影响，中央银行调控参考利率将影响经济主体的行为，支出结构和支出规模都将受到影响。在墨西哥，这一渠道影响程度较小。

四是汇率渠道。根据非抛补利率平价理论，国内利率提高将使国内金融资产的吸引力提高。在一个小型开放且资本自由流动的经济体中，这将会使本币升值，原因是以墨西哥比索计价的资产更受欢迎。因此，汇率变动将同时影响总供给和总需求。

五是预期渠道。政策利率的变动表明中央银行实现低且稳定通货膨胀率的决心，这将使公众调整对通货膨胀的预期。

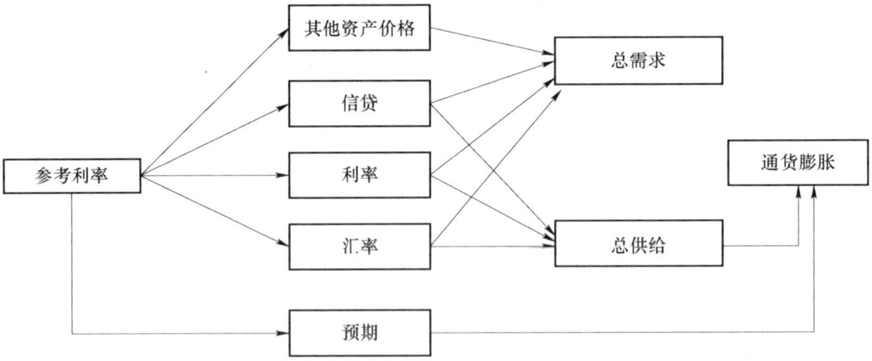

图 9－1　墨西哥货币政策传导渠道

资料来源：墨西哥中央银行。http://www.banxico.org.mx/politica - monetaria - e - inflacion/material - de – referencia/basico/preguntas - frecuentes - de - politica - monetaria - e - infla/monetary - policy - and - inflation.html

9.2 墨西哥银行业的构成

墨西哥的银行系统主要包括商业银行和发展银行两大类。商业银行是墨西哥银行系统的主要组成部分，其主要职能是为企业提供短期流动资金、吸纳储蓄、进行证券交易和发放贷款等各类业务。墨西哥外贸银行、墨西哥国民银行、墨西哥北方银行、墨西哥汇丰银行、墨西哥桑坦德银行是墨西哥银行业中资产规模最大的 5 家银行，其资产总额占到墨西哥银行业的 68%。近年来，中国工商银行墨西哥分行、中国银行墨西哥分行，在墨西哥的金融业务快速扩展。发展银行是政府为某些优先发展的经济部门提供资金而建立的金融机构。墨西哥的发展银行主要有国家金融发展银行、对外贸易银行、国家储蓄和金融服务银行、海陆空国家银行、国家公共工程和服务银行、墨西哥联邦抵押公司等。

9.2.1 墨西哥主要商业银行

商业银行的主要职能是为企业提供短期流动资金、吸纳储蓄、进行证券交易和发放贷款等。20 世纪 50 至 60 年代期间，在墨西哥全国相继建立了 34 家地区银行，初步形成了全国的商业银行体系。80 年代初，墨西哥政府实行银行国有化，商业银行被收归国有。90 年代中期，随着新自由主义政策的实施，墨西哥的商业银行重新私有化。1998 年 10 月，墨西哥政府取消了对外国银行进入墨西哥的所有限制，外国银行加快了进入墨西哥的步伐。通过大规模的购买和兼并，外资银行得以较低的价格购买墨西哥银行资产，并彻底改变了墨西哥银行的原有体系。截止 2018 年 10 月，墨西哥共有商业银行 52 家，发展银行 10 家，其资产规模分别占到墨西哥金融业的 46.6%和 11.2%。[①]

2014 年 11 月，墨西哥银行和证券委员会（CNBV）正式批准中国工商银行在墨西哥的银行牌照申请；在经历两年的筹备、墨西哥银行和证券委员会的四轮监管检查后，2016 年 5 月，中国工商银行墨西哥分行（简称工银墨西哥）在墨西哥获得银行业务经营许可证，成为首家进入墨西哥的中国金融机构。2016 年 6 月，中国银行墨西哥分行（简称中银墨西哥）也获准在墨西哥成立，获得运营许可证，并于 2018 年 7 月正式对外营业，成为第二家进入墨西哥的中资银行。毫无疑问，中资银行的进入让墨西哥的金融体系更加多元化，有利于提高墨西哥银行业抵御金融风险的能力。

---

① 数据来源：墨西哥银行，Reporte sobre el Sistema Financiero 2018。http://www.banxico.org.mx/

9.2.1.1 墨西哥外贸银行

墨西哥外贸银行（BBVA Bancomer, S.A.）[①]是墨西哥最大的全能制商业银行。该银行成立于1932年，首家营业网点于1936年在墨西哥城正式对外营业，之后在美国的芝加哥和纽约先后设立分支机构。该银行最初由墨西哥本国及美国企业家共同出资，名称为Bancomer。1982年9月波蒂略政府期间，Bancomer被国有化。1991年12月，萨利纳斯总统执政期间实行银行业私有化，墨西哥大财团VAMSA-VISA收购了Bancomer的56%的股份。1995年，墨西哥外贸银行建立了汇款业务，1997年又建立了养老金业务。2000年，西班牙毕尔巴鄂比斯开银行（Banco Bilbao Vizcaya Argentaria，BBVA）注资14亿美元，银行更名为墨西哥外贸银行（BBVA Bancomer)，通过并购成为墨西哥最大的商业银行。2004年，BBVA追加投资，对墨西哥外贸银行的股权控制达到98.88%。

墨西哥外贸银行主要负责为本国的对外贸易提供担保和促进服务，其主要基金来源于银行资本、外国贷款及自身经营活动中的利润。该银行拥有多项经营牌照：银行产品和服务、股票市场经纪、保险、共同基金管理和其他金融服务。截至2017年底，墨西哥外贸银行总资产为21 688.4亿比索，客户总数1 900万，建有1 840个国内分支机构、11 724个ATM、26.3万个POS终端，是墨西哥最大的商业银行。其国内分支机构占有率为14.4%，ATM覆盖率为23.7%，POS终端覆盖率达28%，均排名墨西哥第一位。墨西哥外贸银行在总资产、不良贷款发生率、信用卡持有量、抵押贷款、客户存货、共同基金等领域均领跑墨西哥。同时，墨西哥外贸银行在美国、西班牙、委内瑞拉、哥伦比亚、巴西、秘鲁、玻利维亚、阿根廷等11个国家建有分支结构。[②]

9.2.1.2 墨西哥国民银行

墨西哥国民银行（Banco Nacional de México，S.A，Banamex）[③]是1884年由两家银行合并后成立的银行。成立之初，作为商业银行，代理国家银行职责，代发纸币。1929年开始设立储蓄账户服务，并在纽约设立代表处，1958年开始个人贷款业务，1968年发行拉美第一张信用卡，1972年开始提供24小时现金提款服务。1982年波蒂略政府期间，该银行被国有化。萨利纳斯总统执政期间实行银行业私有化，1992年墨西哥国民银行被私人证券投资者购买，成为墨西哥国民银行

---

① 网址为：https://www.bancomer.com/

② BBVA Bancomer，Informe Annual 2017，检索时间：2018年2月1日。https://portal.bancomer.com/bancainversiones/informe_2017. html

③ 网址为：https://www.banamex.com/

（Banamex）金融集团旗下的银行。2001 年花旗集团以 125 亿美元收购墨西哥国民银行。目前墨西哥国民银行同时隶属于 Banamex 金融集团和花旗集团。2013 年拥有员工 3.2 万人，总资产 1.1 万亿比索。2015 年底，墨西哥国民银行（Banamex）资产占墨西哥银行业资产总额的 16.11%。

9.2.1.3 墨西哥北方银行

墨西哥北方银行（Banco Mercantil del Norte，Banorte，）[①]是墨西哥最大的本土银行，没有外资参与，目前只在新莱昂州和墨西哥城提供金融服务。墨西哥北方银行成立于 1899 年，最初名称为蒙特雷商业银行，1947 年与“北方地区银行”合并。1986 年正式更名为“北方商业银行”。1992 年被私有化，由目前的以巴雷拉为首的企业家收购，此后开始提供证券、保理、租赁等服务。2006 年收购美国得克萨斯银行（Inter National Bank de Texas），2010 年以 13 亿美元收购伊克塞（IXE）金融集团，成为墨西哥三大银行机构之一。2007 年，它在墨西哥最适合工作的公司名单中位于第 84 位。2015 年底，墨西哥北方银行的利润为 135.18 亿比索，是墨西哥第三大商业银行；该银行资产占墨西哥银行业资产总额的 14.98%。

9.2.1.4 墨西哥汇丰银行

墨西哥汇丰银行（HSBC México）[②]是汇丰银行在墨西哥的分行，是墨西哥四大银行之一，拥有 1 400 多个网点，5 200 多个自动提款机，员工 2.2 万人。该银行的前身为国际银行（BANCO INTERNACIONAL SA，BITAL），2002 年 11 月被汇丰银行收购。2004 年 1 月 29 日，BITAL 所有网点更名为汇丰，汇丰还在报纸、电视、广播中做了大量宣传，在墨西哥城国际机场行李车、出租车、公交车、送报纸的塑料袋、售花亭、高层建筑屋顶等到处可见汇丰的宣传标识。BITAL 银行原有客户在收购的当天收到了有汇丰标志的新的信用卡。汇丰银行在墨西哥还涉足保险、养老金、房贷等多种业务。2015 年底，墨西哥汇丰银行（HSBC México）资产占墨西哥银行业资产总额的 6.88%。

9.2.1.5 桑坦德墨西哥金融集团

桑坦德墨西哥金融集团（Grupo Financiero Santander Mexico，S.A.B. de C.V.，简称桑坦德墨西哥银行）[③]是西班牙桑坦德银行在墨西哥的分行。西班牙桑坦德银行创立于 1857 年，总部位于西班牙，是该国最大的银行，也是欧洲第二大银行。

① 网址为：http://www.banorte.com/

② 网址为：http://www.hsbc.com.mx/1/2/

③ 网址为：http://www.santander.com.mx/mx/home/

1996 年 12 月，桑坦德银行收购了墨西哥投资金融集团（InverMexico），成立了桑坦德墨西哥金融集团。2000 年 5 月收购塞尔分（SERFIN）集团。[①]桑坦德墨西哥金融集团是一家在墨西哥提供各种银行服务的金融机构，总部位于墨西哥首都墨西哥城，2016 年底有全职雇员约 1.7 万人，为个人、私人银行客户、中小企业、政府机构、企业和机构客户提供一系列金融和相关服务。

桑坦德墨西哥金融集团的产品和服务包括存款产品（储蓄账户、定期存款及银行同业存款单）、贷款产品（抵押贷款、信用卡、薪资贷款、个人贷款与其他贷款）。桑坦德墨西哥银行还参与企业借贷活动，如企业及营运资金融资、外贸融资，与提供现金管理、证券经纪、网络和移动银行服务。桑坦德墨西哥银行还提供发起与经销单位的结构性信贷与债券商品、债务资本市场、项目融资，以及资产和资本结构。此外，桑坦德墨西哥银行还提供股票保管与相关服务，其中包括股票衍生性商品、交易所交易的衍生性商品、现金股票、全球托管、证券服务和股票研究。截至 2016 年 12 月 31 日，桑坦德墨西哥银行在墨西哥共有 1 364 家办事处、6 825 台自动提款机以及 2 791 个联络中心。

9.2.1.6 中国工商银行（墨西哥）有限公司

中国工商银行（墨西哥）有限公司（简称“工银墨西哥”）是中国工商银行在墨西哥的全资子银行，2014 年 11 月获取墨西哥颁发的银行牌照，是墨西哥第一家中资金融机构。经过人员、系统、制度等各方面细致准备，2016 年 5 月 23 日，工银墨西哥获批营业牌照，6 月 6 日正式对外营业。工银墨西哥已建立了一支由中墨金融专家组成的专业团队，将为大中型企业和政府客户提供信贷、贸易融资、存款、汇款、外汇交易等产品，重点参与能源、基础设施、制造业、电信、贸易等领域合作。工银墨西哥还将发挥桥头堡作用，作为汇聚工行集团全球资源的中枢，连接客户需求和工行的全球产品和服务。不仅助力中国企业和中国商品进入墨西哥，而且协助墨西哥企业走向中国乃至全球市场。协调集团机构对墨西哥提供大额信贷支持和投行、商品交易、租赁等产品，推动人民币在墨发展，通过分布在全球 42 个国家的机构网络串起 532 万企业客户和 5 亿个人客户资源，为客户提供增值服务。工银墨西哥将全力发挥墨西哥市场首家中资银行的先发优势，搭建中墨贸易和投资合作的桥梁，努力成为当地具有良好社会声誉的、有影响力的优秀外资银行。

---

① SERFIN 前身为成立于 1864 年的伦敦、墨西哥和南美银行，伦敦、墨西哥和南美银行为墨西哥最早的银行，最早开始发行纸币，最早提供一体化金融服务。

9.2.1.7 中国银行（墨西哥）有限公司

中国银行（墨西哥）有限公司（简称中银墨西哥）是中国银行在墨西哥的全资子银行。2016 年 6 月，中银墨西哥获得墨西哥银行和证券委员会（银证委）的正式批准，在墨西哥正式成立，2018 年 6 月获得在墨西哥组织和运营多种银行业务的许可，2018 年 7 月 18 日，中国银行墨西哥子行正式对外营业，成为第二家进入墨西哥的中资银行。中银墨西哥分行初始资本额总计为 8.75 亿比索（约合 4 400 万美元）。

中国银行（墨西哥）有限公司将立足于墨西哥本地，秉承追求卓越的精神，大力发展公司金融、贸易融资、双边授信、银团贷款、金融市场和其他业务；同时发挥中国银行全球化服务网络优势，通过集团海内外机构的整体联动，在促进中墨两国经贸往来与合作方面发挥桥梁和纽带作用，积极支持两国企业相互开展投资业务，为墨西哥企业、走出去和走进来企业提供优质高效的金融服务。[①]

9.2.2 墨西哥政策性银行

墨西哥政策性银行是政府为某些优先发展的经济部门提供资金而建立的金融机构，包括引领国家社会发展的墨西哥国家金融发展银行（Nacional Financiera，Nafin）、促进对外贸易发展的对外贸易银行（Banco Nacional de Comercio Exterior，Bancomext）、提升国家基础设施建设水平的国家工程和公共服务银行（Banco Nacional de Obras y Servicios Públicos，Banobras）、促进民间储蓄和信贷的国家储蓄和金融服务银行（Banco del Ahorro Nacional y Servicios Financieros，Bansefi）、专门为军队提供信贷的海陆空国家银行（Banco Nacional del Ejército，Fuerza Aérea y Armada，Banjército）、为建设，购置和改善住房的墨西哥联邦抵押公司（Sociedad Hipotecaria Federal，SHF）。其中，墨西哥国家金融发展银行、墨西哥对外贸易银行和墨西哥国家储蓄和金融服务银行较为重要。

9.2.2.1 国家金融发展银行

墨西哥的国家金融发展银行（Nafin）是该国最重要的以促进发展为目标的政策性银行。该机构成立于 1934 年，是财政部的下属机构之一，在引领国家社会发展、经济转型方面起着举足轻重的作用。成立之初，墨西哥发展银行的职能是促进证券市场的发展以及使金融资源流向生产性活动。墨西哥国家金融发展银行受国家财政支持，鼓励商业银行和信贷机构提供更多、更廉价的贷款，其主要职能

---

① 中银墨西哥网址：http://www.bankofchina.com/mx/es/index.html

是利用市场价值和金融资源推动促进墨西哥生产投资活动及基础经济设施建设。同时，搭建一座连接政府与银行等金融机构的桥梁，承接联邦政府项目，帮助墨西哥中小型企业融资贷款等。

成立以来的 80 多年里，Nafin 的职能随着墨西哥政府设定的经济发展不同目标，在不断调整。它主要可以划分为 5 个时期。机构设立至 1940 年，这一时期的主要任务，一是将政府和国有银行的不动资产再投入到私有经济的生产中；二是逐步促进证券市场的形成并在证券市场中发挥作用。1937 年该机构在墨西哥证券市场上发行了首只债券。1940—1946 年，墨西哥政府确立了发展基础设施、推动生产性投资的基本目标。这一时期，Nafin 发行了多只债券凭证，为修建灌溉工程、道路桥梁、铁路、机场等城市基础设施进行融资。这一时期，该机构先后获得来自世界银行、美国进出口银行、美洲开发银行以及来自美欧等多国私人银行的多笔贷款，为墨西哥修建道路提供资本。

第二次世界大战结束后，墨西哥经济进入长达 30 多年的进口替代工业化时期。这一阶段，是墨西哥国家金融发展银行扩张发展的重要时期。为推动进口替代战略的实施，墨西哥国家金融发展银行为那些涉及国家发展战略意义的国有企业的融资做出了重要贡献。此外，为满足中小企业融资的需要，1954 年设立了首只信托基金，1957 年至 1970 年间，又先后成立了 9 家信托发展基金，其中包括非金属矿业发展信托基金、中小矿业企业发展担保基金、糖业发展基金、全国劳动力培训服务中心等。1974 年，Nafin 修订了该机构的组织法，以加强和改进其金融政策的协调和实施能力，实现机构的现代化，向金融服务综合性和全能型银行的方向扩展。1975 年, Nafin 与金融国际集团合并，拓宽了其资金的渠道和业务的覆盖范围。此外，通过在其他国家的金融中心设立办事处，Nafin 加快了国际化步伐。至 70 年代末期，墨西哥国家金融发展银行已经成为拉美地区重要的发展银行之一。

20 世纪 80 年代的债务危机和 90 年代的新自由主义经济改革时期，墨西哥国家金融发展银行的主要职能是为中小企业融资需求提供服务。这一时期，该机构将不同的信托基金整合为特定的机构融资项目，建立了资本投资公司 Sincas，通过吸收非银行的金融中介扩展了资金渠道。1986 年，墨西哥公布了新的公司法，突出了发展银行信贷机构的核心作用。

进入 21 世纪以来，国家金融发展银行不断创新融资理念，2001 年推出“生产链条计划”，成功地将保理介入链式融资模式，为核心大企业和中小供应商之间搭建融资平台，在墨西哥经济转型方面起到了举足轻重的作用。目前该机构已在 32 个国家建立了分支机构，其国际化的程度有了很大的提升。2017 年，Nafin 在日本证券市场两次发行 5 年期债券，分别获得 100 亿日元和 150 亿日元的资金。作为墨西哥最大的发展银行，Nafin 注重缓解中小微企业融资难的问题，为中小微企业提供更为优惠条件的信贷，其信贷的 95%是面向中小微企业。

目前，墨西哥国家金融发展银行的主要融资计划和融资平台有：促进计划（Programa de Fomento）、私人部门信贷与担保计划（Programa de Crédito y Garantías al Sector Privado）、生产链条计划（Programa de Cadenas Productivas）、部门计划（Programas Sectoriales）等。此外，还提供企业培训和技术帮助计划（Programa de Capacitación Empresarial y Asistencia Técnica）。2017 年，墨西哥国家金融发展银行通过信贷担保项目，共融资 5 508.34 亿比索（约折合 288.1 亿美元），其中 56.9%是二级业务，40.1%是通过担保项目实施融资，2.2%是直接融资给私有企业，0.8%是提供给农业、农村、林牧业发展项目；① 通过生产链条计划、传统的贴现业务、微型商务及配套项目等方式，该机构为私人部门融资 5 465.34 亿比索（约折合 286 亿美元），使 56.55 万人受益，其中 99.8%为中小微企业。

2001 年，墨西哥国家金融发展银行推出“生产链条计划（Programa de Cadenas Productivas）”，创建了电子保理平台，各家企业和保理商在电子平台上进行反向保理运作。这种链式融资是以核心企业为切入点，针对核心企业上下游长期合作的供应商、经销商提供融资服务的一种授信模式。墨西哥政府对 Nafin 的融资平台给与了大力支持。2007 年，墨西哥联邦预算法案要求联邦政府公共管理部门全部注册“生产链条计划”平台，帮助供应商融资。目前，墨西哥 190 家大买家和 70 000 家中小企业参加了这一平台，有大约 20 家国内银行和独立财务公司参与进来。在该项计划中，Nafin 通过两条途径为中小供应商提供融资：对商业银行等金融机构的保理融资进行再融资和为客户提供直接融资（主要是公共项目），分别占其总业务的 90%和 10%。通过把以大买家为核心的供应链引入保理融资平台，该项目为大买家上游中小企业供应商提供融资便利。该计划应用反向保理融资模式，依赖供应链贸易中资质高的付款方的信用，由金融机构对核心企业的风险等级进行评估，然后买断其应收账款，并约定在未来时间由核心企业回购该笔授信资金。②大企业良好的信誉水平，弥补了中小供应商信用等级不高的问题，从而避免了效益不错的中小供应商无法获得融资的尴尬。在企业商务

---

① 数字来源：NACIONAL FINANCIERA,S.N.C. Informe Anual 2017. https://www.nafin.com/portalnf/files/secciones/normatividad/pdf/informes_anuales/IA-espan_771_ol_v05-intranet.pdf

② 五道口保理学院，海外应收账户融资透视，首席财务官，2017 年 02 期，检索时间：2018 年 12 月 23 日。http://www.rongzizulin.com/Infor/Detail/201102

生态链的形成过程中，Nafin 提供保理、合同融资、培训及技术援助等全套服务。2017 年，通过“生产链条计划”，Nafin 授信 1 943.18 亿比索（约折合 101.26 亿美元）[①]。

墨西哥国家金融发展银行的部门计划（Programas Sectoriales）是该行近年推出的面向中小微企业融资，以推动就业和促进优先部门发展为目标的项目之一。2017 年，通过部门计划，Nafin 共授信 20 483 笔，金额达到 171.82 亿比索，主要包括子项目：普惠性金融（授信 8 700 笔，金额 62.38 亿比索）；区域发展（授信 2 093 笔，金额 35.39 亿比索）；供应商发展（授信 1 747 笔，金额 34.54 亿比索）；现代化与配套（授信 1 757 笔，金额 32.25 亿比索）等。

9.2.2.2 对外贸易银行

墨西哥的对外贸易银行（Bancomext）成立于 1937 年 6 月 8 日，同年 7 月 2 日正式营业，是墨西哥重要的政策性银行之一。1960 年，墨西哥对外贸易银行确立了三大目标：通过为本国的对外贸易提供担保和促进服务，促进贸易盈余、改善贸易条件、实现工业化。[②]墨西哥对外贸易银行的资金，来源于银行资本、外国贷款及自身经营活动中的利润。主要提供的服务包括：发放短期和中长期贷款，促进非石油产品及服务的进出口；为扩大墨西哥出口产品基地提供资助；为外贸公司和金融机构的出口提供短期和中长期风险担保；为国际商务交往和外国投资提供财务、贸易、法律、信息及培训、咨询等服务；引导各类资源用于鼓励对外贸易，确保外贸业务顺利进行；积极支持中小型企业出口。

墨西哥对外贸易银行以其公司治理结构为基础，建立了内部控制系统，包括董事会和具有决策权的具体业务委员会。这些委员会包括内部风险管理、信贷业务、投资服务、人力资本管理、IT 系统、审计和内部控制等。目前，墨西哥对外贸易银行提供流动资金贷款、银团贷款、企业贷款、设备贷款、结构性信贷、工业仓储租赁、信用证、信托服务、风险投资基金、评估服务、外币银行存款、外汇交易和货币市场服务。

2016 年，墨西哥对外贸易银行的私人部门融资额达到 2 254.4 亿比索，同比增加 19.5%，总计为 4 605 个企业提供了服务，其中 90.8%是中小企业。该机构资本充足率达 19.02%，不良贷款率只有 1.1%。2012—2016 年，墨西哥对外贸易银行的重点业务领域有：能源、交通和物流、矿产、旅游、工业基础设施建设、电

① 数字来源：NACIONAL FINANCIERA, S.N.C. Informe Anual 2017. https://www.nafin.com/ portalnf/files/secciones/normatividad/pdf/informes_anuales/IA-espan_771_ol_v05-intranet.pdf

② http://www.bancomext.com/conoce- bancomext/quienes-somos/antecedentes-historicos

力，增幅均超过了100%。根据墨西哥对外贸易银行2013—2018年项目计划，[①]该银行制定了五大目标：一是扩大出口、增加盈利；二是通过融资促成进口替代并提高企业生产能力；三是提升墨西哥企业的国际化水平；四是为中小企业融资提升墨西哥的出口增加值；五是通过相应融资项目吸引更多的外国资本进入墨西哥。[②]

9.2.2.3 国家储蓄和金融服务银行

墨西哥国家储蓄和金融服务银行（Banco del Ahorro Nacional y Servicios Financieros，Bansefi，https://www.gob.mx/bansefi），成立于2002年1月，其前身是1950年成立的国家储蓄基金会（Patronato del Ahorro Nacional）。截至2016年底，国家储蓄与金融服务银行在墨西哥全国设有429家分支机构，2 118位银行工作人员。作为墨西哥政府发展银行中唯一的二级银行，Bansefi将政府必要的金融支持引导到加强和扩展小额储蓄及小额信贷，通过广泛的分支机构和财务计划网络，使国内偏远地区的居民和社区更好地享受金融服务。[③]该银行拥有一套完整的社会银行体系来为他将近140万用户服务，提供包括个人储蓄、人寿保险以及金融等服务。

支持小额储蓄和信贷发展，推广金融文化和推进金融机构之间的储蓄，是Bansefi的宗旨之一。近年来，Bansefi通过提供合适的金融产品和服务、推进技术基础设施的建设、打造专业有担当的人员队伍，促进联邦政府和不同机构之间的相互支持与协作。

在促进储蓄和普惠金融，提升普惠金融的覆盖面，让更多的农户、贫困人群及小微企业能及时有效地获取价格合理、便捷安全的金融服务方面，Bansefi推出了一项面向低收入群体的“繁荣计划”。在该计划中，金融教育与存贷款、保险、社会福利发放等并列为重要的服务内容之一，并被认为是后三项服务得以开展的前提。为培育弱势群体持续获得金融服务的能力，Bansefi向低收入人群提供2 500比索以上、最长期限可达36个月的小额信贷产品，前提是贷款客户必须在银行保有平均每月至少2 000比索的存款，以此培养低收入人群的储蓄习惯。[④]

---

① Bancomext，PROGRAMA INSTITUCIONAL DE BANCOMEXT 2013—2018，检索时间：2018年4月21日。http://www. bancomext. com/wp-content/uploads/2014/07/Plan_Inst_2013 – 2018.pdf

② http://www.bancomext.com/staticcontent/informe-anual-2016/dist/index-en.html

③ Banco del Ahorro Nacional y Servicios Financieros，S.N.C.，检索时间：2018年6月1日。https://www.gob.mx/bansefi/que-hacemos

④ 中国银监会普惠金融部课题组，墨西哥、巴西发展普惠金融的经验与启示，《中国农村金融》，2016年第12期。

国家储蓄与金融服务银行通过向微型金融机构、社区金融机构、合作信贷与储蓄机构等这三类非银行的小型私营信贷机构，提供低成本的转贷资金和融资担保业务，服务低收入群体。

9.3 墨西哥其他金融机构

9.3.1 证券经纪公司

证券经纪公司是指专门经营证券业务，具有独立法人地位的有限责任公司或者股份有限公司。作为金融市场的中介，墨西哥证券经纪公司在该国证券交易市场中发挥着十分重要的作用。为全国证券登记处登记的证券提供经纪服务，是墨西哥证券交易所（Bolsa Mexicana de Valores）的六大业务之一。

根据墨西哥中央银行的数据，截至2017年，参与墨西哥SPEI（Sistema de Pagos Electrónicos Interbancarios，跨行电子支付系统[①]）的103家金融机构中，全能银行46家，占44.66%，证券经纪公司17家，占16.50%。

墨西哥阿克廷证券公司（Actinver Casa de Bolsa，官网：www.actinver.com）、墨西哥北方银行伊克塞证券公司（Casa de Bolsa Banorte Ixe，官网：http://www.cbbanorte.com.mx/）、西夫集团（SIF ICAP，官网：www.sif.com.mx）、巴克莱斯（Barclays）旗下的证券经纪公司、西班牙毕尔巴鄂比斯开银行（BBVA）旗下的证券经纪公司、巴西最大的投资银行勃特格投资银行（BTG Pactual）旗下的证券经纪公司等，在墨西哥证券市场上均占有重要的位置。

阿克廷证券公司是一家集经营证券经纪、保险、租赁等综合业务为一体的大型金融集团。该集团成立于1994年，2004年收购了Bursamex证券经纪公司；2009年5月收购美国保德信金融集团（Banco Prudential y Prudential Financial）在墨西哥的42只投资基金的资产管理业务（Operadora de Sociedades de Inversión）。[②]根据墨西哥证券行业协会的资料显示，阿克廷证券公司（Actinver）目前是墨西哥最大的独立资产管理公司，拥有一家经纪公司和一家共同基金管理公司。

北方银行证券公司（Casa de Bolsa Banorte Ixe）是墨西哥北方金融集团（Grupo

---

① 墨西哥跨行电子支付系统，简称SPEI，是由墨西哥中央银行建设与管理的快速支付系统。

② 资料来源：https://www.actinver.com/webcenter/portal/Actinver/?_afrLoop=16698509784977493#!%40%40%3F_afrLoop%3D16698509784977493%26_adf.ctrl-state%3D7gu0h69mt_131

Financiero Banorte）旗下的证券经纪公司，而北方金融集团是墨西哥没有外资入股的主要银行之一。该集团成立于1942年，目前在墨西哥全国拥有39家营业处。在证券市场上，北方银行证券公司提供包括在墨西哥资本市场、货币市场和投资基金市场等进行交易的各种金融产品。①

墨西哥金融一体化服务公司（Servicios de Integración Financiera S. A. de C. V.，SIF）于1998年在墨西哥证券市场上获准成立。为了寻求更高层次的发展，SIF公司与加尔班国际资本有限公司（Garban Intercapital）于2000年合并，成为墨西哥债务市场上的领军企业。之后该公司又与英国毅联汇业（ICAP）合并，更名为SIF ICAP。ICAP是一家有20多年历史的英国公司，是全球最大的声讯和电子交易商间经纪公司，在30多个国家中有50多家分公司。目前，SIF ICAP主要是为固定收益票据的供求者提供中间经纪人服务，同时也专注于场外衍生品交易及相关的有价证券业务。②

墨西哥证券经纪公司必须遵守该国的国家证券委员会的规定和墨西哥中央银行的规定。

证券经纪公司必须遵守的国家证券委员会的规定有：一是以自有资金进行交易，以便利证券投资或帮助稳定证券价格，以及缩小这些证券买卖牌价的差额；二是提供证券保管与管理服务，将证券存入证券管理机构，或因证券的特殊性质不能存入证券保管机构时，则应将其存入由国家证券委员会选择的机构；三是以其资本总额中的支出部分进行投资；四是与其管理者和股票持有者进行证券交易；五是通过信用机构的营业所、分支机构或代理人进行证券交易活动；六是按照国家证券委员会的指示，对那些为其提供服务的公司进行投资，并使这些公司既遵守国家证券委员会的规定，也受该委员会的审查与监督。

证券经纪公司必须遵守的墨西哥中央银行的规定有：一是从信用机构或金融市场促进团体获得贷款或信用，以从事其专门活动；二是发放用于购买证券的贷款或信用，并对这些证券提供保证；三是执行证券回购协议。

9.3.2 保险公司

墨西哥的保险业出现于19世纪末，1870年就有了第一部保险合同法。当地保险公司较多，截至2016年12月，保险公司行业协会（Asociación Mexicana de

---

① 资料来源：Casa de Bolsa Banorte Ixe，检索时间：2018年12月23日。http://www.cbbanorte.com.mx/Portal/nuevo/IxeCrece.html

② 资料来源：SIF ICAP，检索时间：2018年12月23日。http://www.sif.com.mx

Instituciones de Seguros，AMIS）[①]会员企业 99 家，其中有 52 家是外国公司的分支机构。2015 年共有 3 家公司倒闭，其中有两家是外国公司。2016 年墨西哥保险业的保费收入为 4 476 亿比索（约折合 239 亿美元），占全球保费收入的 0.5%，位居巴西之后，是拉丁美洲第二大保险业市场。在全部保费收入中，寿险（43%）和车险（21%）是保费收入最高的两种类型，另外还包括财产保险（16%）、意外伤害险（16%）和养老金（4%）。[②]2016 年，墨西哥保险部门净收入较 2015 年增长近 80%，从 212 亿比索增加到 287 亿比索。[③]

墨西哥保险市场潜力巨大。根据安永（EY）的研究报告，墨西哥人口总数接近 1.3 亿，但是其保险参与率只有 2.3%，在拉丁美洲和加勒比地区排在智利（4.2%）、巴西（3%）、阿根廷（2.5%）、哥伦比亚（2.5%）和哥斯达黎加（2.3%）之后，位列第六。[④]其中，健康保险的市场潜力最大，当前缺口（与 OECD 国家相比）达 3.2 个百分点。[⑤]目前，墨西哥健康保险的覆盖率只有总人口的 7%，其中 2.8%来自私人保险。

墨西哥保险种类主要有以下几种：一是人寿保险（Seguros de vida），以被保险人的寿命为保险标的，且以被保险人的生存或死亡为给付条件的人身保险；二是生存保险（Seguros de supervivencia），是指以被保险人的生存为给付保险金条件的人寿保险，其储蓄功能强于人寿保险；三是事故和疾病保险（Seguros de accidentes y enfermedades），是指被保险人遇到意外伤害或疾病时的资金补偿；四是车险（Seguros de automóvil），标的物包括汽车和驾驶员；五是灾害民事责任险（Otros seguros de daños y responsabilidad civil），对因意外状况或第三方对个人或企业造成损失的货币补偿。[⑥]

---

① Amis，检索时间：2018 年 6 月 1 日。http://www.amis.com.mx/amis/directorio.html

② Seminario de Calificaciones A.M. Best 2017，Sesión Informativa del Mercado de Seguros – México，检索时间：2018 年 4 月 3 日。http://www.ambest.com/latinamerica/SPANISHSR2017930MexicoCitySeminarReport.pdf

③ Mexico Insurance Market in a Stronger Solvency Position One Year After New Regulations，检索时间：2018 年 5 月 19 日。https://www.businesswire.com/news/home/20170907006009/en/Best%E2%80%99s-Special-Report-Mexico-Insurance-Market-Stronger

④ Mexico Insurance Report 2018，检索时间：2018 年 5 月 19 日。http://www.ey.com/Publication/vwLUAssets/EY-mexico-insurance- report-2018/$FILE/EY-mexico-insurance-report-2018.pdf

⑤ Organisation for Economic Co-operation and Development（OECD），“OECD Health Statistics 2017”，June 2017.

⑥ Sistema Financiero，Banco de Mexico，检索时间：2018 年 5 月 21 日。http://www.banxico.org.mx/divulgacion/sistema-financiero/ sistema- financiero.html

9.4 墨西哥金融监管

9.4.1 金融监管体系

墨西哥金融监管体系由财政和公共信贷部（SHCP）以及墨西哥中央银行（BANXICO）负责，财政和公共信贷部下设银行和证券委员会（CNBV）、保险与担保委员会（CNSF）、全国养老金管理委员会（Comisión Nacional del Sistema de Ahorro para el Retiro，CONSAR）、银行存款保护局（Instituto para la Protección al Ahorro Bancario，IPAB）、保护金融消费者全国委员会（CONDUSEF）5个部门，各部门分别负责监管各自金融业务领域。2007—2009年国际金融危机发生后，墨西哥新成立了金融系统稳定委员会（Financial System Stability Committee，FSSC），负责宏观审慎监管职能，来甄别和评估经济现象和金融系统的风险。这个委员会的主席由财政部长担任，秘书长来自中央银行，其他金融监管机构都是金融系统稳定委员会的成员。

墨西哥财政和公共信贷部（SHCP）拥有墨西哥金融体系中的最高权威，负责计划、协调、评估、监管国家金融体系，进而监管墨西哥的所有金融机构，包括商业银行、开发银行以及证券交易所等，还负责国家税收征管。墨西哥中央银行是墨西哥货币政策的制定与执行者，并发布金融领域的监管规则。墨西哥国会于1993年修改宪法以授予中央银行自主权，这也成为墨西哥现代金融体系的支柱之一。墨西哥中央银行的自主权基于三大原则：独立确定货币供给、独立的中央银行理事会、独立于墨政府的组织机构。中央银行理事会由5位成员组成，均需由总统提名，参议院批准，由总统指定一名行长，其他4名为副行长。此外，理事会成员的任职资格、免职事由、权利、义务、责任、薪酬都由宪法明确规定，以保证独立性，这些与美国的联邦储备委员会非常相似。银行存款保护局（IPAB）负责保证银行存款的资金安全。保险、养老金和银行三大类金融服务分别由保险和担保委员会（CNSF）、全国养老金管理委员会（CONSAR）、银行和证券委员会（CNBV）进行分业监管（见图9–2）。

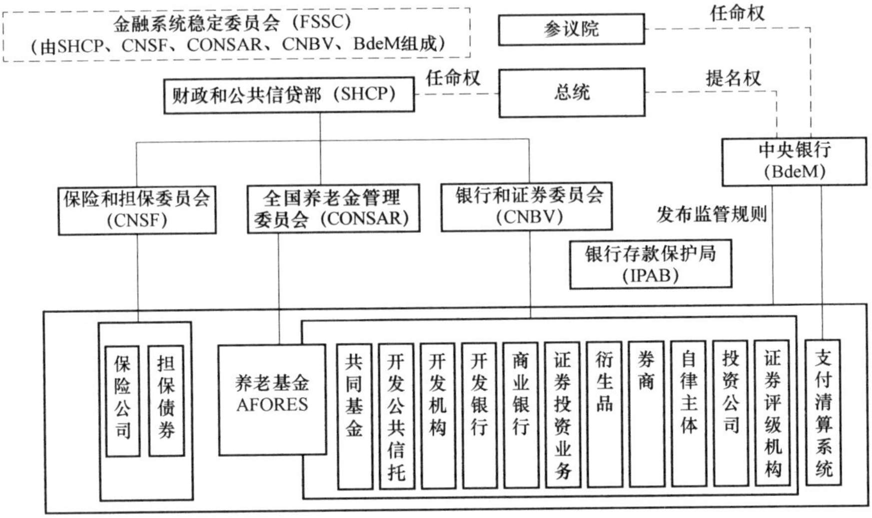

图 9－2 墨西哥金融监管体系

9.4.2 金融监管机构

墨西哥财政和公共信贷部（SHCP，官方网站：https://www.gob.mx/shcp）是一个实体部门，是联邦政府的一部分，对所有的政府收支进行管理。同时，墨西哥财政和公共信贷部还具备金融监管职能，对全国的银行体系进行规划、协调、评估和监管。

墨西哥财政和公共信贷部下设各个金融行业的管理机构，涵盖银行、证券、保险、养老金等各个方面。墨西哥银行和证券委员会（Comisión Nacional Bancaria y de Valores，CNBV，官方网站：https://www.gob.mx/cnbv）是墨西哥金融市场的管理机构，隶属于墨西哥财政和公共信贷部（SHCP），1995 年由银行和证券委员会合并成立。墨西哥银行和证券委员会负责对全国银行和非银行等金融机构进行监管，宗旨是为了解决金融危机中的金融监管不健全、银行体系运行效率低和大量的呆账、坏账，提高公众对金融系统的声誉问题。墨西哥银行和证券委员会具有管理、监督和处罚金融市场的交易和金融市场参与者行为的权力，并为其制定规则，为金融市场的正常运行提供保证。监管对象包括银行业、股票、债券和衍生品市场行业、投资基金、养老基金、辅助信贷组织等。其职责包括：一是批准证券的公开发行；二是建立并实施检查证券经纪公司和证券交易所的业务规则；三是对证券经纪公司和证券交易所进行行政干预；四是检查和监督在国家证券和中介注册局注册上市的证券发行公司的行为；五是调查那些导致有违背《证券市场法》进行交易嫌疑的行为，有权下令对假定责任方进行审查；六是当证券市场存在不良市场环境或没有按正确的操作或惯例进行交易时，下令终止证券报价；七是检查和监控证券保管机构的经营，批准和监控补偿制度，集中信息、评定证券等级和评估其他有助于便利经营或完善证券市场的手段；八是协调和仲裁证券交易中的利益冲突。墨西哥银行和证券委员会的任务之一是制定墨西哥金融市场的规则，近年来，主要包括与国际标准统一、金融创新、制度更新等。2016 年，墨西哥银行和证券委员会进行了 49 项决议修改，其中有 12 项涉及证券市场，10 项涉及银行部门，7 项涉及存贷款部门，其余则涵盖了金融公司、货币兑换以及其他金融体系的参与者。[①]其次，墨西哥银行和证券委员会负责对墨西哥金融体系中的实体和自然人进行监督。具体监督流程分为六个步骤：收集和分析相关信息、检查、观察、建议、整改、审核。截至 2016 年底，墨西哥银行和证券委员会共对 4 981 个参与体进行监督，其中有 2 170 个受到全面监督。第三，墨西哥银行和证券委员会负责对金融机构、自然人和法人的授权和注册资质。2016 年，墨西哥银行和证券委员会首次核准了投资项目信托债券（Cerpi）和能源与基础设施投资信托债券（Fibra E）的发行。[②]墨西哥保险和债券委员会（Comisión Nacional de Seguros y Fianzas，CNSF）是墨西哥保险市场的管理机构，隶属于墨西哥财政和公共信贷部（SHCP），具有管理、监督和处罚金融市场的交易和金融市场参与者行为的权力，并为其制定规则，为金融市场的正常运行提供保证。墨西哥全国养老金管理委员会（CONSAR），负责退休金以及在各退休基金管理公司间营造竞争氛围，以提高收益。值得一提的是，墨西哥退休金不是由政府管理，而是由数家私营金融机构运作。墨西哥银行存款保护局（IPAB），肩负保险存款职能，为银行和非银行金融机构的存款提供安全保证，确保其偿付能力，以提高银行系统的信用和维护金融市场的稳定。另外，墨西哥银行存款保护局还可以向银行提供金融救助，用于应对偿付危机。

9.4.3 金融监管法规

墨西哥宪法第 28 条为墨西哥金融监管设定了总框架，墨西哥制定了《中央银行法》（Ley de Banco Cantral de México）和内部控制管理条例，并且设立了相关管理规则，主要包括：银行储蓄保护法、商业破产法、信贷机构法、金融集团法、证券市场法和支付系统法等 12 部相关法律。与此同时，墨西哥中央银行每年会对

---

① CNBV，Annual Report 2016.

② Cerpi 是一种类似于私募股权的金融工具，允许机构投资者在房地产、金融、科技、能源和基础设施等项目进行投资。Fibra E 是专门针对能源和基础设施的信托债券。

金融体系进行相应的改革，主要涉及对货币和汇率政策、金融体系平稳发展、保护公众利益等方面。这些都会在中央银行网站进行公布。2016年，墨西哥中央银行共通过了12项公告。[①]

1999年1月19日，墨西哥通过了《银行储蓄保护法》，2000年、2006年和2014年分别进行了修订。该法共包含5个部分，94目条款。[②] 2000年5月12日，墨西哥颁布《商业破产法》，对破产的认定、清算、核准等进行明确规定，规范了金融机构的破产。该法共包括14个部分，342目条款。1990年7月18日，墨西哥颁布了《信贷机构法》，对墨西哥的商业银行和政策性银行的信贷业务进行监管。两类金融机构在墨西哥国内募集资金的全过程必须严格按照法律规定进行。该法一共有4个部分，281目条款。2005年12月30日，墨西哥通过了《证券市场法》，旨在保证墨西哥证券市场有效发展，保护投资者权益，降低系统性风险，形成竞争性环境。墨西哥证券市场上的机构投资者（含外资机构）和个人投资者均受到该法律的监管。2014年，墨西哥对《证券市场法》进行了修订，该法共含有423目条款。2013年4月，墨西哥通过了《保险与担保公司法》，旨在规范保险、担保、互助保险公司的注册与运营，以及这些公司合法开展的活动及交易。2014年1月10日，墨西哥通过了《金融集团法》，对市场主体参与金融交易进行监督和管理。该法共有7个部分，193目条款。

墨西哥外贸银行（**BBVA, Bancomer**）

墨西哥汇丰银行

① Amendments to the financial system during 2016，http://www.banxico.org.mx/disposiciones/marco-juridico/resumen-de -las-principales-reformas-al-sistema-fin/%7BD94DAF39 – 9FC7 – 52B3 – 2B2B – 3E84AD06CECB%7D.pdf

② 其中多条已经在2006年和2014年修订中被删除。

第10章 墨西哥金融市场

墨西哥金融市场的形成与发展伴随经济发展而实现。19 世纪末期，菲里奥·迪亚斯独裁统治时期，外国资本大量流入墨西哥，在一定程度上促进了墨西哥工农业生产的增长和资本主义的发展，同时也导致了墨西哥资本主义生产关系的畸形发展，国家经济命脉基本上被帝国主义控制和垄断。墨西哥金融市场形成于这一时期。1894 年证券交易所的成立标志着墨西哥金融市场的基本形成。目前，墨西哥资本市场、货币市场、投资基金以及外汇市场健全，交易的品质包括股票、债券、货币市场工具、证券投资基金、期货、期权、互换等各种金融衍生产品。

10.1 墨西哥货币市场

墨西哥货币市场主要指在交易市场上期限较短（一般为一年以内）、带有固定收益并且立即交割、具有较高流动性金融工具的市场。

10.1.1 货币供给

墨西哥中央银行的货币供给统计口径与国际标准一致。包括 M1、M2、M3、M4 等四种货币供给统计方式。M1 包括中央银行票据和公众持有的现金、居民手中持有的支票以及活期账户储蓄存款。M2 包括 M1，以及居民银行存款、居民所持政府和私人证券、养老金。M3 包括 M2，以及在墨外国居民的银行存款和证券，M4 包括 M3，以及在墨外国居民和本国公民在墨西哥银行机构的存款。[①]根据墨西哥中央银行的数据（见图10－1），2017年初以来，墨西哥各层级货币供给量保持相对稳定。

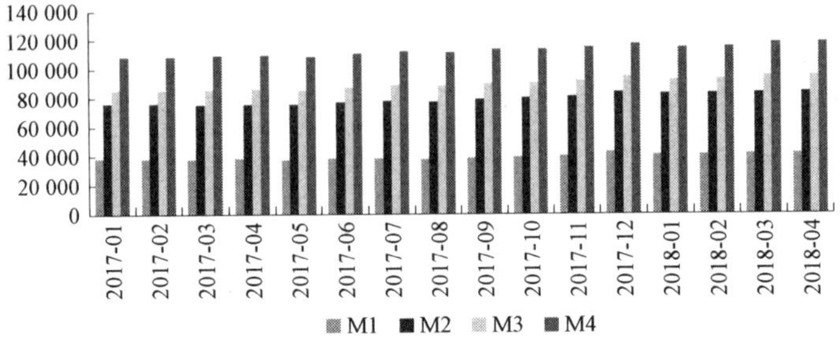

图10－1 墨西哥货币供给（亿比索）

资料来源：墨西哥中央银行数据库，检索时间：2018年5月19日。

http://www.banxico.org.mx/SieInternet/consultarDirectorioInternetAction.do?sector = 4&accion = consultarCuadroAnalitico&idCuadro = CA1&locale = en

10.1.2 货币市场工具

墨西哥政府的货币市场工具主要包括五种类型。

第一，联邦财政债券。联邦财政债券由墨西哥中央银行发行。它是联邦政府在债券到期日必须按债券面值支付债券持有者的一种债券。这种债券面值为1万比索，以贴现方式发行，投资者获得贴现收益和资本增值收益，以单利方式偿还，期限不超过1年。联邦财政债券既构成了联邦政府资金的一个来源，同时也是调节货币供应量的一种手段。

第二，联邦政府发展债券。联邦政府发展债券由联邦政府发行并担保。它是一种以比索计价的长期债券，面值为10万比索或其倍数。联邦政府发展债券的收益率由某些债券的最高利率所决定。这些债券主要是：每期开始发行的28天联邦财政债券，中央银行发行的1个月期的期票。联邦政府发展债券的利率每28天调整一次，同一期间按面值进行支付。联邦政府发行这一债券，在可以调节货币供应量的同时，也为联邦政府的长期建设项目提供了资金来源。

第三，联邦财政期票。联邦财政期票由联邦政府发行并担保，墨西哥中央银行保管。它是一种以美元面值计价的债券，面值为1 000美元，以贴现方式发行，到期日按面值偿还，投资者获得美元固定收益。联邦财政期票采取每周拍卖的方

① 墨西哥中央银行，检索时间：2018年5月21日。http://www.banxico.org.mx/divulgacion/glosario/glossary.html#M

式，本国或他国的个人和公司都可以购买，其汇率按墨西哥联邦政府《官方公报》上公布的官方汇率计算。联邦政府发行这一债券，主要是为联邦政府提供融资，为投资者提供汇率风险管理的机会，为货币供应量的调节提供服务。

第四，联邦国库券。面值为 1 000 比索，期限不低于 6 个月，并且以 7 天为倍数，平时存在墨西哥中央银行，每周拍卖发行。联邦政府在到期日必须支付所有者相当于外国货币的比索，按自由汇率计算。

第五，可调整的联邦政府债券。这是一种以比索计价，到期日由联邦政府支付一定数额本币的债券。首次发行的面值为 10 万比索。债券价值根据墨西哥中央银行公布的国家消费物价指数定期调整。

墨西哥私营部门的货币市场工具则主要包括以下 3 种类型。

第一，商业票据。这是由公司发行、期限较短、一般用来融通短期流动资本的货币市场工具。面值为 10 万比索或其倍数，无利息，以贴现方式发行。商业票据可以在墨西哥证券交易所上市买卖。

第二，指数化汇率商业票据。指数化汇率商业票据由公司以贴现方式发行，持有者可获得外币增值。发行指数化汇率票据的公司，必须持有足够的美元收入或不少于商业票据发行量的美元账户。

第三，银行承兑汇票。这是一种由公司以贴现方式发行、银行担保、证券保管公司代为保管的短期融资工具，包括公募和私募两种发行方式。

10.2 墨西哥资本市场

墨西哥的证券交易市场分为股票交易和债券交易两部分，由墨西哥银行与证券委员会（CNBV）依照墨西哥《证券法》负责协调和管理。目前，墨西哥有组织的证券市场管理中心是墨西哥证券交易所（Bolsa Mexicana de Valores，BMV）。墨西哥证券交易所管理着墨西哥主板市场和国际报价系统。墨西哥银行和证券委员会是在财政部领导下的政府机构，负责监督和调查中央证券受托人的证券交易所，并为其制定规则。墨西哥证券交易所监督股票发行者和经纪公司的行为，发布市场信息，鼓励墨西哥证券市场进行扩张和竞争。

10.2.1 墨西哥股票市场及证券交易所

墨西哥证券交易所（Bolsa Mexicana de Valores，BMV）是在遵守《墨西哥证券法》前提下由墨西哥财政部特许经营的一家公司，是墨西哥唯一的股票交易所。墨西哥证券交易所总市值超过5 300亿美元，是拉丁美洲地区第二大证券交易所，现任主席为海梅·路易兹·萨克里斯坦（Jaime Ruiz Sacristán）。墨西哥证券交易所具备现代企业结构，董事会下设各个委员会，负责墨西哥证券市场的各项具体工作。这些委员会包括：审计委员会、监管委员会、纪律委员会、发行委员会、技术委员会和规制委员会。在企业首次公开募股时，企业通过证券承销商利用墨西哥证券交易所在一级市场上募集资金。证券发行成功后，投资者便可以通过经纪公司在交易所（二级市场）进行买卖。墨西哥的股票市场是证券进行交易的场所，投资者通过中介机构（经纪公司）买卖股票和债券。墨西哥证券交易所并不直接买卖证券。投资者在证券交易所开立账户进行交易，买卖交割则通过经纪公司进行。

墨西哥证券交易所的经营业务范围包括现金、金融衍生品、场外交易（OTC），包括股票、固定收益和交易所交易基金在内的多种资产类别，以及本地和国际金融机构的托管、清算和结算业务。墨西哥证券交易所交易的债务工具包括：联邦财政部债券、联邦政府发展债券、投资股债券、银行承兑汇票等。此外，这里还进行共同基金和认股权证的交易。以上这些交易通过BMV-SENTRA股票系统以电子方式进行。2009年，BMV与Red Hat建立合作关系，改造用于墨西哥证券交易所股市运作的电子交易系统。在对全球领先的股票交易所进行了大量研究后，墨西哥证券交易所开始更新其用于股市操作的交易系统。这个新系统名为MoNet（Motor de Negociación Transaccional），取代适用于总部位于墨西哥城的墨西哥证券交易所的SENTRA Capitales系统。目前，MoNet已替换了墨西哥证券交易所的三个主要系统：一个位于资本市场，两个位于金融衍生工具市场。新系统的转化降低了维护成本，因为更新或修复一个市场的系统将作用于所有三个系统。

作为接轨世界潮流的具体实践，墨西哥证券交易所完成了其资本化过程，成为一家上市公司。2008年6月13日，墨西哥证券交易所首次公开发行股票。墨西哥证券交易所主要目的是通过以下内容促进证券交易过程和市场发展，培育墨西哥金融市场，提高其竞争力：一是建立股票供求机制，为股票发行和承销提供必要服务；二是向投资者发布和提供股票的相关信息；三是对在交易所进行的股票交易进行监督，上市公司需遵守墨西哥相关法律规定；四是制定证券发行规章及支付和交易规则，促进证券市场公平公正发展，对违反规则的交易和上市公司进行处罚。经过多年来的发展，墨西哥证券交易所以透明性和完全竞争原则为标准，力求实现市场主体的完全平等性。[①]

2000 年 11 月，墨西哥股票交易所开放了其主要市场，允许具备条件的外国公司上市。墨西哥对外资在证券市场进行投资没有特别限制，完全是在金融市场上自由进行，只需要到证券交易所进行登记，遵守证券法，并遵守银行和证券监督委员会的相关规定。墨西哥证券交易所是一个以股份有限公司形式组成的私营机构。证券交易所的股份持有者是墨西哥证券经纪公司的股东。证券交易所通过以下各种活动进行证券交易并推动金融市场发展。一是建立场所和机构，购置设备，以便利证券供求双方的交易和联络；二是向公众提供可利用的有关信息，包括上市证券、发行人和在交易所进行的交易；三是发行有关项目的出版物；四是对其成员行为是否严格遵循有关规定进行监控；五是证实证券交易所的牌价是否真实；六是进行由财政和公共信贷部参考国家证券委员会的意见授权的业务活动。

在墨西哥证券交易所经营的证券必须满足三个条件：一是证券必须在国家证券和中介注册局注册；二是证券发行人必须在相应的证券交易所申请注册；三是证券必须满足证券交易所内部规定的要求。证券交易所还必须制定内部规则，送交国家证券委员会审批。制定的内部规则主要包括：一是对交易所成员的接纳，终止接纳和拒绝接纳；二是成员的权利和义务；三是证券注册及注册的终止和取消；四是上市证券发行公司的权利和义务；五是进行交易的条件，以及在应当终止某些特殊证券的报价时，保存记录和案例的方法；六是适用于证券交易所成员的自我调整的标准及执行这些标准的程序。

墨西哥证券交易所结算使用 T+3，资本市场交易时间为上午 8:30 至下午 3 时，债务工具交易时间为上午 8 时至下午 2:30，营业时间是每周一至周五，周末闭市。

10.2.2 墨西哥的债券市场

债券市场是长期债券工具的交易市场。墨西哥债券市场由政府债券（联邦政府、州政府和地方政府）市场和公司债券（国有企业和私人企业）市场构成。发行各种新债券工具的市场是初级市场，而债券工具进行交易的则是二级市场。墨西哥债券市场起始于 20 世纪 70 年代。1978 年，墨西哥中央政府发行了国家债券（Cetes），1977 年，墨西哥发行了石油债券（Petrobonos）。但是，当时债券的流动

---

① BMV Group，检索时间：2018 年 5 月 29 日。http://www.bmv.com.mx/en/bmv-group/about-us

性并不高。20 世纪 80 年代，债券市场快速发展，催生了许多经纪中介机构，提供新的融资方式。20 世纪 90 年代，利率市场化以及政府将财政赤字完全货币化的做法，加快了墨西哥债券市场的发展。2000 年 1 月，为了促进墨西哥债券市场的发展，墨西哥中央政府首次发行了 3 年期的政府固定利率债券。目前，墨西哥政府债券期限类型有 3 年期、5 年期、10 年期、20 年期和 30 年期五种。①

墨西哥债券市场上的债券工具主要有四种类型。一是债券。债券由公司发行，主要分为抵押债券、非担保债券和转换债券三种类型。抵押债券是一种以公司资产作为担保的债券；非担保债券是一种由公司的经营和偿还能力作担保，但公司没有签订担保合同的债券；转换债券是一种可以按事先确定的日期转换成代表公司资本的股票的债券。二是指数化自由汇率债券。发行公司必须有足够的美元作为担保。支付给债券持有者的利息受债券发行日和到期日汇率自由浮动的影响。三是石油债券。石油债券是一种与石油资源挂钩的普通参与债券，它表明持有者有权参加联邦政府国民发展银行建立的一个信托合同。这个信托合同通过财政和公共信贷部决定石油原油的出口和数量。石油债券的利率是固定的，每张债券代表固定数量的石油，持有者在债券到期日可以得到按票面价值偿还的本金，或者当油价上升超过损益平衡点时，可以得到该债券所代表的石油的价值。四是银行补偿债券。这是墨西哥联邦政府通过规划与预算部发行的一种可转让债券。这种债券被看作是银行资本金的一部分。1982 年银行国有化之后，这些债券发行后用来支付以前私营部门持有者在银行资本中参与的股份。

10.3 墨西哥外汇和金融衍生品市场

10.3.1 外汇市场

外汇市场是指经营外币和以外币计价的票据等有价证券买卖的市场，是金融市场的主要组成部分。20 世纪 80 年代末期实施经济开放以来，墨西哥外汇市场的发展主要经历了以下不同的阶段。

1985—1994 年的 10 年间，墨西哥国内只有单一的外汇市场。外汇市场上只有银行间的外汇保值业务，基本为外汇现货交易。

① Sistema Financiero，Banco de Mexico，检索时间：2018 年 5 月 21 日。http://www.banxico.org.mx/divulgacion/sistema-financiero/ sistema-financiero.html

墨西哥比索的离岸交易最早出现于20世纪90年代中期。1995年前后，在美国纽约市场出现大量的墨西哥货币无本金交割远期（Non-Delivery Forward，NDF）交易。究其原因，一是大量的投机者赌博墨西哥比索贬值；二是传统的货币经纪商的加入。这两个因素促进了墨西哥货币NDF交易的高涨，使得墨西哥比索成为当时世界上离岸NDF交易量最大的货币之一。与此同时，墨西哥国内外汇市场上的远期交易也开始出现。[①]

1995年的金融危机和1995年的比索汇率的自由浮动，给该国的外汇衍生品的发展创造了条件。同时，该国的央行放开了投资境外外汇期货的管制，积极推动墨西哥比索/美元外汇市场的发展。

1996年10月，墨西哥央行消除禁令，允许本国银行与国外金融机构进行远期产品的交易。1998年12月，墨西哥衍生品交易所（MexDer）成立。该交易所是墨西哥证券交易所的衍生品子公司，提供金融标的资产的期货交易。MexDer交易的首只外汇期货是美元/墨西哥比索期货，2005年欧元/墨西哥比索期货开始在交易所内交易，2006年7月，美元期权上市。

30多年来，墨西哥中央银行和墨西哥政府积极发展墨西哥外汇市场，提供透明、可行、连续的监管体制，积极促进交易规则和交易模式与国际化接轨。在此期间，墨西哥比索的国际化程度也实现了提高。根据国际清算银行（BIS）三年一度的全球中央银行外汇和衍生品调查，[②]墨西哥比索是全球第10大交易货币，其使用程度甚至超过了一些发达经济体的货币（如新加坡元、港币、韩元等）。在发展中国家的货币中，墨西哥比索的国际化程度仅次于人民币，排在第二位。相较于2013年进行的上一轮调查，在本次调查周期内，墨西哥比索的全球交易量（现货、期货、互换和期权市场的总交易量）出现下降，日均成交量为11 200亿美元，减少了230亿美元；其中有200亿美元在墨西哥进行交易。数据显示，绝大多数墨西哥比索（82%）在境外交易，美元是最主要的交易对手方货币。但是，这一比例在2010年和2013年分别只有67%和77%。在外汇交易的全球分布中，有0.3%的比例发生在墨西哥，尽管较上一轮调查有所下降，但在过去的八年内，墨西哥作为区域性金融中心的地位没有改变，墨西哥比索的国际化程度基本保持稳定。

---

① 陈蓉、郑振龙、蒋禹. 墨西哥外汇衍生品市场的发展对我国的经验借鉴. 当代财经. 2009年01期。

② Bank for International Settlements（BIS）Triennial Central Bank Survey of Foreign Exchange and Derivatives Market Activity in April 2016，检索时间：2018年5月21日。http://www.banxico.org.mx/sistema-financiero/estadisticas/mercado-cambiario/volumenes-operados-en-el-mercado-cambiario/encuestas-del-bis/%7B-11C593A3-56AF-E629-0CF7-1991C86110C3%7D.pdf

10.3.2 金融衍生品市场

金融衍生品是指以杠杆或信用交易为特征，在传统的金融产品如货币、债券、股票等的基础上派生出来的具有新的价值的金融工具，如期货合同、期权合同、互换及远期协议合同等。金融衍生品市场是由一组规则、一批组织和一系列产权所有者构成的一套市场规则。

金融衍生品作为墨西哥金融深化的创新工具，从流动性、稳定性和市场深度等方面提升了墨西哥金融市场的效率。与此同时，金融衍生品能够多样化投资，管理风险。墨西哥外汇衍生品可以分为在岸市场和离岸市场。1998 年 12 月，墨西哥国内的衍生品交易所（Mexican Derivative Exchange，MexDer）成立，墨西哥银行和证券委员会对其进行监督，美元/墨西哥比索期货成为墨西哥国内首只外汇期货。在墨西哥衍生品交易所进行交易的金融衍生品主要包括：期权合约（Contratos opciones）、期货合约（Contratos futuros）以及互换（Contratos de swaps）合约。其中，期货合约包括外汇合约（美元和欧元）、债务合约（各种期限的债券）、互换合约（各种期限结构的互换）、股票期货（如美洲电信）、大宗商品期货（主要是玉米）；期权合约包括墨西哥证券市场（BMV）的股指期权、股票期权（如美洲电信）、ETF（交易型开放式指数基金）、互换等。[①]目前，墨西哥衍生品交易所首席执行官是 Jorge Alegria，运营总监是 Jose Miguel de Dios Gomez。2017 年第二季度，墨西哥衍生品交易所收入为 210 万比索，同比下降 15%。[②]

墨西哥衍生品交易所是全球最大的、发展最快的衍生品交易所之一，其上市的墨西哥银行间利率期货合约（TIIE futures）是全球最活跃的短期利率期货合约之一。在墨西哥衍生品交易所交易的期货和期权合约，全部由阿西格纳清算公司（Asigna）清算。该清算公司是一个独立的机构，1998 年底开始运行，获得了使用芝加哥期权清算公司（OCC）理论市场间保证金系统（TIMS）的授权。此外，Asigna 清算公司还采用了一套补充风险分析系统，能分析和衡量金融危机和任何外部或内部的宏观经济动荡可能带来的潜在影响。墨西哥金融衍生品交易所允许外国经纪商建立综合性账户，按照国际惯例执行客户业务。

根据墨西哥衍生品交易所的最新统计资料，截至 2017 年底，在墨西哥衍生品交易所上市交易的期货合约有五大类，分别是：货币期货（2 种）、指数期货（2 种）、

---

① ¿Qué es Mexder?，检索时间：2018 年 5 月 21 日。http://bolsamexicanadevalores.com.mx/que-es-mexder/

② Bloomberg，检索时间：2018 年 5 月 21 日。https://www.bloomberg.com/research/stocks/private/snapshot.asp?privcapId = 25697487

利率期货（20种）、单一股票期货（11种）和大宗商品期货（1）种。[①]期权合约有三大类，分别是：货币期权（1种）、指数期权（1种）和单一股票期权（15种）。[②]互换合约一种，是合约总额为10万美元的利率互换，实行T+1的交易制度。[③]

此外，墨西哥还有一些较为具有代表性的金融衍生品。例如，交易所交易基金。联动金融集团（Grupo Fin Interacciones）[④]、桑坦德金融集团（Grupo Financiero Santander）和北方银行金融集团（Grupo Financiero Banorte），这三家都是墨西哥的本国集团，面向所有的美洲投资者开放投资。在交易所交易基金（Exchange-Traded Fund，ETF）[⑤]的基础上，基于三大集团股票，墨西哥建立了明晟墨西哥封顶指数基金（MSCI[⑥]Mexico Capped ETF）。“Capped（封顶）”意味着股东只需支付非常有限的交易费用。通过创立这种类型的交易基金，投资者可以用单一产品囊括墨西哥所有顶级金融机构的股票。通过美国证券存托凭证（American Depositary Receipt，ADR）还可以购买墨西哥股票。首先，经纪人购买股票、ETF或者其他外国的资产，形成“托管银行（custodian bank）”。在美国，“受托（depositary）”银行发行股票，反映资产价值，体现在收据（Receipts）中。受托银行开出的收据可以在美国市场进行交易，与一般股票无二，于是美国的投资者便可进行购买。通过使用ADR对capped ETF进行交易，美国的投资者可以投资墨西哥的资产，而墨西哥的三大金融集团则可以在美国市场募集到资金。[⑦]

墨西哥股票交易所

---

① MexDer，检索时间：2018年5月31日。http://www.mexder.com.mx/wb3/wb/MEX/contratos_futuro

② MexDer，检索时间：2018年5月31日。http://www.mexder.com.mx/wb3/wb/MEX/contratos_opcion/_rid/5?lng_act=lng_step2& language=en

③ MexDer，检索时间：2018年5月31日。http://www.mexder.com.mx/wb3/wb/MEX/contratos_swaps/_rid/5?lng_act=lng_step2& language=en

④ 2017年10月，它被北方银行金融集团收购。

⑤ 它是一种在交易所上市交易的开放式证券投资基金产品。

⑥ MSCI是美国摩根斯坦利国际资本公司的缩写。该公司编制的MSCI（明晟）指数是全球投资组合经理最多采用的基准指数。

⑦ 检索时间：2018年5月29日。http://latinamericanpost.com/index.php/banking-2/16129-mexico-the-lastest-banking-boom

墨西哥城的拉美塔

墨西哥人类学博物馆中心柱

第 11 章 墨西哥社会文化

墨西哥是拉美地区典型的多民族、多种族国家。作为古代玛雅文明和阿兹特克文明的发祥地，印第安人是这里最早的居民，主要分布在墨西哥南部和尤卡坦半岛。北方地区虽然也有印第安部落，但文明的发达程度较低，人口数量有限。15 世纪末西班牙殖民者来到美洲大陆后，墨西哥开始了种族融合的历史进程，逐渐形成了多元而复杂的种族结构。

11.1 墨西哥居民与宗教

11.1.1 种族

在拉美地区，墨西哥的印第安人口占比仅次于玻利维亚和危地马拉。根据墨西哥全国土著居民发展委员会（CDI）的统计，2015 年自认是印第安人的墨西哥人为 2 569.5 万，占人口总数的 21.5%；纯血统的印第安人为 1 202.6 万，占总人口的 10.1%。在全国 2 457 个市中，623 个市的印第安人口比重超过 40%。[①]瓦哈卡州、恰巴斯州、韦拉克鲁斯州、普埃布拉州、墨西哥州是印第安居民较为集中的州。墨西哥的土著民族约有 60 多个，人口超过 1 万的民族占半数以上，其中纳瓦族（Nahuatl）和玛雅族（Maya）是两个最大的民族，人口都超过了百万。纳瓦

① 本段数据均来自墨西哥全国土著居民发展委员会网站，检索时间：2018 年 6 月 2 日。https://www.gob.mx/cms/uploads/attachment/file/239941/02-numeralia-indicadores-socioeconomicos-2015.pdf

族主要分布在墨西哥中部和南部地区，玛雅族集中在尤卡坦半岛。个别民族人口规模只有几十人，目前面临消亡的危险。

在墨西哥，尽管印第安人的权利得到了宪法和其他法律的保障，而且印第安文化已经成为墨西哥人身份认同的重要基础，但由于长期以来印第安人一直受到歧视和排斥，因此社会经济地位仍低于其他种族。2015 年，在 15 岁以上的人口中，印第安人的文盲率高达 17.8%，比全国平均水平高出 12.3 个百分点；[①]在就业人群中，印第安人中的无收入者占 11.9%，收入低于最低工资 1.5 倍者占 16.8%，均明显高于全国平均水平。[②]

墨西哥的克里奥尔人，即土生白人，主要是西班牙人的后裔。在墨西哥北部、东北部和西部，白人的比重较高。这主要是由于这些地区的印第安族群规模小，而且相对封闭，与白人通婚的情况较少，因此种族融合的程度不如南部地区。关于墨西哥人口中白种人的比重，存在不同的统计。这是由于墨西哥种族融合的过程漫长而复杂，很多人尽管肤色较浅，但是否属于纯血统的白人已无从判断。根据墨西哥全国反歧视委员会在 2010 年进行的民调，10.9%的受访者自认是白人，另有 5.4%的人自认是浅色皮肤。[③]但根据拉美地区著名的民调机构“拉美晴雨表”在 2011 年进行的调查，只有 6%的墨西哥人自认为是白种人。[④]

梅斯蒂索人，即白人与印第安人的混血人种，是墨西哥人的主体。殖民时期，西班牙人与印第安人通婚并生育后代的现象十分普遍，使得梅斯蒂索人这个混血种族在墨西哥这片土地上迅速繁衍壮大。根据“拉美晴雨表”2011 年的调查，52%的墨西哥人自认是梅斯蒂索人。[⑤]但如果考虑到其他人种所占的比重，梅斯蒂索人的实际数量应该远不止人口的一半。在美国中央情报局的国别统计中，梅斯蒂索人占墨西哥人口的 62%。[⑥]

---

① 墨西哥全国土著居民发展委员会网站，检索时间：2018 年 6 月 2 日。https://www.gob.mx/cms/uploads/attachment/file/239927/09-cuadro-05.pdf

② 墨西哥全国土著居民发展委员会网站，检索时间：2018 年 6 月 2 日。https://www.gob.mx/cms/uploads/attachment/file/239935/12-cuadro-08.pdf

③ Consejo Nacional para Prevenir la Discriminación，*Encuesta Nacional sobre Discriminación en México 2010*，abril de 2011，p. 42.

④ Latinobarómetro，*Informe 2011*，Buenos Aires，p. 63.

⑤ Latinobarómetro，*Informe 2011*，Buenos Aires，p. 63.

⑥ 墨西哥市政府，检索时间：2018 年 6 月 2 日。https://www.cia.gov/library/publications/the-world-factbook/geos/mx.html

梅斯蒂索人

街头小贩（穆拉托人）

墨西哥印第安人

墨西哥城人类学博物馆广告

11.1.2 语言

墨西哥的官方语言是西班牙语。与其他拉美国家相比，墨西哥西班牙语的一个重要特征在于大量词汇来自土著印第安语言。这是因为西班牙人来到墨西哥后，发现很多新物种的称呼无法在西班牙语中找到对应的词汇，因此不得不使用当地语言来指称。此外，在墨西哥有大量的地名不符合西班牙语的拼写规则，因为这些名称同样来自印第安语言。“墨西哥”国名本身是来自阿兹特克语的“Mexica”，而这个词可能又来自更古老的词“Melzlia-pan”，意思是“月亮湖”。其原因是在相当长的时间里，“Mexica”是指阿兹特克人建立的首都特诺奇蒂特兰的周边地区，即今天的墨西哥城所在地。西班牙人1521年征服阿兹特克帝国后，把这个国家称为新西班牙。但是，当 1821 年墨西哥摆脱西班牙取得独立后，就决定以“墨西哥”作为正式国名。

墨西哥的印第安语言大约有 60 多种，每种又包括一些方言。在墨西哥古代印第安文明中，只有玛雅文明发明了象形文字，因此印第安语言的学习和传播几乎全部依靠口头形式。西班牙人来到墨西哥后，一些有较高文化和知识水平的传教士用西班牙语字母将印第安语言的发音记录下来，有些西班牙传教士为了方便传教，还编纂了土著语言—西班牙语语言的词典，使得这些古老的语言能够以文字的方式流传下来。例如，1547 年出版的《纳瓦语或墨西哥语法》（安·德奥尔默斯教士）、1555 年出版的《卡斯蒂利亚语—墨西哥语词典》（阿隆索·莫利纳教士）等。[①]但是在墨西哥历史发展的漫长过程中，仍有大量印第安的语言消亡。墨西哥独立后，政府推行激进的民族同化政策，甚至一度禁止印第安人在学校使用自己的语言。20 世纪 90 年代以后，墨西哥针对印第安人的教育政策才逐渐发生改变，并最终明确了印第安人享有跨文化教育的权利。如今，双语教育在墨西哥已开展得较为普遍。

2015 年，在墨西哥 3 岁以上的人口中，仍会讲印第安语言的人口比重为 6.5%，数量为 738.3 万，其中 84.6%的人同时掌握了印第安语和西班牙语。[②]纳瓦语是使用最多的印第安语言，在全部会讲土著语言的人群中，纳瓦语使用者占 23.4%，其次是玛雅语，占 11.6%。[③]

在墨西哥，英语是使用相对广泛的外语，特别是在商务活动中。虽然墨西哥与美国相邻，但普通民众的英语熟练程度较低。能够较好运用英语的人群主要分布在墨美边境一带。其他语言在墨西哥也有使用，但覆盖范围较小，基本上以各地的移民为主。

11.1.3 宗教

天主教是在墨西哥占主导地位的宗教。殖民统治时期，天主教在墨西哥得到了广泛而深远的传播，教会在世俗生活中的影响力和权力日趋扩大。1824 年的墨西哥宪法曾规定天主教为国教。但此后数十年反教权思想在墨西哥迅速传播。1857 年宪法明确了政教分离的原则，教会的权力开始受到削弱。1917 年宪法对天主教实施了更为严厉的限制，禁止教会参与公立教育，同时也规定国家不得干涉宗教事务，不向教会提供资助。20 世纪 20 年代中期，政府对教会的敌视有所增强。

---

① 朱凯. 西班牙—拉美文化概况［M］. 北京：北京大学出版社，2010：252.

② INEGI，“Cuadro 2.7”，“Cuadro 2.9”，*Anuario estadístico y geográfico de los Estados Unidos Mexicanos 2017*.

③ INEGI，“Cuadro 2.9”，*Anuario estadístico y geográfico de los Estados Unidos Mexicanos 2017*.

1926—1929年，墨西哥中西部地区爆发了以虔诚的农村天主教徒为主要参与者的“基督战争”，导致教会与政府之间的对立升级为暴力冲突。大量教士和教徒遭到迫害。“基督战争”最后以双方和解而告终，但此后天主教在墨西哥继续受到压制。直到1992年，墨西哥才取消了对教会的大部分限制，同时赋予所有宗教团体合法地位。墨西哥与罗马教廷的关系也有所改善。

从20世纪中期起，其他宗教陆续传入墨西哥，但天主教作为全国第一大宗教的地位没有改变。根据2010年的人口普查，墨西哥的天主教徒占总人口的82.7%，新教教徒占7.5%，福音教派占2.3%，无神论者占4.7%。[①]此外，墨西哥还有少数人信奉犹太教、伊斯兰教、唯灵论等其他宗教。墨西哥的天主教徒数量排名世界第二位，仅次于巴西。全国现有18个天主教大主教辖区，掌管着65个教区。

瓜达卢佩圣母大教堂

墨西哥的天主教具有鲜明的本土化特征。传说在1531年，印第安农民胡安·迭戈在今天的墨西哥城的特佩雅克山上见到一位圣母显灵，她不是白皮肤，而是像梅斯蒂索人或印第安人一样是棕色皮肤。胡安·迭戈将此事报告给当时的主教，主教让他拿出证据来。于是，这位印第安人找到圣母，圣母便在他身上撒了一些玫瑰花，而当印第安人向主教展示玫瑰花时，玫瑰花却突然消失了，代之显现的是瓜达卢佩圣母的形象。之后，人们在该地建起了一座圣母教堂，祭坛后供奉的就是这位棕色皮肤的圣母。从此印第安人将瓜达卢佩圣母视为守护神，成千上万的印第安人赶来朝拜并自愿皈依了天主教。瓜达卢佩圣母有着与印第安人和梅斯蒂索人相似的深色皮肤，体现了天主教与当地信仰的融合。尽管瓜达卢佩圣母的名字从未在罗马教廷的神祇经典中出现过，但是墨西哥人认可她。在墨西哥独立战争中，起义者们高举的旗帜就是瓜达卢佩圣母旗。20世纪60年代，罗马教廷终于承认了这位混血人圣母，并封她为拉丁美洲守护神。[②]如今，瓜达卢佩圣母的形象在墨西哥随处可见。墨西哥印第安农民，也许不能逐一道出基督教的诸神，但是他会毫不犹豫地说出瓜达卢佩圣母的名字和她的奇迹，原因就是圣母的皮肤是棕色的，是他们的人。

---

① INEGI，*Panorama de las religiones en México 2010*，p. 3.

② 朱凯. 西班牙一拉美文化概况［M］. 北京：北京大学出版社，2010：219.

瓜达卢佩圣母

墨西哥城大教堂

塔斯科（Taxo）小镇的双塔教堂

库埃纳瓦卡（Cuernavaca）市的教堂

墨西哥城大教堂内部景观

11.2 墨西哥人的日常生活与社交

11.2.1 主要节日

根据墨西哥劳动法，全国性的法定节假日包括元旦、墨西哥宪法日、贝尼托·华雷斯诞辰日、“五一”劳动节、独立日、墨西哥革命纪念日、选举日、圣诞节。

墨西哥宪法日定在每年的 2 月 5 日。1910 年，墨西哥爆发资产阶级民主革命。1917 年 2 月 5 日，墨西哥颁布了新的宪法，为其资本主义发展奠定了法律基础。宪法日的假期定在 2 月的第一个周一。

贝尼托·华雷斯诞辰日是 3 月 21 日。贝尼托·华雷斯（Benito Juárez）是墨西哥历史上一位杰出的印第安政治家，曾在 1858—1872 年担任墨西哥总统。在他所处的时代，墨西哥共和民主制度亟待巩固、民族主义运动风起云涌。在华雷斯的领导下，墨西哥成功抗击了西班牙、英国、法国侵略者的进攻。他一生都在为捍卫墨西哥民族的独立、打击国内封建势力而努力奋斗，被视为墨西哥的民族英雄。贝尼托·华雷斯诞辰日的假期定在 3 月的第三个周一。

独立日是 9 月 16 日。1810 年的这一天，墨西哥独立运动的领导人米格尔·伊达尔戈（Miguel Hidalgo）在多洛雷斯镇号召人民起义反抗西班牙殖民统治，标志着墨西哥独立战争正式打响。墨西哥人民为了纪念伊达尔哥，将发出“多洛雷斯呼声”的这一天，定为墨西哥独立日。

墨西哥革命纪念日为 11 月 20 日。1910 年，墨西哥爆发了推翻波菲里奥·迪亚斯（Porfirio Díaz）独裁统治的资产阶级民主革命。11 月 20 日，墨西哥人民发动了武装起义。此后这一天被视为墨西哥革命的开端。革命纪念日的假期定在 11 月的第三个周一。

选举日是 12 月 1 日，每隔 6 年一次，是墨西哥举行总统就职典礼以及总统正式就任的日子（例如，2018 年 12 月 1 日，墨西哥联邦政府新总统安德烈斯·曼努埃尔·洛佩斯·奥夫拉多尔在议会宣誓就职，全国放假一天）。

除此之外，墨西哥还有一些全国性的纪念日，如 2 月 19 日的士兵节、2 月 24 日的墨西哥国旗日、5 月 5 日的普埃布拉战役周年纪念日、5 月 8 日的米格尔·伊达尔戈诞辰纪念日、9 月 13 日的英雄儿童纪念日、10 月 12 日的发现美洲纪念日等。

墨西哥的宗教和传统节日还包括：1 月 6 日的三王节、3 月或 4 月的圣周和复活节、4 月 30 日的儿童节、5 月 10 日的母亲节、5 月 15 日的教师节、5 月 23 日的学生节、11 月 2 日的亡灵节、12 月 8 日的瓜达卢佩圣母节等。其中亡灵节是最具有墨西哥特色的节日，2008 年被联合国教科文组织列为“世界非物质文化遗产”。

除了法定的节假日以外，其他纪念日和节日是否放假休息没有统一的规定，视情况、惯例和节日的性质而定。

每年从 10 月 31 日起，墨西哥举国欢度亡灵节，体现了浓厚的印第安民族文化特色。墨西哥亡灵节是以印第安土著文化为主导的印第安文化和西班牙文化结合的产物。墨西哥印第安人认为，只有善待亡灵，让亡灵高高兴兴地回家过个节，来年活着的人才会得到亡灵保佑，无病无灾，庄稼也会大丰收。

墨西哥城宪法广场圣诞节前夕

11.2.2 日常社交与禁忌

墨西哥人的姓名一般由教名—父姓—母姓组成。有些人的姓名比较长，是因为有 2 个、甚至 3～4 个教名，但一般只用最前面的教名，后面的教名可用首写字母代替。姓名全称大多在正式场合或文件中使用，日常生活中多用教名—父姓的省略形式。亲朋好友之间或长辈对晚辈经常采用教名的昵称，有时两种称呼的发音相差较大。

墨西哥人比较注重礼节。普通朋友或工作伙伴之间，特别是在初次见面时一般用姓氏称呼对方，前面冠以“先生”“女士”“小姐”。如果对方有职务、职称或学术、技术头衔等，最好以此称呼对方，以示尊重。与对方交谈时，多用“您”或“您们”。如果相识时间较长，彼此已熟悉，可用“你”称呼对方，但出于礼貌，最好事先征得对方同意，特别是年长者。在与墨西哥人的交往中，握手礼最为常见。但通常相互之间要行拥抱礼和亲吻礼，以示尊重和友好。墨西哥人比较注重仪表和体面，特别是在参加宴会、招待会、音乐会、报告会等社交活动，以及商务活动时，一般应该身穿正装。男士需要穿西服、打领带，女士最好穿裙装，并且要化妆，以示对他人的尊重和礼貌。在出席活动时，墨西哥人通常会迟到 10～20 分钟，这是习惯使然。如果需要对方准时到达，最好提前说明。

初次见面交谈的话题不应涉及婚姻、年龄、收入、家庭成员等个人隐私。由于墨西哥人大多信奉天主教，因此应尽量避免谈论宗教问题，评论宗教人物，或者是堕胎、节育、同性恋等敏感话题。在谈论政治经济问题时，应把握好分寸和尺度，对于不熟悉的问题不应随意发表评论。如果受邀到墨西哥人家中做客，最好携带一些小礼物赠送给主人。

墨西哥饮食独具特色，是历史文化传统的重要组成部分，在 2010 年被联合国教科文组织确定为“人类非物质文化遗产”。墨西哥的很多菜肴都起源于古老的印第安民族，色、香、味，以及用料都十分丰富。墨西哥美食中使用的食材，既有从西班牙传入的肉类和调料等，也有原产于当地的玉米、辣椒、豆类、番茄等作物，还包括一些极具地域特色的植物和水果，如仙人掌、龙舌兰、鳄梨、番石榴等。烹调方法也借鉴和吸收了两种饮食文化的精华，特别是一些古老的印第安烹饪技术被保留下来。墨西哥最具特色的酒类是龙舌兰酒（tequila），还有一些用玉米、甘蔗酿造的酒和用龙舌兰酒调制而成的鸡尾酒也很受欢迎。在非酒类饮品中，最常见的是用各种水果和糖调制的果汁冷饮。

墨西哥文化带有深刻而鲜明的混合文化的烙印。各种文化元素在这里交融、碰撞，形成了极具多样性的文化。如果前往墨西哥生活或工作，要对其传统习俗、民族文化等略知一二，以免产生不必要的误会和误解。

墨西哥太阳舞

墨西哥民族舞

街头吉他手

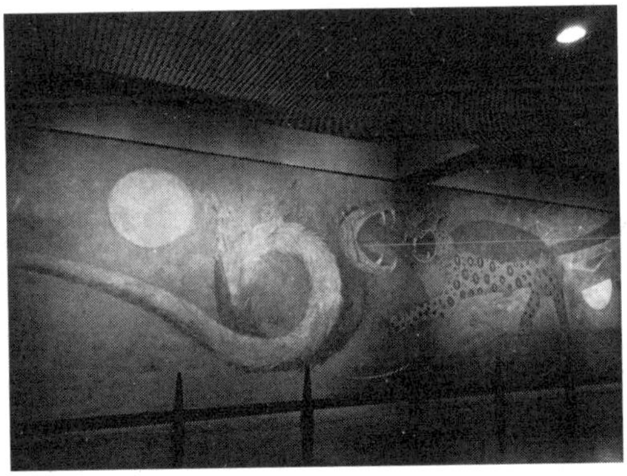

墨西哥人类学博物馆壁画

地铁站壁画

墨西哥街头涂鸦

11.3 墨西哥的社会保障

11.3.1 社会保险

社会保险是指国家为了预防和强制社会多数成员参加的，具有所得重分配功能的非营利性的社会安全制度，是社会保障制度最重要的组成部分。1943 年，墨西哥颁布了第一部社会保障法，将劳动者的养老、伤残、死亡、生育和医疗等保险列为法定权利。1944 年，墨西哥社会保险局（Instituto Mexicano de Seguro Social, IMSS）成立。1960 年，墨西哥国家工作人员社会保障服务局（Instituto de Seguridad y Servicios Sociales para los Trabajadores del Estado，ISSSTE）成立。

墨西哥社会保险局负责所有私营企业职工的社会保险，是墨西哥最大的社会保险机构。1997 年 7 月，墨西哥新的社会保障制度正式运行，墨西哥社保局的职能有所调整。目前，IMSS 承担着企业职工的强制性和自愿性两种类别的保险。强制性保险包括劳动险（Seguro de Riesgo del Trabajo, SRT）、疾病和生育险（Seguro de Enfermedad y Maternidad, SEM）、残疾和寿险（Seguro de Invalidez y Vida，SIV）、高龄和老年退休和停职险（Retiro, Cesantía en Edad Avanzada y Vejez，SRCV）、保育和社会福利险（Seguro de Guarderías y Prestaciones socials，SGPS）等；自愿性保险主要有家庭健康险（Seguro de Salud para la familia，SSF）和面向中学和大学生的非强制险（Seguro Facultativo，SF）等。2017 年 12 月，墨西哥社会保险局参保人数共计 2 680.245 1 万人，其中强制性保险的参保人数为 1 892.967 4 万人，占参保总人数的 70.6%；自愿性保险人数是 787.277 7 万人，占 29.4%。自愿性保险中，非强制险的参保人数最多，为 694.680 9 万人，占自愿性保险人数的 88.24%。①

墨西哥国家工作人员社会保障服务局是负责为国家工作人员，包括公务员、公共部门职工、国营企业职工、公立学校教师以及他们的家属等，提供社会保险服务的机构。

除墨西哥社会保险局和墨西哥国家工作人员社会保障服务局之外，墨西哥石油公司和军队还有自己的社保机构。

墨西哥社会保险的保险费支付由企业主、国家和劳动者本人等三方分摊。墨西哥社会保险法第十二条所规定的所有就业人员，都有权享受社会保险。

11.3.2 养老金制度

1992 年，墨西哥开始养老金制度的改革，旨在建立以个人账户为基础的强制退休储蓄制度。1995 年 12 月，墨西哥政府颁布新的社会保障法，1996 年 4 月颁布与养老金制度改革相关的法律规定。1997 年 7 月，墨西哥新的社会保障制度正式运行。新的社会保障制度重新定义了社会保险局（IMSS）的职能，将其之前所管理的退休养老保险分为“退休、老年失业与老年保险”和“残疾与人寿保险”两大块。第一块，即“退休、老年失业与老年保险”，实行了私有化，全部交给退休基金管理公司管理；第二块，即“残疾与人寿保险”继续由墨西哥社会保险局负责管理。在“退休、老年失业与老年保险”方面，每个职工可以选择一个公司开立个人账户，个人账户又分为退休储蓄账户、住房账户、自愿储蓄账户和补充缴费账户。其中“退休储蓄账户”包括退休保险费（企业主缴纳基本工资的 2%）、老年失业保险费（职工缴纳基本工资的 3.15%、企业主缴纳基本工资的 1.125%、政府缴纳基本工资的 0.225%）和社会份额（企业主和职工无须缴纳，政府为职工缴纳相当于联邦地区一般最低日工资的 11%的数额）。②

改革后的养老金制度由三个部分组成。一是由政府担保的最低养老金，其数额相当于指数化的最低工资，承担再分配功能；二是强制的个人储蓄账户；三是自愿储蓄。

---

① 资料来源：INFORME AL EJECUTIVO FEDERAL Y AL CONGRESO DE LA UNIÓN SOBRE LA SITUACIÓN FINANCIERA Y LOS RIESGOS DEL IMSS 2017-2018, Anexo p. 1.

② 刘纪新. 拉美国家养老金制度改革研究[M]. 北京：中国劳动社会保障出版社，2004: 90－92.

11.3.3 医疗保险制度

墨西哥医疗保险主要是通过三个体系来实施，即墨西哥国家工作人员社会保障服务局（ISSSTE）体系、墨西哥社会保险局（IMSS）体系和大众医疗保险（Seguro Popular）体系。墨西哥所有正规的企事业单位及政府机构的工作人员都必须参加墨西哥社会保险局或墨西哥国家工作人员社会保障服务局的保险。两者相加涵盖了墨西哥约 60%人口的医疗保险。

墨西哥“大众医疗保险（Seguro Popular）”正式建立于 2004 年。这一公共医疗保险体系，把全民医疗保险的概念推向全国，为 5 000 多万没有固定职业，不能享受系统内医疗保险服务的人员提供保险服务。依据这一保险体系，联邦政府承担 60%的保险金，州政府承担 35%，参保人仅需支付其余的 5%。所有农民和无固定职业者都可以自愿参保，各个家庭根据各自的收入，每年缴纳 65 美元到 1 000 美元不等的保费，一家老小就能享受大众医疗保险提供的医疗服务。考虑到这部分人群的经济状况，参保家庭中最贫困的 20%可以不缴纳保险费用。①

依据墨西哥国家统计局公布的数据，截至 2015 年，墨西哥社保局医保人数占全部人口的 39.2%、大众医疗保险占 49.9%、墨西哥国家工作人员社会保障服务局占 7.7%、墨西哥石油公司（PEMEX）等占 1.2%、其他机构占 4.8%。②

11.3.4 员工工伤或生病的工资支付

墨西哥企业依据以下规定支付员工工伤或生病期间的工资。

墨西哥社会保险局（IMSS）对墨西哥的企业分成无劳动危险和有劳动危险两大类。第一类无劳动危险的企业，社保费中的劳动危险费按员工工资的 0.5%缴费。第二类有劳动危险的企业，按不同的级别，缴纳不同比例的劳动危险费。

1. 无劳动危险的企业，员工受伤或生病的 3 天内，公司可以不支付工资。从第 4 天起，员工凭 IMSS 医院休息证明，去社保局领取 60%的工资。

2. 有劳动危险的企业，从第 1 天起，员工凭 IMSS 医院的休息证明，去社保局领取 60%工资。墨西哥社保局根据工伤员工的休息总天数每月调整企业的劳动危险，1～12 天是 5%～1.4%不等，满 13 天或超过 13 天，均按 1.44%缴费。员工生病领取社保局的工资方法与无劳动危险企业员工受伤方法一样，前 3 天，企业和社保局都不付员工工资，从第 4 天起，社保局发 60%的工资。

---

① 张蕾. 墨西哥医疗卡进万家. 检索时间：2019 年 1 月 7 日。http://citiccard.world.people.com.cn/GB/14549/5329923.html

② 墨西哥国家统计局，检索时间：2019 年 2 月 10 日。http://www.beta.inegi.org.mx/temas/derechohabiencia/

11.3.5 公共卫生

1984 年 2 月，墨西哥制定和通过了《卫生基本法》(la Ley General de Salud)，2003 年 4 月进行了修订。同年，墨西哥国会以 94%的得票率通过了“建立全国统一社会健康保障系统”的提案。该系统的建立旨在改革传统的以职业为基础的社会保障制度，向未被覆盖的人群提供医疗保障，实现赋予每个人健康保护的基本权利之目标。依据修订的卫生基本法，所有墨西哥人都有权加入社会健康保障制度。

墨西哥全国健康系统由联邦政府的卫生部和各州提供卫生服务的政府部门和私人机构等共同组成。作为政府的行政部门之一，墨西哥卫生部的首要任务是预防疾病和提高民众的健康水平，负责卫生预防和社会卫生事务，对直属的医院实行人事、药品和医疗技术等方面的管理。各州政府负有组织卫生服务和向未参保人提供服务的职责。为建立一个惠及所有人的公平、全面、可持续、有效和高质量全国卫生系统，墨西哥卫生部的工作职责是加强对各级政府卫生部门的指导和部门间的协作，重视全国卫生和提高全民健康，加强对疾病的预防，提供以初级卫生服务部门为基础的多样化的服务。此外，该国的卫生部还负有筹集必要的资金并进行管理的责任，对资金的使用进行科学的评估和调查等。在提高全民健康和关注全国卫生的过程中，要通过弘扬共同承担性的社会参与，给予中低收入人群以特殊的关注。①

2000 年，墨西哥卫生部制定了“2001—2006 年全国卫生规划”，提出了全面卫生改革的思路。2001 年，墨西哥政府开始在五个州实行“大众医疗保险”的试点，2004 年正式将“大众医疗保险”推向了全国。墨西哥以全民医保为目标之一的医疗改革在短短数年内已取得了不俗的成绩。改革之后的 5 年中，墨西哥国内疟疾发病率降低了 60%，接受风湿病治疗的人数增加了 6 倍，肺结核的致死率下降了 30%，吸烟的男性青少年减少了 17%，接受乳房透视检查的人增加了 17%，接受早期癌变检查的人增加了 32%。②

墨西哥出生时的预期寿命从 1970—1975 年的 62.5 岁提高至 2000—2005 年的 74.9 岁和 2015 年的 77 岁（女性为 79.4 岁，男性为 74.6 岁）；婴儿死亡率从 20 世纪 70 年代的 79‰降至 2005 年的 22‰。

墨西哥卫生部每年发布报告，对 32 个联邦州的健康保障工作进行比较和分析。该报告向公众开放，所有居民随时可以查阅。

---

① 资料来源：La Secretaría de Salud de Mexico，检索时间：2019 年 2 月 10 日。https://www.gob.mx/salud

② 孙浩. 墨西哥医改思路值得借鉴［J］. 中国卫生，2007（2）.

墨西哥民居

11.4 墨西哥教育体制与概况

11.4.1 教育体制

墨西哥从2012年起开始实施15年制义务教育。也就是说，义务教育覆盖了学龄前教育、初等和中等教育，以及高级中等教育，3～17岁的儿童和青少年均可享受义务教育。墨西哥宪法规定，公立教育必须是世俗的、免费的和高质量的义务教育。在拉美国家中，墨西哥的教育私立化程度最低，各级教育都以国家兴办为主，特别是在学前至中等教育阶段体现得更为明显。私立教育主要由教会兴办，可以开展宗教教育，但不得接受公共资助。2015—2016学年度，全国义务教育阶段88.7%的在校学生和82.7%的教师集中在公立学校。①

墨西哥教育体系分三个阶段。基础教育阶段由学龄前教育、初等教育和中等教育组成。学龄前教育学制3年，针对3～5岁的儿童；初等教育学制6年，针对6～12岁儿童；中等教育学制3年，针对12～15岁青少年。教育模式包括普通教学、印第安双语教学和村社教学。高级中等教育阶段由普通高中、技术高中和专业技术培训3种教育模式构成，学制2～5年。普通高中是为继续接受高等教育做准备；技术高中主要是培养一门技术专长，帮助学生顺利进入劳动力市场；专业技术培训是提供各种专业的技术培训，使学生成为全能型的技术人才。高等教育阶段由大学、技术学院、师范学院和技术大学负责完成，公立学校的经费主要由国家提

① Instituto Nacional para la Evaluación de la Educación（INEE），l*a Educación Obligatoria en México Informe 2017*，p. 27.

供，但也通过收取少量注册费作为补充。大学教育分本科、硕士和博士三个层次。本科教育通常为4年，硕士教育通常为2年，博士教育一般为3年。某些专业在本科之后、硕士之前还设有“专业教育”（Especialidad）阶段，一般为1年。除了以上教育方式以外，墨西哥还设立了特殊教育、成人教育、职业技术教育等。

2015—2016学年度，墨西哥共有各级各类的注册在校学生3 639.3万人，教师193.7万人，教育机构25.5万所。其中义务教育阶段的注册在校学生超过3 000万人（见表11－1）。墨西哥高等教育历史悠久，全国第一所大学于1553年建成。2015—2016学年度，墨西哥全国高等院校的注册学生达到364.9万人，其中本科生占93.5%，教师达到38.6万人。[①]著名的墨西哥国立自治大学（Universidad Nacional Autónoma de México，UNAM）拥有强大的教学和研究队伍，在历史上曾经培养出3位诺贝尔奖获得者。2017—2018学年度，该校共有注册学生34.9万人，[②]教师和科研人员超过4万人，[③]是拉美国家规模最大的大学。

表11－1　2015—2016学年度墨西哥义务教育各阶段学生、教师及学校数量

	总计（万）			公立教育（万）			私立教育（万）		
	学生（人）	教师（人）	学校（所）	学生（人）	教师（人）	学校（所）	学生（人）	教师（人）	学校（所）
学龄前教育	48.1	23.1	8.9	412.4	18.7	7.4	68.8	4.4	1.5
初等教育	1 425.0	57.4	9.8	1 297.0	51.4	8.9	128.0	6.0	0.9
中等教育	683.5	40.9	3.9	624.0	34.6	3.4	59.5	6.2	0.5
高级中等教育	498.5	29.2	1.7	405.8	19.7	1.2	92.7	9.5	0.6
合计	3 088.3	150.6	24.4	2 739.3	124.5	20.9	349.0	26.1	3.4

资料来源：Instituto Nacional para la Evaluación de la Educación（INEE），l*a Educación Obligatoria en México Informe 2017*，p. 27.

① Instituto Nacional para la Evaluación de la Educación（INEE），*Panorama Educativo de México. Indicadores del Sistema Educativo Nacional 2016. Educación Básica y Media Superior*，2017，p. 40.

② 墨西哥国立自治大学官方网站，检索时间：2018年6月13日。http://www.estadistica.unam.mx/series_inst/xls/c03%20pobesc%20total. xls

③ 墨西哥国立自治大学官方网站，检索时间：2018年6月13日。http://www.estadistica.unam.mx/series_inst/xls/c16%20persaca.xls

11.4.2 教育概况

墨西哥公共教育部主管全国教育事业。近年来，政府在教育上的投入不断增加。1995—2000年，墨西哥用于教育事业的公共开支占GDP的比重平均为4.1%，2001—2006年提高到4.8%，2007—2012年进一步增加到5.1%，2013—2016年已达到5.3%。[①]在全部公共教育支出中，联邦政府的贡献约占4/5，各州政府约占1/5。私人部门在教育领域的投入也有所增加，2013—2016年，平均占GDP的1.5%。[②]

从教育的普及程度来看，墨西哥初等教育已经实现了基本普及，2016年净入学率达到95.47%（见表11－2）。[③]中等教育的净入学率也在稳步提高，但学龄前教育的净入学率出现了明显的下降。2008—2016年，墨西哥的失学儿童由52万减少到14万，失学青少年由52.7万减少到49万。墨西哥高等教育的普及程度还比较低，2016年毛入学率只有36.85%，在拉美国家中居中等偏后的位置。但是和2008年相比，提高了近12个百分点，进步还是值得肯定的。

表11－2　2008—2016年墨西哥各级教育的入学率　（单位：%）

	2008年	2009年	2010年	2011年	2012年	2013年	2014年	2015年	2016年
学龄前教育净入学率	85.54	83.01	82.85	82.49	83.2	69.42	69.98	70.29	70.37
初等教育净入学率	94.91	95.45	96.23	97.03	97.33	96.93	96.21	95.64	95.47
中等教育净入学率	67.86	67.82	67.87	67.85	68.35	71.46	73.27	75.61	77.15
高等教育毛入学率	24.9	25.32	26.3	27.2	28.51	29.46	30.23	30.79	36.85

资料来源：联合国教科文组织数据库，检索时间：2018年5月26日。http://uis.unesco.org/en/country/mx

① Instituto Nacional para la Evaluación de la Educación（INEE），*Panorama Educativo de México. Indicadores del Sistema Educativo Nacional 2016. Educación Básica y Media Superior*，2017，p. 191.

② Instituto Nacional para la Evaluación de la Educación（INEE），*Panorama Educativo de México. Indicadores del Sistema Educativo Nacional 2016. Educación Básica y Media Superior*，2017，p. 191.

③ 本段数据均来自联合国教科文组织数据库，检索时间：2018年6月13日。http://uis.unesco.org/en/country/mx

从各级教育的完成情况看，可以通过成绩合格率、超龄率、辍学率、毕业率等指标来衡量。2014—2015 学年度，99.2%的小学生、90%的初中生和 71.5%的高中生在期末正式考试中成绩达标。经过补考后，初中生和高中生的成绩达标率分别提高到 95%和 84.4%。如果补考成绩仍不合格，学生需要留级重新学习。因此初中和高中的超龄率分别达到 3.3%和 13.5%。小学的辍学率很低，只有 0.6%，但初中和高中的辍学率分别提高到 4.4%和 14.4%。这导致以上 3 个教育阶段的总毕业率也依次递减，分别为 98.2%、86.8%和 67.3%。[①]

在高等教育阶段，学生辍学和延期毕业的情况更加普遍，导致大学本科的总毕业率只有 21.6%。[②]

虽然近年来墨西哥的教育事业取得了不小进步，但仍面临几个问题。一是教育的普及程度还有待提高。由于各种限制，大多数墨西哥人仅完成了初中教育。2015 年，墨西哥人的平均受教育年限为 9.2 年，在拉美国家中属于较低水平。[③]二是教育质量低下的问题一直没有得到很好的解决。学生掌握的知识和技能严重不足导致学习成绩不理想是一个重要表现。根据经济合作与发展组织（OECD）的“学生能力国际评价计划”（PISA）[④]对各国学生学习成绩的测试，墨西哥学生的成绩与经合组织成员国平均水平相差悬殊（见表 11－3）。三是教育机会不均等的问题较严重。这种不均等现象既体现在地域之间，也体现在不同的社会群体之间。教育资源主要集中在经济发达的地区，而偏远地区，尤其是印第安人聚居区，在师资力量、教学质量、设施配备、受教育机会等方面都面临短缺。

表 11－3　　墨西哥的 PISA 测试学生成绩（平均分）

国家	2009 年			2012 年			2015 年		
	阅读	数学	科学	阅读	数学	科学	阅读	数学	科学
墨西哥	425	419	416	424	413	415	423	408	416
经合组织成员国	496	494	501	493	496	501	493	490	493

资料来源：经合组织 PISA 数据库，检索时间：2018 年 6 月 13 日。http://www.oecd.org/pisa/data/

① 本段的数据来自 Instituto Nacional para la Evaluación de la Educación（INEE），*Panorama Educativo de México. Indicadores del Sistema Educativo Nacional 2016. Educación Básica y Media Superior*，2017，p. 265，p. 270，p. 275，p. 285.

② 联合国教科文组织数据库，检索时间：2018 年 6 月 13 日。http://uis.unesco.org/en/country/mx

③ 墨西哥国家统计和地理学会数据库，检索时间：2018 年 6 月 14 日。http://www.beta.inegi.org.mx/temas/educacion/

④ PISA 是经合组织自 2000 年起每 3 年进行一次的中学生综合水平测试，主要内容是评估 15 岁学生在科学、阅读和数学方面的能力。

11.4.3 教师资源

墨西哥的师资力量比较雄厚。由于公立教育占据主导地位，因此全国大部分教师集中在公立学校。2014 年，公立学校教师占教师总数的 86.8%。[①]

在基础教育阶段，教师的年龄分布较为均衡，中青年教师居多。2013 年 25～49 岁的教师占 72.2%。[②] 教师的平均年龄按教育层次提高，幼儿园、小学和初中教师的平均年龄分别为 38 岁、40 岁和 42 岁[③]。

墨西哥教师队伍的整体素质较高。大部分教师受过高等教育。在学龄前教育和小学教育阶段，一半以上的教师达到了本科学历，甚至有一小部分教师达到了研究生学历，但毕业于正规师范专业的教师比重较低。在初中教育阶段，师范专业和达到非师范研究生学历的教师比重均明显提高（见表 11－4）。高中教育阶段，2014 年 65.5%的教师达到大学本科学历，21.2%的教师达到研究生学历。[④]从教学经验上看，低于 14 年教龄的教师比重达到 57%。在小学和初中，经验丰富的教师较多，但在高中，教师教学经验不足的问题较为突出。一半以上的公立学校教师和近 3/4 的私立学校教师，教龄为 5～9 年。

教师短缺的问题在墨西哥已有所显现。短期内，每年幼儿师范专业的毕业生数量基本与退休教师数量持平，但初等和中等教育师范专业的毕业生数量则远远满足不了岗位的需求。从中长期看，各个教育阶段教师的供求矛盾都将进一步突出。

表 11－4　2013 年墨西哥中小学教师的受教育水平　（单位：%）

	高中学历	师范或大学本科（未完成）	幼儿师范专业（完成）	初级师范专业（完成）	高级师范专业（完成）	大学本科学历（完成）	研究生学历
幼儿园	8.2	0.3	12.8	1.8	5.1	51.6	9.0
小学	2.9	0.3	0.6	16.6	8.8	50.7	9.8
初中	6.7	0.1	0.1	0.7	25.9	40.1	17.5

资料来源：Instituto Nacional para la Evaluación de la Educación，*los Docentes en México. Informe 2015*，p. 41.

---

① Instituto Nacional para la Evaluación de la Educación，*los Docentes en México. Informe 2015*，p. 26.
② Instituto Nacional para la Evaluación de la Educación，*los Docentes en México. Informe 2015*，p. 182.
③ Instituto Nacional para la Evaluación de la Educación，*los Docentes en México. Informe 2015*，p. 183.
④ Instituto Nacional para la Evaluación de la Educación，*los Docentes en México. Informe 2015*，p. 43.

反映教师资源的另一个常用指标是生师比，即在册学生人数与学校教师人数的比例关系。不同国家和同一国家的不同时期，由于经济、教育发展状况和体制的不同，生师比的要求也不同；各级各类学校的培养目标、教学内容及教学手段不同，生师比亦不同。一般来说，越是发达国家，初等教育和中等教育的生师比越小；越是欠发达国家，其生师比越大。较小的生师比则表明政府对教育的投入较大；而过大的生师比反映出教师数量和教育经费不足。较小的生师比意味着更多的教师资源，意味着教学班级规模较小，意味着教师有充足的时间和精力关注每一位学生，因此教育质量较高。

表 11－5　2010—2011 学年和 2017—2018 学年墨西哥各级教育生师比及校均在校生

（单位：个）

	2010—2011 学年		2017—2018 学年	
	生师比	校均在校生	生师比	校均在校生
各阶段教育的平均数	19	133	17	137
学龄前教育（Preescolar）	21	51	21	55
小学教育（Primaria）	26	150	25	145
初中教育（Secundaria）	16	171	16	165
高中教育（Media superior）	15	277	12	251
大学教育（Superior）	10	636	10	709

资料来源：墨西哥国家地理统计局，检索时间：2019 年 1 月 10 日。

http://www.beta.inegi.org.mx/app/tabulados/pxweb/inicio.html?rxid=85f6c251-5765-4ec7-9e7d-9a2993a42594&db=Educacion&px=Educacion_08

表 11－5 统计了墨西哥不同教育阶段 2010—2011 学年与 2017—2018 学年生师比的情况。通过对这些数据的分析不难看出，墨西哥总体的生师比还是比较大的，特别是学龄前和小学教育阶段，都在 1:20 之上，特别是小学教育的生师比高达 1:26，即指每位小学老师要负责培养 26 名学生。目前，很多发展中国家的小学是按照 1:19 的师生比配备教师资源，实施小班化教育的师生比不得高于 1:14。2017—2018 学年墨西哥小学阶段的师生比略有好转，但仍然处在 1:25 的较高水平上。与小学和中学教育相比，墨西哥大学教育的师生比相对较低。这表明墨西哥的大学教育中，教师的资源状况要好于中小学教育。

墨西哥国立自治大学图书馆——世界文化保护遗产

墨西哥国立自治大学广场

与墨西哥蒙特雷理工学院交流的中国师生

著名的墨西哥学院

墨西哥学院图书馆

位于中部的瓜纳华托州大学

11.5 墨西哥科技

11.5.1 科技概况

墨西哥的科技发展水平在拉美国家中位居前列，但与发达国家和部分新兴经济体相比还存在较大差距。2003 年以来，墨西哥的研发投入增速缓慢，从 2013 年起才出现了较大幅度的提升。在拉美国家中，墨西哥的研发投入居第二位，2015 年占拉美总量的 17%。①墨西哥在卫星遥感技术、生物技术、石油勘探和开采技术、农业科技、医药技术、信息技术等方面有其独到之处。

墨西哥科学技术的发展始于 19 世纪末到 20 世纪初，进口替代工业化战略的实施从客观上促进了墨西哥科学技术的发展。1910 年，墨西哥国立自治大学建校。在此后的几十年中，又陆续有一批理工类的高等院校落成。高校逐渐发展成为墨西哥科学研究的主力。1970 年成立的全国科学技术委员会（CONACYT）是墨西哥科学技术工作的主管机构，主要负责制定全国的科技政策，推动科技水平的提高。墨西哥全国科学技术委员会下设 27 个研究中心，分布在全国各地，是仅次全国高校的第二大科研力量。

墨西哥科学技术发展面临着以下几个方面的问题。一是国家层面的重视程度不够，科技管理工作始终未能纳入国家政策的管理体系中。墨西哥不设科技部，全国科学技术委员会的行政级别过低，不利于科学技术的发展。二是科研经费有限，制约了科研活动的开展。2015 年，墨西哥的研发经费只占到该国 GDP 的 0.53%，②在国际上处于较低水平。三是科技人才培养滞后，科研人员严重不足。四是由于缺乏明确的学科重点和优先发展目标，墨西哥几乎没有能在国际上居于领先地位的科学技术领域。

11.5.2 研发投入强度

研发投入是指研究与开发（R&D）经费，是指统计年度内全社会实际用于基础研究、应用研究和开发的经费支出。研发投入强度是指一国的研发经

---

① RICYT，*el Estado de la Ciencia. Principales Indicadores de Ciencia y Tecnología Iberoamericanos / Interamericanos*，Buenos Aires，2017，p. 20.

② RICYT，*el Estado de la Ciencia. Principales Indicadores de Ciencia y Tecnología Iberoamericanos / Interamericanos*，Buenos Aires，2017，p. 21.

费投入占该国国内生产总值的比重，一般被用来衡量一个国家或地区的创新能力。研发投入强度高的国家或地区，如韩国、日本、芬兰、丹麦、以色列、中国台湾等，其研发投入强度一般都在 3%以上。中国近年来研发投入支出增长迅速，2017 年研发投入强度达到了 2.12%。从墨西哥的情况看，近年来，研发投入支出占国内生产总值的比重有所提高，但基本稳定在 0.4%～0.6%之间，不足 1%。

图 11－1　2007—2016 年墨西哥研发投入占该国国内生产总值的比重（%）

资料来源：La Red de Indicadores de Ciencia y Tecnología –Iberoamericana e Interamericana，检索时间：2019 年 1 月 30 日。http://dev.ricyt.org/ui/v3/bycountry.html?country=MX&subfamily=CTI_ACT

科技创新离不开资金支持。研发投入占国内生产总值的比重是体现一个国家科研实力的重要衡量标准之一。图 11－1 反映了 2007—2016 年间的墨西哥研发投入支出的强度。从图中的数字可以看出，墨西哥研发投入经费占其国内生产总值的比重没有超过 0.6%，2007—2016 的年平均研发投入强度是 0.504%，在世界各国范围内属于中等水平国家。

11.5.3　研发投入的来源和执行情况

从墨西哥科研经费来源看，70%以上的研发经费来自政府部门。2016 年，墨西哥的研发经费共计 52.39 亿美元（按购买力平价计算为 110.26 亿美元），同比下降了 14.34%。其中政府的投入占 67.35%，企业占 20.67%，高校占 5.05%，私有非营利机构占 6.36%（见表 11－6）。[①]近年来，墨西哥政府研发投入占比大幅度增加，而企业的研发经费存在逐渐下降的趋势。

---

① La Red de Indicadores de Ciencia y Tecnología –Iberoamericana e Interamericana，检索时间：2019 年 1 月 30 日。http://dev.ricyt.org/ ui/v3/bycountry.html?country=MX&subfamily=CTI_ACT

表 11－6　　2007—2016 年墨西哥研发投入的来源和执行情况

年	投入（以当年汇率计算的百万美元）	经费来源者和执行者及其所占比例（%）									
		政府		企业		高校		私有非营利		外国	
		来源	执行	来源	执行	来源	执行	来源	执行	来源	执行
2007	4 485.123	54.52	27.61	38.83	42.71	3.81	28.26	1.66	1.96	1.18	—
2008	5 225.074	58.09	30.97	33.13	34.06	5.66	31.23	1.6	3.74	1.52	—
2009	4 651.181	56.32	28.49	33.82	36.66	6.05	30.66	2.36	4.19	1.45	—
2010	5 638.020	62.34	33.43	32.85	35.24	2.76	29.07	1.58	2.26	0.47	—
2011	6 037.516	63.01	32.16	32.32	34.89	2.55	30.83	1.55	2.13	0.57	—
2012	5 830.104	67.78	37.97	24.50	29.70	3.21	27.51	4.15	4.81	0.36	—
2013	6 359.472	70.76	38.00	20.90	31.18	3.52	26.15	4.43	4.68	0.39	—
2014	6 961.036	71.77	38.54	19.44	29.93	3.71	26.65	4.67	4.88	0.41	—
2015	6 116.688	70.26	37.84	19.67	29.97	4.24	26.78	5.35	5.42	0.47	—
2016	5 239.218	67.35	36.46	20.67	30.55	5.05	26.76	6.36	6.23	0.56	—

资料来源：La Red de Indicadores de Ciencia y Tecnología—Iberoamericana e Interamericana. http://dev.ricyt.org/ui/v3/bycountry.html?country=MX&subfamily=CTI_ACT

表 11－6 是墨西哥 2007—2016 年间的研发投入支出的资金来源和执行情况。从表中的数字看出，2013—2014 年，墨西哥研发支出有较大的增长，增幅分别为 9.08%和 9.46%；但 2015—2016 年，又连续两年出现下跌，2016 年下跌 14.34%。

墨西哥研发经费的来源具有几个显著特点。一是政府研发经费始终居主导，从 2007 年的 54.52%的占比增加至 2015 年的 70.26%；二是企业研发经费呈现出明显的下降趋势，其占比从 2007 年的 38.83%降至 2015 年 19.67%；三是私有非营利机构的研发经费不断增加，占比从 2007 年的 1.66%提高至 2016 年的 6.36%。从墨西哥研发经费支出的使用情况看，呈现出政府、企业和高校三足鼎立的局面，2016 年的占比分别为 36.46%、30.55%和 26.76%。私有非营利研发经费的使用，占比为 6.23%，与其经费来源的占比基本持平。

2016 年，墨西哥有 41.7%的研发经费用于试验开发，30.14%的经费用于应用研究，28.17%的经费用于基础研究。从政府机构的研发经费使用看，38.8%用于基础研究，32.15%用于应用研究，29.05%用于试验开发。从企业研发经费使用看，有 80.99%用于试验开发，14.71%用于应用研究，仅有 4.3%用于基础研究。从高校研发经费使用看，41.81%用于基础研究，12.39%用于试验开发，4.58%用于应用研究。私有非营利研发经费的 48.86%用于试验开发，26.75%用于应用研究，24.39%用于基础研究。

11.5.4 研发力量

墨西哥的科研力量主要集中在公共部门，企业的科研力量比较薄弱。墨西哥的科研人员队伍规模有限。2009 年，全职研究人员曾达到 4.3 万人，但 2013 年减少到不足 3 万人（见表 11–7）。科研人员总量相对于其人口而言，无论与拉美其他国家，还是与发达国家相比均存在较大差距。2013 年，每千名墨西哥经济自立人口中只有 0.6 人为全职研究人员，而日本为 10.04 人，法国为 9.28 人，阿根廷为 2.95 人。[①]近年来，与政府部门和高校相比，企业科研人员的占比明显下降。2013 年，48.2%的研究人员集中在高等院校，24.3%供职于政府部门，24.5%为企业服务。[②]在全部科研人员中，70%左右从事工程技术、医学、农业科学、生物学、精密科学等自然科学研究，30%左右从事社会和人文科学研究。

表 11 – 7　2006—2013 年墨西哥科研人员数量及在不同机构的占比

	2006 年	2007 年	2008 年	2009 年	2010 年	2011 年	2012 年	2013 年
全职科研人员（人）	36 264	37 930	37 639	42 973	38 497	39 826	29 094	29 921
政府部门(%)	20.2	19.3	21.3	19.3	21.2	20.7	24.8	24.3
高校（%）	36.5	35.8	44.3	40.4	48.5	47.4	47.6	48.2
企业（%）	41.2	42.5	31.5	37.7	27.6	29.3	24.7	24.5

资料来源：联合国教科文组织数据库，检索时间：2018 年 6 月 17 日。http://uis.unesco.org/en/country/mx?theme = science-technology-and-innovation

11.5.5 科技成就

在墨西哥历史上，曾涌现过数位具有国际声望的科学家。例如，毕业于美国麻省理工学院的物理学家马努埃尔·桑多瓦尔（Manuel Sandoval Vallarta），曾因

① 阿根廷科学技术与生产创新部官方网站，检索时间：2018 年 6 月 4 日。http://indicadorescti.mincyt.gob.ar/MAP/Maps.swf?prefix = ract3&n = 4

② 联合国教科文组织数据库，检索时间：2018 年 6 月 16 日。http://uis.unesco.org/en/country/mx?theme = science-technology-and-innovation

研究宇宙射线而获得诺贝尔奖提名。化学家路易斯·厄内斯托·米拉蒙特斯（Luis Ernesto Miramontes）于 1951 年，在其年仅 26 岁的时候，就成功合成了口服避孕药的基本成分——炔诺酮。这一发明使米拉蒙特斯成为唯一一位进入美国的发明家名人堂的墨西哥人。电气工程师冈萨雷斯·卡马雷纳（González Camarena）发明了“色环式彩色电视”，并将彩色电视机引入墨西哥。化学家马里奥·莫利那（Mario Molina）因在研究臭氧的形成和分解方面的贡献，而与另外两位科学家共同获得了 1995 年的诺贝尔化学奖。

近年来，由于经费不足、人才缺乏等原因，墨西哥在国际上享有领先地位的科技成果已不多见。但是在拉美国家中，墨西哥在金融科技、信息技术、智能制造业、智慧城市等方面仍具有较强的优势。

在科研成果的产出数量方面，墨西哥在拉美国家中居第二位，仅次于巴西，但在国际上处于较为落后的地位。根据 SCI（Science Citation Index）收录的期刊目录，2015 年，墨西哥学者共发表论文 19 496 篇，少于巴西的 50 088 篇，但多于阿根廷的 11 014 篇。①在技术专利申请方面，2015 年，墨西哥在世界知识产权组织申请的专利数量为 17 413 项，批准的专利数量为 8 657 项。但是墨西哥的专利依附很高，自主创新能力严重不足。在专利申请人中，非墨西哥居民占 90%以上。2015 年在全部专利申请中，只有 7.5%来自墨西哥居民。②在工业设计申请方面，2016 年墨西哥居民的申请数量为 1 651 项，占总量的 38.4%。③

---

① 阿根廷科学技术与生产创新部官方网站，检索时间：2018 年 6 月 6 日。http://indicadorescti.mincyt.gob.ar/MAP/Charts.swf?prefix = prod&n = 0

② 世界知识产权组织官方网站国别统计，检索时间：2018 年 6 月 18 日。http://www.wipo.int/ipstats/en/statistics/country_profile/profile. jsp?code = MX

③ 世界知识产权组织官方网站国别统计，检索时间：2018 年 6 月 18 日。http://www.wipo.int/ipstats/en/statistics/country_profile/profile. jsp?code = MX

参考文献

［1］陈芝芸. 北美自由贸易协定的签署及其对拉美的影响［J］. 拉丁美洲研究，1993（2）.

［2］陈涛涛等. 拉美基础设施 PPP 模式与中国企业投资能力［M］. 北京：清华大学出版社，2016.

［3］陈蓉，郑振龙，蒋禹. 墨西哥外汇衍生品市场的发展对我国的经验借鉴［J］. 当代财经，2009（1）.

［4］北京反倾销律师. 墨西哥反倾销法律. http://www.maxlaw.cn/l/20141030/800793421806.shtml

［5］郭伟成. Hola，Mexico［M］. 北京：世界知识出版社，2004.

［6］韩琦. 跨国公司与墨西哥的经济发展［M］. 北京：人民出版社，2011.

［7］贺双荣. 墨西哥国内外有关北美自由贸易协定对墨西哥经济影响的争论及背景［J］. 拉丁美洲研究，2005（2）.

［8］和佳.车企投资热土墨西哥陷窘境目光转向中国. 21 世纪经济报道. http://finance.ifeng.com/a/20170213/15192222_0.shtml

［9］芦思姮. 探索拉美一体化新模式——简析太平洋联盟对拉美一体化发展桎梏的突破［M］. 北京：知识产权出版社，2014.

［10］李连仲. 墨西哥加入北美自由贸易区的利弊［J］. 宏观经济研究，2001（7）.

［11］刘纪新. 拉美国家养老金制度改革研究［M］. 北京：中国劳动社会保障出版社，2004 年.

［12］墨西哥海关. Ley Aduanera de México. http://www.wipo.int/wipolex/zh/profile.jsp?code=MX

[13] 墨西哥工业产权局. Entran en vigor las reformas y adiciones a la Ley de la Propiedad Industrial. http://www.dof.gob.mx/nota_detalle.php?codigo=5515853&fecha=13/03/2018

[14] 苏振兴. 拉美区域经济合作的发展趋势［J］. 拉丁美洲研究，1993（4）.

[15] 苏振兴. 国际变局中的拉美：形势与对策［M］. 北京：知识产权出版社，2014.

[16] 王萍. 走向开放的地区主义——拉丁美洲一体化研究［M］. 北京：人民出版社，2005.

[17] 徐宝华，石瑞元. 拉美地区一体化进程：拉美国家进行一体化的理论和实践［M］. 北京：社科文献出版社，1996.

[18] 徐世澄. 墨西哥政治经济改革及模式转换［M］. 北京：世界知识出版社，2004 年.

[19] 徐世澄. 墨西哥革命制度党［M］. 北京：世界知识出版社，2009 年.

[20] 徐世澄. 一往无前墨西哥人［M］. 北京：时事出版社，1998 年.

[21] 王骁波. 墨西哥加大开放清洁能源市场. 人民日报. 2017（11－24）. http://energy.people.com.cn/n1/2017/1124/c71661－29664959.html

[22] 英国石油公司. BP 世界能源统计年鉴，2017.

[23] 张拓. 墨西哥能源改革使清洁能源成为墨西哥投资热点. 新华网财经观察网. http://www.xinhuanet.com/fortune/2016－04/26/c_1118743224.htm

[24] 张凡. 当代拉丁美洲政治研究［M］. 北京：当代世界出版社，2009.

[25] 中国商务部国际贸易经济合作研究院，中国驻墨西哥使馆经济商务参赞处，商务部对外投资和经济合作司. 对外投资合作国别（地区）指南——墨西哥. http://fec.mofcom.gov.cn/article/gbdqzn/

[26] 中国驻墨西哥使馆经商参赞处. 墨西哥部分税收优惠政策. http://mx.mofcom.gov.cn/article/ddfg/sshzhd/201408/20140800714457.shtml

[27] 中国驻墨西哥使馆经商参赞处.墨西哥贸易管理规定简介. http://mx.mofcom.gov.cn/article/ddfg/waimao/201405/20140500569770.shtml

[28] 中国商务部合作司. 对外投资合作国别（地区）指南. http://fec.mofcom.gov.cn/article/gbdqzn/

[29] 中国商务部. 2017 年度中国对外直接投资统计公报. http://fec.mofcom.gov.cn

[30] 中国商务部美大司. 中国与墨西哥经贸关系简况. http://mds.mofcom.gov.cn/article/Nocategory/200812/20081205968699.shtml

[31] 中国商务部. 国别贸易投资环境报告2010年——墨西哥. http://fec. mofcom.gov.cn/article/gbdqzn/

[32] 中国国家税务总局. 中国居民赴墨西哥投资税收指南. http://www.chinatax.gov.cn/n810219/n810744/n1671176/n1671206/c2269717/part/3419200.pdf

[33] 赵雪梅. 拉丁美洲经济概论［M］. 北京：对外经济贸易大学出版社，2010.

[34] 朱凯. 西班牙——拉丁美洲文化概况［M］. 北京：北京大学出版社，2010.

[35] 朱书林. 墨西哥加入北美自由贸易区的背景［J］. 现代国际关系. 1992（5）.

[36] 叶宏超. 赴墨投资汽车行业或可行. 国际商报. http://www. ccpit.org/Contents/Channel_3590/2015/1023/494974/content_494974.htm

[37] 乌利亚律师事务所. 国际仲裁指南——拉丁美洲概述. http://www.uria.com/documentos/areasgeograficas/2/documento/5130/latam_Int_Arbitration_CH.pdf?id=5130

[38] Antonio Flores. Facts on U.S. Latinos，2015，Pew Research Center，Septiember 18，2017. http://www.pewhispanic.org/2017/09/18/facts-on-u-s-latinos/

[39] Bancomer. Informe Anual 2017. https://portal.bancomer.com/bancainversiones/informe_2017.html

[40] Bancomext. Programa Institucional de Bancomext 2013 - 2018. http://www.bancomext.com/wp-content/uploads/2014/07/Plan_Inst_2013－2018.pdf

[41] Banco de Mexico. Sistema Financiero de Mexico. http://www.banxico.org.mx/divulgacion/sistema-financiero/sistema-financiero.html

[42] CEPAL. Anuario estadístico de América Latina y el Caribe，2017. https://www.cepal.org/es

[43] CEPAL，Balance Preliminar de las Economías de América Latina y el Caribe 2017，Santiago de Chile，Diciembre de 2017.

[44] CEPAL. La Inversión Extranjera Directa en América Latina y el Caribe • 2017. https://www.cepal.org/es/publicaciones/42023-la-inversion-extranjera-directa-america-latina-caribe-2017

[45] Consejo Nacional para Prevenir la Discriminación. Encuesta Nacional sobre Discriminación en México 2010，abril de 2011.

[46] Gustavo López，Jynnah Radfor. Facts on U.S. Immigrants，2015，Pew Research Center，3 May 2017. http://www.pewhispanic.org/2017/05/03/facts-on-u-s-immigrants-current-data/

[47] Jaime Sobrino. La urbanización en el México contemporáneo，Nota de Población，No. 94，CEPAL，2012.

[48] Instituto Nacional para la Evaluación de la Educación（INEE）. la Educación Obligatoria en México Informe. 2017.

[49] Instituto Nacional para la Evaluación de la Educación（INEE）. Panorama Educativo de México：Educación Básica y Media Superior – 2017.

[50] Instituto Nacional para la Evaluación de la Educación，los Docentes en México. Informe 2015.

[51] Organisation for Economic Co-operation and Development（OECD）. OECD Health Statistics 2017. June 2017.

[52] Proméxico. México：destino estratégico para la inversión productiva：guía para facilitar el establecimiento de negocios en México. https://www.gob.mx/promexico/que-hacemos

[53] Secretaría de Economía de México. Manual del Inversionista en el Sector Minero Mexicano. https://www.gob.mx/cms/uploads/attachment/file/310930/MANUAL_DEL_INVERSIONISTA.pdf

[54] Secretaría de Economía de México.. Informe Estadistico sobre el Comportamiento de la Inversion Extranjera Directa en Mexico（enero-diciembre de 2017）. https://www.gob.mx/

[55] Secretaría de Economía de México. Flujos por entidad federativa. https://www.gob.mx/

[56] RICYT. El Estado de la Ciencia. Principales Indicadores de Ciencia y Tecnología Iberoamericanos / Interamericanos. Buenos Aires. 2017.

[57] World Bank Group. Migration and Remittances：Recent Developments and Outlook. Special Topic：Return Migration. 2017.

[58] World Bank Group. Doing Business 2018. http://espanol.doingbusiness.org/data/exploreeconomies/colombia#enforcing-contracts

网站

世界银行数据库 http://databank.worldbank.org/data/download/POP.xls

联合国粮农组织数据库 http://www.fao.org/faostat/en/#country/138

联合国贸易和发展会议 http://unctadstat.unctad.org/EN/Index.html

联合国教科文组织数据库 http://uis.unesco.org/en/country/mx

世界知识产权组织官方网站 http://www.wipo.int/ipstats/en/statistics/country_profile/profile.jsp?code＝MX

世界能源委员会官方网站 https://www.worldenergy.org/data/resources/country/mexico/
世界贸易组织官网：https://www.wto.org/spanish/thewto_s/whatis_s/tif_s/org6_s.htm
经济合作与发展组织 PISA 数据库 http://www.oecd.org/pisa/data/
拉丁美洲一体化协会（ALADI）http://www.aladi.org/sitioAladi/quienesSomos.html
伊比利亚美洲科学技术数据网 http://www.ricyt.org/por-pais-sp-980863014
中国国家统计局 http://data.stats.gov.cn/easyquery.htm?cn = C01
中国商务部网站 http://mx.mofcom.gov.cn/article/ztdy/201708/20170802635243. shtml
中国海关总署 http://gkml.customs.gov.cn/
中国外交部官网 http://www.fmprc.gov.cn/
墨西哥国家统计和地理学会数据库 http://www.beta.inegi.org.mx/temas/estructura/
墨西哥海关总署 http://www.comercioyaduanas.com.mx/
墨西哥 Promex http://www.promexico.mx/es/mx/tratados-comerciales
墨西哥联邦政府经济部 https://www.gob.mx/
墨西哥税务局官网 www.sat.gob.mx/informacion_fiscal/normatividad/Documents/LISR.doc
墨西哥中央银行官网 http://www.banxico.org.mx/disposiciones/marco-juridico/ley-del-banco-de-mexico/
墨西哥中央银行数据库 http://www.banxico.org.mx/SieInternet/consultarDirectorioInternetAction.do?sector = 4&accion = consultarCuadroAnalitico&idCuadro = CA1&locale = en
墨西哥全国土著居民发展委员会官网 https://www.gob.mx/cms/uploads/attachment/file/239941/02-numeralia-indicadores-socioeconomicos-2015.pdf
墨西哥国民银行网站 https://www.banamex.com/
墨西哥北方银行网站 http://www.banorte.com/
墨西哥汇丰银行官网 http://www.hsbc.com.mx/1/2/
墨西哥证券交易所官网 http://www.mexder.com.mx/wb3/wb/MEX/contratos_futuro
墨西哥市政府官网 https://www.cia.gov/library/publications/the-world-factbook/geos/mx.html
墨西哥国立自治大学官网 http://www.estadistica.unam.mx/series_inst/xls/c03%20pobesc%20total.xls

后　记

在《墨西哥商务环境》一书出版之际，特别要感谢李昊旻、冯婉琪、阮伟晔以及他们的同学和朋友们。感谢他们热情和无私的帮助，为本书提供了丰富多样的图片和插图，使读者能够多视角、更直观地了解遥远墨西哥的自然风光和多元的民族文化。除以上照片提供者之外，本书其他图片来自本书编者。

中国与墨西哥同为拥有悠久历史的国家。自20世纪70年代初建交以来，两国在政治、经济、文化、科技等方面的交往不断加强。进入21世纪，两国的贸易关系进一步密切。目前墨西哥是中国在拉美的第二大贸易伙伴，中国是墨西哥第二大进口来源国和第四大出口目的国。尽管两国在贸易关系上存在着一定的分歧和摩擦，但两国在贸易、投资、金融等领域仍拥有巨大合作潜力。近年来，由于墨美贸易关系面临诸多不定因素，墨西哥正着手调整其面向全球的贸易结构，加大与拉美其他国家和亚洲国家的贸易。2017年8月，中国华立集团选址墨西哥新莱昂州所建立的北美华富山工业园已经举行开工奠基仪式。这是中国在墨西哥开建的第一家大规模工业园，为中国企业走向墨西哥和走向拉丁美洲提供了更便捷的平台。

编　者